版 介護報酬ハンドブック

CONTENTS

2024年度 介護報酬改定の概要

介護保険制度改正の主な項目

介護サービス 介護予防サービス

Ⅰ 指定居宅サービス介護給付費 指定介護予防サービス介護給付費

Ⅱ 指定居宅介護支援介護給付費 指定介護予防支援介護給付費

Ⅲ 指定施設サービス等介護給付費

地域密着型サービス

Ⅰ 指定地域密着型（介護予防）サービス介護給付費

介護予防・日常生活支援総合事業

凡 例

1．基本報酬表
　① 変更:バックに薄い赤。
　② 前回の単位数:（　　）に示す。
2．サービスの基準・要件
　① 変更:バックに薄い赤。
3．加算・減算
　① 変更:単位数のバックに薄い赤。
　② 単位数に変更があった加算のみ、前回の単位数:（　　）に示す。（単位数は「単位」の記載を省略）
4．**介護** 介護サービスのみ適用
　予防 介護予防サービスのみ適用
　（記載がないものは介護・予防共通）
　サービスごとに介護給付・予防給付を一体的に表記しました

算定の留意事項、Q&Aは「ケアニュース」内に順次掲載します。

2024年1月22日の厚生労働大臣発「諮問書（2024年度介護報酬改定について）」に基づいて作成。

2024年度 介護報酬改定の概要

Ⅰ　基本的な考え方

2024年度介護報酬改定率　＋1.59%

（内訳）
介護職員の処遇改善分　　　＋0.98%（2024年6月1日施行）
その他の改定率（※）　　　＋0.61%
（※）賃上げ税制を活用しつつ、介護職員以外の処遇改善を実現できる水準
改定率の外枠として、処遇改善加算の一本化による賃上げ効果や、光熱水費の基準費用額の増額による介護施設の増収効果として＋0.45%相当の改定が見込まれ、合計すると2.04%相当の改定となる。

＜改定の基本的な視点＞

1.　地域包括ケアシステムの深化・推進
認知症の方や単身高齢者、医療ニーズが高い中重度の高齢者を含め、質の高いケアマネジメントや必要なサービスが切れ目なく提供されるよう、地域の実情に応じた柔軟かつ効率的な取組を推進

2.　自立支援・重度化防止に向けた対応
高齢者の自立支援・重度化防止という制度の趣旨に沿い、多職種連携やデータの活用等を推進

3.　良質な介護サービスの効率的な提供に向けた働きやすい職場づくり
介護人材不足の中で、更なる介護サービスの質の向上を図るため、処遇改善や生産性向上による職場環境の改善に向けた先進的な取組を推進

4.　制度の安定性・持続可能性の確保
介護保険制度の安定性・持続可能性を高め、全世代にとって安心できる制度を構築

5.　その他

＜施行時期＞
2024年4月1日　下記以外のサービス
2024年6月1日　・訪問看護、訪問リハビリテーション、居宅療養管理指導、通所リハビリテーション（いずれも介護予防含む）
・介護職員等処遇改善加算（介護職員処遇改善加算、介護職員等特定処遇改善加算、介護職員等ベースアップ等支援加算の一本化）　※事業所内での柔軟な職種間配分は4月1日施行
2024年8月1日　基準費用額の見直し
2025年8月1日　多床室の室料負担

Ⅱ　各サービスの報酬・基準

1.基準改正・報酬改定に関する主な共通項目（★は介護予防含む）

業務継続計画（BCP）未策定事業所への減算
【全サービス（居宅療養管理指導★、特定福祉用具販売★を除く）】
業務継続計画未策定減算＜新設＞　施設・居住系サービス　所定単位数の97%で算定
その他のサービス　所定単位数の99%で算定

> **算定要件**：以下の基準に適合していない場合　①感染症や非常災害の発生時に利用者に対するサービスの提供を継続的に実施するための、および非常時の体制で早期の業務再開を図るための計画（業務継続計画）を策定　②当該業務継続計画に従い必要な措置を講ずる

※2025年3月31日までの間、感染症の予防及びまん延の防止のための指針の整備、および非常災害に関する具体的計画の策定を行っている場合は減算を適用しない
※訪問系サービス、福祉用具貸与、居宅介護支援は上記指針整備等の有無に関わらず、2025年3月31日までの間、減算を適用しない
※居宅療養管理指導は業務継続計画策定義務化の経過措置期間を2027年3月31日まで延長する

高齢者虐待防止の推進
【全サービス（居宅療養管理指導★、特定福祉用具販売★を除く）】
高齢者虐待防止措置未実施減算　所定単位数の99%で算定＜新設＞

> **算定要件**：以下の措置が講じられていない場合　①虐待の防止のための対策を検討する委員会(テレビ電話装置等の活用可能)を定期的に開催するとともに、その結果について、従業者に周知徹底を図る　②虐待の防止のための指針を整備　③従業者に対し、虐待の防止のための研修を定期的に実施　④上記措置を適切に実施するための担当者を置く

※福祉用具貸与★は3年間の経過措置期間を設ける
※居宅療養管理指導は虐待の発生、または再発を防止するための措置義務化の経過措置期間を2027年3月31日まで延長する

身体拘束等の適正化の推進
【短期入所系サービス★、多機能系サービス★】
以下を運営基準に規定①身体的拘束等の適正化のための対策を検討する委員会を3月に1回以上開催し、その結果について、介護職員その他従業者に周知徹底を図る　②身体的拘束等の適正化のための指針を整備　③介護職員その他の従業者に対し、身体的拘束等の適正化のための研修を定期的に実施
身体拘束廃止未実施減算　所定単位数の99%で算定＜新設＞

> **算定要件**：上記①～③が講じられていない場合

※1年間の経過措置期間を設ける
【訪問系サービス★、通所系サービス★、福祉用具貸与★、特定福祉用具販売★、居宅介護支援★】

以下を運営基準に規定①利用者または他の利用者等の生命または身体を保護するため緊急やむを得ない場合を除き、身体的拘束等を行ってはならない　②身体的拘束等を行う場合にはその態様および時間、その際の利用者の心身の状況ならびに緊急やむを得ない理由を記録しなければならない

協力医療機関との連携体制の構築

【施設系サービス】

（ア）以下①～③を満たす協力医療機関（③は病院に限る）を定めることを義務づける。複数の医療機関を定めることで要件を満たしてもよい。その際、義務づけの期限を3年とし、あわせて連携体制に係る実態把握を行うとともに必要な対応を検討する

①入所者の病状が急変した場合等に、医師または看護職員が相談対応を行う体制を常時確保　②診療の求めがあった場合に、診療を行う体制を常時確保　③入所者の病状の急変が生じた場合等に、当該施設の医師または協力医療機関その他の医療機関の医師が診療を行い、入院を要すると認められた入所者の入院を原則として受け入れる体制を確保

（イ）1年に1回以上、協力医療機関との間で入所者の病状の急変が生じた場合等の対応を確認するとともに、当該協力医療機関の名称等について、事業所の指定を行った自治体に提出

（ウ）入所者が協力医療機関等に入院した後、病状が軽快し退院が可能となった場合は速やかに再入所できるように努める

【居住系サービス★】

上記（ア）①･②･（イ）･（ウ）を努力義務とする

新興感染症発生時等の対応を行う医療機関との連携

【居住系サービス★ 、施設系サービス】

利用者における新興感染症の発生時等に、感染者の診療等を迅速に対応できる体制を平時から構築しておくため、感染者の診療等を行う協定締結医療機関と連携し、新興感染症発生時における対応を取り決めるよう努める。また、協力医療機関が協定締結医療機関である場合は、当該協力医療機関との間で、新興感染症の発生時等の対応について協議を行うことを義務づける

利用者の安全、介護サービスの質の確保、職員の負担軽減を検討する委員会の設置

【短期入所系サービス★、居住系サービス★、多機能系サービス★、施設系サービス】

現場における課題を抽出・分析した上で、事業所の状況に応じて利用者の安全ならびに介護サービスの質の確保、および職員の負担軽減に資する方策を検討するための委員会の設置を義務づけ。3年間の経過措置期間を設ける

介護ロボット･ICT等のテクノロジーの活用促進

【短期入所系サービス★、居住系サービス★、多機能系サービス★、施設系サービス】

利用者の安全、介護サービスの質の確保、職員の負担軽減に資する方策を検討するための委員会の開催や必要な安全対策を講じた上で、見守り機器等のテクノロジーを1つ以上導入し、生産性向上ガイドラインの内容に基づいた業務改善を継続的に行うとともに、一定期間ごとに、業務改善の取組による効果を示すデータの提供を行うことを評価する新たな加算を設ける

生産性向上推進体制加算＜新設＞（1月につき）（Ⅰ）100単位（Ⅱ）10単位

算定要件:（Ⅰ）①利用者の安全、介護サービスの質の確保、職員の負担軽減に資する方策を検討する委員会にて、以下（一）～（四）について検討および実施の定期的な確認を行う（一）業務効率化､質向上､職員の負担軽減に資する機器（以下「介護機器」）（※1）を活用する場合の利用者の安全、ケアの質の確保（二）職員の負担軽減、勤務状況への配慮（三）介護機器の定期的な点検（四）業務効率化、質向上、職員の負担軽減をはか

るための職員研修　②①の取組および介護機器の活用による業務効率化、質の確保、職員の負担軽減の実績がある　③介護機器を複数種類活用（※2）　④①の委員会で職員の業務分担の明確化等による業務効率化、質の確保、負担軽減を検討・実施し、実施を定期的に確認　⑤事業年度ごとに①③④の取組による業務効率化、質の確保、職員の負担軽減の実績（※3）を厚生労働省へ報告
（Ⅱ）①（Ⅰ）①を満たす　②介護機器を活用している　③事業年度ごとに①②の取組による業務効率化、質の確保、職員の負担軽減の実績（※3）を厚生労働省へ報告

（※1）介護機器は以下（ア）～（ウ）が該当（ア）見守り機器（イ）インカム等の職員間の連絡調整の迅速化に資するICT機器（ウ）介護記録ソフトウェアやスマートフォン等の介護記録の作成の効率化に資するICT機器（複数の機器の連携も含め、データの入力から記録・保存・活用までを一体的に支援するものに限る）
（※2）複数種類を活用する場合、（ア）～（ウ）は全て使用し、（ア）は全居室に設置、（イ）は全介護職員が使用すること。（ア）の運用については、事前に利用者の意向を確認することとし、当該利用者の意向に応じ、機器の使用を停止する等の運用は認められる
（※3）実績は以下（ア）～（オ）を報告（加算（Ⅱ）は（ア）～（ウ））
（ア）利用者のQOL等の変化（WHO-5等）（イ）総業務時間および当該時間に含まれる超過勤務時間の変化（ウ）年次有給休暇の取得状況の変化（エ）心理的負担等の変化（SRS-18等）（オ）機器の導入による業務時間（直接介護、間接業務、休憩等）の変化（タイムスタディ調査）また、加算（Ⅰ）における実績とは（ア）が維持・向上された上で、（イ）が短縮、（ウ）の維持・向上が確認されることをいう

科学的介護推進体制加算の見直し
【通所系サービス★、居住系サービス★、多機能系サービス★、施設系サービス】

LIFEへのデータ提出頻度について、他のLIFE関連加算と合わせ、少なくとも「3月に1回」に見直す。また、入力項目の定義の明確化や、他の加算と共通する項目の選択肢を統一化する。同一の利用者に複数の加算を算定する場合は一定の条件下でデータ提出のタイミングを統一できるようにする

リハビリテーション・個別機能訓練、口腔管理、栄養管理に係る一体的計画書の見直し
【通所系サービス★、施設系サービス】

リハビリテーション・機能訓練、口腔、栄養に係る一体的計画書について、記載項目を整理するとともに、他の様式におけるLIFE提出項目を踏まえた様式に見直す

口腔衛生管理の強化
【施設系サービス】

利用者の入所時、入所後の定期的な口腔衛生状態・口腔機能の評価の実施を義務づける。具体的には①施設職員、または歯科医師もしくは歯科医師の指示を受けた歯科衛生士（以下「歯科医師等」）が施設入所時、入所後の定期的な口腔の健康状態の評価を実施　②歯科医師等は当該施設との連携について、実施事項等を文書等で取り決めを行う

「特別地域加算」「中山間地域等の小規模事業所加算」「中山間地域に居住する者へのサービス提供加算」の対象地域の明確化
【訪問系サービス★、通所系サービス★、多機能系サービス★、福祉用具貸与★、居宅介護支援】

過疎地域の持続的発展の支援に関する特別措置法にて「過疎地域」とみなす地域等が、特別地域加算、中山間地域等の小規模事業所加算、中山間地域に居住する者へのサービス提供加算の算定対象地域に含まれることを明確化

特別地域加算の対象地域の見直し
【訪問系サービス★、多機能系サービス★、福祉用具貸与★、居宅介護支援】

過疎地域その他の地域で、人口密度が希薄、交通が不便等の理由によりサービスの確保が

著しく困難であると認められる地域であって、特別地域加算の対象として告示で定めるものについて、前回の改正以降、新たに加除する必要が生じた地域において、都道府県・市町村から加除の必要性等を聴取した上で、見直しを行う。

管理者の責務および兼務範囲の明確化

【全サービス】

利用者へのサービス提供の場面等で生じる事象を適時かつ適切に把握しながら、職員および業務の一元的な管理・指揮命令を行うことである旨を明確化した上で、管理者が兼務できる事業所の範囲について、管理者がその責務を果たせる場合には、同一敷地内における他の事業所、施設等ではなくてもよい

ユニットケア施設管理者研修の努力義務化

【短期入所系サービス★、施設系サービス】

個室ユニット型施設の管理者は、ユニットケア施設管理者研修を受講するよう努める

ユニット間の勤務体制に係る取扱いの明確化

【短期入所系サービス★、施設系サービス】

ユニット型施設において、引き続き利用者との「馴染みの関係」を維持しつつ、柔軟なサービス提供により、より良いケアを提供する観点から、職員の主たる所属ユニットを明らかにした上で、必要に応じてユニット間の勤務が可能であることを明確化

外国人介護人材に係る人員配置基準上の取扱いの見直し

【通所系サービス★、短期入所系サービス★、居住系サービス★、多機能系サービス★、施設系サービス】

EPA介護福祉士候補者、技能実習生について、就労開始6月未満かつ日本語能力試験N1またはN2に合格していない場合でも、事業者が当該外国人介護職員の日本語能力や指導の実施状況、管理者や指導職員等の意見等を勘案し、就労開始直後から人員基準に参入してもよい。その際、以下の要件を設ける。①一定の経験のある職員とチームでケアを行う体制とする　②安全対策担当者の配置、指針の整備や研修の実施など、組織的に安全対策を実施する体制を整備している

人員配置基準における両立支援への配慮

【全サービス】

常勤、または常勤換算方法の計算に当たり、職員が育児･介護休業法等による育児･介護等の短時間勤務制度を利用する場合に加えて、「治療と仕事の両立ガイドライン」に沿って事業者が設ける短時間勤務制度等を利用する場合にも、週30時間以上の勤務で常勤、または常勤換算で計算上1（常勤）と扱うことを認める。

いわゆるローカルルールについて

【全サービス】

都道府県・市町村に対して、人員配置基準に係るいわゆるローカルルールについて、あくまでも厚生労働省令に従う範囲内で地域の実情に応じた内容とする必要があること、事業者から説明を求められた場合には当該地域における当該ルールの必要性を説明できるようにすること等を求める

「書面掲示」規制の見直し

【全サービス】

事業所の運営規程の概要等の重要事項等について、事業所内での「書面掲示」または備え付けの書面（紙ファイル等）、電磁的記録の供覧に加え、インターネット上で情報の閲覧が完結するよう、重要事項等の情報をウェブサイト（法人のホームページ等または情報公表システム上）に原則として掲載･公表することとする（2025年度より義務づけ）

2.介護職員の処遇改善等（2024年6月1日施行）

介護職員処遇改善加算、介護職員等特定処遇改善加算、介護職員等ベースアップ等支援加算について、現行の各加算･各区分の要件と加算率を組み合わせた4段階の「介護職員等処遇改善加算」に一本化。1年間の経過措置期間を設ける。また、以下の見直しを行う

・賃金配分について、引き続き介護職員への配分を基本とし、特に経験・技能のある職員に重点的に配分することとしつつ、職種に着目した配分ルールは設けず、一本化後の新加算全体について、事業所内で柔軟な配分を認める

・新加算のいずれの区分を取得している場合も、区分（Ⅳ）の加算額の2分の1以上を月額賃金の改善に充てる（2024年は適用を猶予）。その際、それまで介護職員等ベースアップ等支援加算を取得していない事業所が、一本化後の新加算を新たに取得する場合には、収入として新たに増加するベースアップ等支援加算相当分の加算額について、その3分の2以上を月額賃金の改善として新たに配分する

・職場環境等要件は生産性向上および経営の協働化に係る項目を中心に、人材確保に向け、より効果的な要件とする観点で見直しを行う。2024年度は旧3加算の要件を継続し、25年度以降は見直し後の要件が適用される（「付記」参照）

◆介護職員等処遇改善加算＜新設＞　（Ⅰ）所定単位数にサービス別加算率を乗じた単位数
（Ⅱ）所定単位数にサービス別加算率を乗じた単位数
（Ⅲ）所定単位数にサービス別加算率を乗じた単位数
（Ⅳ）所定単位数にサービス別加算率を乗じた単位数

介護職員等処遇改善加算を除く加減算後の総報酬単位数に以下の加算率を乗じる

≪支給限度額管理の対象外≫

介護職員等処遇改善加算（Ⅰ）～（Ⅳ）の加算率（予防含む）

サービス区分	（Ⅰ）	（Ⅱ）	（Ⅲ）	（Ⅳ）
訪問介護、夜間対応型訪問介護、定期巡回・随時対応型訪問介護看護	24.5%	22.4%	18.2%	14.5%
訪問入浴介護	10.0%	9.4%	7.9%	6.3%
通所介護（地域定着型含む）	9.2%	9.0%	8.0%	6.4%
通所リハビリテーション	8.6%	8.3%	6.6%	5.3%
特定施設入居者生活介護（地域密着型含む）	12.8%	12.2%	11.0%	8.8%
認知症対応型通所介護	18.1%	17.4%	15.0%	12.2%
小規模多機能型居宅介護、看護小規模多機能型居宅介護	14.9%	14.6%	13.4%	10.6%
認知症対応型共同生活介護	18.6%	17.8%	15.5%	12.5%
介護老人福祉施設（地域密着型含む）、短期入所生活介護	14.0%	13.6%	11.3%	9.0%
介護老人保健施設、短期入所療養介護（老健）	7.5%	7.1%	5.4%	4.4%
介護医療院、短期入所療養介護（介護医療院・病院等）	5.1%	4.7%	3.6%	2.9%

【算定要件】

(1) 介護職員等処遇改善加算（Ⅰ）

①介護職員、その他の職員の賃金改善（退職手当を除く）について、次に掲げる（一）（二）のいずれにも適合し、かつ賃金改善に要する費用の見込額（賃金改善に伴う法定福利費等の事業主負担の増加分を含むことができる。以下同）が介護職員等処遇改善加算の算定見込額以上となる賃金改善に関する計画を策定し、当該計画に基づき適切な措置を講じる

（一）仮に当該加算（Ⅳ）を算定した場合に見込まれる額の2分の1以上を基本給、または毎月支払われる手当に充てる（2024年度は適用を猶予）

（二）介護福祉士で経験および技能を有する介護職員と認められる者（以下「経験･技能のある介護職員」）のうち一人は、賃金改善後の見込額が年額440万円以上。ただし、介護職員等処遇改善加算の算定見込額が少額、その他の理由により当該賃金改善が困難である場合はこの限りでない
②①の賃金改善に関する計画、当該計画の実施期間・実施方法、その他の職員の処遇改善の計画等を記載した「介護職員等処遇改善計画書」を作成し、全ての職員に周知し、都道府県知事（指定都市･中核市は市長、以下同）に届け出ている
③介護職員等処遇改善加算の算定額に相当する賃金改善を実施する。ただし、経営の悪化等により事業の継続が困難な場合、当該事業の継続を図るために職員の賃金水準（本加算による賃金改善額を除く）を見直すことはやむを得ないが、その内容を都道府県知事に届け出る
④事業年度ごとに職員の処遇改善に関する実績を都道府県知事に報告
⑤算定月の前12月間において、労働基準法、労働者災害補償保険法、最低賃金法、労働安全衛生法、雇用保険法、その他の労働に関する法令に違反し、罰金以上の刑に処せられていない
⑥労働保険料の納付が適正に行われている
⑦次に掲げる基準のいずれにも適合（2024年度は、2024年度中〈2025年3月末まで〉に対応することの誓約でも可）
　（一）介護職員の任用の際における職責または職務内容等の要件（介護職員の賃金に関するものを含む）を定めている
　（二）（一）の要件について書面をもって作成し、全ての介護職員に周知している
　（三）介護職員の資質の向上の支援に関する計画を策定し、当該計画に係る研修の実施または研修の機会を確保している
　（四）（三）について、全ての介護職員に周知している
　（五）介護職員の経験、もしくは資格等に応じて昇給する仕組み、または一定の基準に基づき定期に昇給を判定する仕組みを設けている
　（六）（五）の要件について書面をもって作成し、全ての介護職員に周知している
⑧②の届出に係る計画の期間中に実施する職員の処遇改善の内容（賃金改善に関するものを除く）および当該職員の処遇改善に要する費用の見込額を全ての職員に周知している
⑨⑧の処遇改善の内容等について、インターネットの利用、その他の適切な方法により公表している
⑩訪問介護費における特定事業所加算（Ⅰ）（Ⅱ）のいずれかを届け出ている（※）
（※）サービスごとに、以下の通り読み替える
（介護予防）訪問入浴介護、通所介護、（介護予防）通所リハビリテーション、介護保健施設、介護医療院、定期巡回･随時対応型訪問介護看護、夜間対応型訪問介護、（介護予防）認知症対応型通所介護、（介護予防）小規模多機能型居宅介護、（介護予防）認知症対応型共同生活介護、看護小規模多機能型居宅介護、介護予防特定施設入居者生活介護
　⇒サービス提供体制強化加算（Ⅰ）･（Ⅱ）のいずれか
（介護予防）短期入所生活介護、（介護予防）短期入所療養介護
　⇒サービス提供体制強化加算（Ⅰ）・（Ⅱ）のいずれか、または併設本体施設で旧・介護職員等特定処遇改善加算（Ⅰ）、介護職員等処遇改善加算（Ⅰ）のいずれか
介護福祉施設、地域密着型介護福祉施設
　⇒サービス提供体制強化加算（Ⅰ）･（Ⅱ）のいずれか､または日常生活継続支援加算（Ⅰ）･（Ⅱ）のいずれか
地域密着型通所介護
　⇒サービス提供体制強化加算（Ⅰ）・（Ⅱ）のいずれか。療養通所介護の場合はサービス提供体制強化加算（Ⅲ）イ･ロいずれか

特定施設入居者生活介護、地域密着型特定施設入居者生活介護

⇒入居継続支援加算（Ⅰ）・（Ⅱ）のいずれか、またはサービス提供体制強化加算（Ⅰ）・（Ⅱ）のいずれか

(2) 介護職員等処遇改善加算（Ⅱ）

(1) ①～⑨を満たす

(3) 介護職員等処遇改善加算（Ⅲ）

(1) ①（一）・②～⑧を満たす

(4) 介護職員等処遇改善加算（Ⅳ）

(1) ①（一）・②～⑥・⑦（一）～（四）・⑧を満たす

経過措置区分として、2024年度末まで介護職員等処遇改善加算（Ⅴ）(1)～(14)を設け、現行の介護職員処遇改善加算、介護職員等特定処遇改善加算、介護職員等ベースアップ等支援加算の3加算の取得状況に基づく加算率を維持した上で、今般の改定による加算率の引上げを受けられるようにする

介護職員等処遇改善加算（Ⅴ）(1)～(14)＜新設＞

所定単位数にサービス別加算率を乗じた単位数　(2025年3月31日まで)

介護職員等処遇改善加算を除く加減算後の総報酬単位数に以下の加算率を乗じる

≪支給限度額管理の対象外≫

介護職員等処遇改善加算（Ⅴ）　3加算の組合せと加算率（予防含む）

	(Ⅴ) 1	(Ⅴ) 2	(Ⅴ) 3	(Ⅴ) 4	(Ⅴ) 5	(Ⅴ) 6	(Ⅴ) 7
介護職員処遇改善加算	（Ⅰ）	（Ⅱ）	（Ⅰ）	（Ⅱ）	（Ⅱ）	（Ⅱ）	（Ⅲ）
介護職員等特定処遇改善加算	（Ⅰ）	（Ⅰ）	（Ⅱ）	（Ⅱ）	（Ⅰ）	（Ⅱ）	（Ⅰ）
介護職員等ベースアップ等支援加算	×	○	×	○	×	×	○
訪問介護、夜間対応型訪問介護 定期巡回・随時対応型訪問介護看護	22.1%	20.8%	20.0%	18.7%	18.4%	16.3%	16.3%
訪問入浴介護	8.9%	8.4%	8.3%	7.8%	7.3%	6.7%	6.5%
通所介護・地域密着型通所介護	8.1%	7.6%	7.9%	7.4%	6.5%	6.3%	5.6%
通所リハビリテーション	7.6%	7.3%	7.3%	7.0%	6.3%	6.0%	5.8%
特定施設入居者生活介護（地域密着型含む）	11.3%	10.6%	10.7%	10.0%	9.1%	8.5%	7.9%
認知症対応型通所介護	15.8%	15.3%	15.1%	14.6%	13.0%	12.3%	11.9%
小規模多機能型居宅介護 看護小規模多機能型居宅介護	13.2%	12.1%	12.9%	11.8%	10.4%	10.1%	8.8%
認知症対応型共同生活介護	16.3%	15.6%	15.5%	14.8%	13.3%	12.5%	12.0%
介護老人福祉施設（地域密着型含む） 短期入所生活介護	12.4%	11.7%	12.0%	11.3%	10.1%	9.7%	9.0%
介護老人保健施設、短期入所療養介護（老健）	6.7%	6.5%	6.3%	6.1%	5.7%	5.3%	5.2%
介護医療院 短期入所療養介護（介護医療院・病院等）	4.6%	4.4%	4.2%	4.0%	3.9%	3.5%	3.5%

	(V) 8	(V) 9	(V) 10	(V) 11	(V) 12	(V) 13	(V) 14
介護職員処遇改善加算	（Ⅰ）	（Ⅲ）	（Ⅲ）	（Ⅱ）	（Ⅲ）	（Ⅲ）	（Ⅲ）
介護職員等特定処遇改善加算	×	（Ⅱ）	（Ⅰ）	×	（Ⅱ）	×	×
介護職員等ベースアップ等支援加算	×	○	×	×	×	○	×
訪問介護、夜間対応型訪問介護 定期巡回・随時対応型訪問介護看護	15.8%	14.2%	13.9%	12.1%	11.8%	10.0%	7.6%
訪問入浴介護	6.8%	5.9%	5.4%	5.2%	4.8%	4.4%	3.3%
通所介護・地域密着型通所介護	6.9%	5.4%	4.5%	5.3%	4.3%	4.4%	3.3%
通所リハビリテーション	5.6%	5.5%	4.8%	4.3%	4.5%	3.8%	2.8%
特定施設入居者生活介護（地域密着型含む）	9.5%	7.3%	6.4%	7.3%	5.8%	6.1%	4.6%
認知症対応型通所介護	12.7%	11.2%	9.6%	9.9%	8.9%	8.8%	6.5%
小規模多機能型居宅介護 看護小規模多機能型居宅介護	11.7%	8.5%	7.1%	8.9%	6.8%	7.3%	5.6%
認知症対応型共同生活介護	13.2%	11.2%	9.7%	10.2%	8.9%	8.9%	6.6%
介護老人福祉施設（地域密着型含む） 短期入所生活介護	9.7%	8.6%	7.4%	7.4%	7.0%	6.3%	4.7%
介護老人保健施設、短期入所療養介護（老健）	4.6%	4.8%	4.4%	3.6%	4.0%	3.1%	2.3%
介護医療院 短期入所療養介護（介護医療院・病院等）	3.1%	3.1%	3.0%	2.4%	2.6%	2.0%	1.5%

【算定要件】

(5) 介護職員等処遇改善加算（Ⅴ）(1)

①2024年5月31日において現に介護職員処遇改善加算（Ⅰ）、介護職員等特定処遇改善加算（Ⅰ）を届け出ており、かつ、介護職員等ベースアップ等支援加算を届けていない

②介護職員等処遇改善加算（Ⅰ）①（二）・②～⑩を満たす

(6) 介護職員等処遇改善加算（Ⅴ）(2)

①2024年5月31日において現に介護職員処遇改善加算（Ⅱ）、介護職員等特定処遇改善加算（Ⅰ）、介護職員等ベースアップ等支援加算を届け出ている

②介護職員等処遇改善加算（Ⅰ）①（二）・②～⑥・⑦（一）～（四）、⑧～⑩を満たす

(7) 介護職員等処遇改善加算（Ⅴ）(3)

①2024年5月31日において現に介護職員処遇改善加算（Ⅰ）、介護職員等特定処遇改善加算（Ⅱ）を届け出ており、介護職員等ベースアップ等支援加算を届け出ていない

②介護職員等処遇改善加算（Ⅰ）①（二）・②～⑥・⑦（一）～（四）・⑧～⑩を満たす

(8) 介護職員等処遇改善加算（Ⅴ）(4)

①2024年5月31日において現に介護職員処遇改善加算（Ⅱ）、介護職員等特定処遇改善加算（Ⅱ）、介護職員等ベースアップ等支援加算を届け出ている

②介護職員等処遇改善加算（Ⅰ）①（二）・②～⑥・⑦（一）～（四）・⑧⑨を満たす

(9) 介護職員等処遇改善加算（Ⅴ）(5)

①2024年5月31日において現に介護職員処遇改善加算（Ⅱ）、介護職員等特定処遇改善加算（Ⅰ）を届け出ており、介護職員等ベースアップ等支援加算を届け出ていない

②介護職員等処遇改善加算（Ⅰ）①（二）・②～⑥・⑦（一）～（四）・⑧～⑩を満たす

(10) 介護職員等処遇改善加算（Ⅴ）(6)

①2024年5月31日において現に介護職員処遇改善加算（Ⅱ）、介護職員等特定処遇改善加算（Ⅱ）を届け出ており、介護職員等ベースアップ等支援加算を届け出ていない

②介護職員等処遇改善加算（Ⅰ）①（二）・②～⑥・⑦（一）～（四）・⑧⑨を満たす

(11) 介護職員等処遇改善加算（Ⅴ）(7)

①2024年5月31日において現に介護職員処遇改善加算（Ⅲ）、介護職員等特定処遇改善加算

（Ⅰ）、介護職員等ベースアップ等支援加算を届け出ている
②介護職員等処遇改善加算（Ⅰ）①（二）・②～⑥・⑧～⑩を満たす
③次に掲げる（一）・（二）のいずれかを満たす
（一）以下（a）・（b）のいずれも満たす（a）介護職員の任用の際における職責または職務内容等の要件（介護職員の賃金に関するものを含む）を定めている（b）（a）の要件について書面で作成し、全ての介護職員に周知している
（二）以下（a）・（b）のいずれも満たす（a）介護職員の資質の向上の支援に関する計画を策定し、当該計画に係る研修の実施または研修の機会を確保している（b）（a）について、全ての介護職員に周知している

(12) 介護職員等処遇改善加算（Ⅴ）(8)

①2024年5月31日において現に介護職員処遇改善加算（Ⅰ）を届け出ており、介護職員等特定処遇改善加算、介護職員等ベースアップ等支援加算を届け出ていない
②介護職員等処遇改善加算（Ⅰ）①（（一）（二）除く）・②～⑧を満たす

(13) 介護職員等処遇改善加算（Ⅴ）(9)

①2024年5月31日において現に介護職員処遇改善加算（Ⅲ）、介護職員等特定処遇改善加算（Ⅱ）、介護職員等ベースアップ等支援加算を届け出ている
②介護職員等処遇改善加算（Ⅰ）①（二）・②～⑥・⑧⑨を満たす
③介護職員等処遇改善加算（Ⅴ）(7) ③を満たす

(14) 介護職員等処遇改善加算（Ⅴ）(10)

①2024年5月31日において現に介護職員処遇改善加算（Ⅲ）、介護職員等特定処遇改善加算（Ⅰ）を届け出ており、介護職員等ベースアップ等支援加算を届け出ていない
②介護職員等処遇改善加算（Ⅰ）①（二）・②～⑥・⑧～⑩を満たす
③介護職員等処遇改善加算（Ⅴ）(7) ③を満たす

(15) 介護職員等処遇改善加算（Ⅴ）(11)

①2024年5月31日において現に介護職員処遇改善加算（Ⅱ）を届け出ており、介護職員等特定処遇改善加算、介護職員等ベースアップ等支援加算を届け出ていない
②介護職員等処遇改善加算（Ⅰ）①（（一）（二）除く）・②～⑥・⑦（一）～（四）・⑧を満たす

(16) 介護職員等処遇改善加算（Ⅴ）(12)

①2024年5月31日において現に介護職員処遇改善加算（Ⅲ）、介護職員等特定処遇改善加算（Ⅱ）を届け出ており、介護職員等ベースアップ等支援加算を届け出ていない
②介護職員等処遇改善加算（Ⅰ）①（二）・②～⑥・⑧⑨を満たす
③介護職員等処遇改善加算（Ⅴ）(7) ③を満たす

(17) 介護職員等処遇改善加算（Ⅴ）(13)

①2024年5月31日において現に介護職員処遇改善加算（Ⅲ）、介護職員等ベースアップ等支援加算を届け出ており、介護職員等特定処遇改善加算を届け出ていない
②介護職員等処遇改善加算（Ⅰ）①（（一）（二）除く）・②～⑥・⑧を満たす
③介護職員等処遇改善加算（Ⅴ）(7) ③を満たす

(18) 介護職員等処遇改善加算（Ⅴ）(14)

①2024年5月31日において現に介護職員処遇改善加算（Ⅲ）を届け出ており、介護職員等特定処遇改善加算、介護職員等ベースアップ等支援加算を届け出ていない。
②介護職員等処遇改善加算（Ⅰ）①（（一）（二）除く）・②～⑥・⑧を満たす
③介護職員等処遇改善加算（Ⅴ）(7) ③を満たす

2024年度中　介護職員等処遇改善加算Ⅰ～Ⅴの算定要件（賃金改善以外の要件）

	月額賃金改善要件		キャリアパス要件					職場環境等要件		
	Ⅰ	Ⅱ	Ⅰ	Ⅱ	Ⅲ	Ⅳ	Ⅴ			
	新加算Ⅳの1/2以上の月額賃金改善	旧ベア加算相当の2/3以上の新規の月額賃金改善	任用要件・賃金体系の整備等	研修の実施等	昇給の仕組みの整備等	改善後の賃金要件（8万円または440万円1人以上）	介護福祉士等の配置要件	職場環境全体で1	職場環境区分ごと1	HP掲載等を通じた見える化
加算Ⅰ	－	○※	○	○	○	○	○	－	○	○
加算Ⅱ	－	○※	○	○	○	○	－	－	○	○
加算Ⅲ	－	○※	○	○	○	－	－	○	－	－
加算Ⅳ	－	○※	○	○	－	－	－	○	－	－
加算Ⅴ（1）	－	－	○	○	○	○	○	－	○	○
加算Ⅴ（2）	－	－	○	○	－	○	○	－	○	○
加算Ⅴ（3）	－	－	○	○	○	○	－	－	○	○
加算Ⅴ（4）	－	－	○	○	－	○	－	－	○	○
加算Ⅴ（5）	－	－	○	○	－	○	○	－	○	○
加算Ⅴ（6）	－	－	○	○	－	○	－	－	○	○
加算Ⅴ（7）	－	－	○（いずれか1つ）		－	○	○	－	○	○
加算Ⅴ（8）	－	－	○	○	○	－	－	○	－	－
加算Ⅴ（9）	－	－	○（いずれか1つ）		－	○	－	－	○	○
加算Ⅴ（10）	－	－	○（いずれか1つ）		－	○	○	－	○	○
加算Ⅴ（11）	－	－	○	○	－	－	－	○	－	－
加算Ⅴ（12）	－	－	○（いずれか1つ）		－	○	－	－	○	○
加算Ⅴ（13）	－	－	○（いずれか1つ）		－	－	－	○	－	－
加算Ⅴ（14）	－	－	○（いずれか1つ）		－	－	－	○	－	－

※新加算Ⅰ～Ⅳの算定前に旧ベースアップ等加算、新加算Ⅴ(2)(4)(7)(9)(13)が未算定だった場合

2025年度以降　介護職員等処遇改善加算Ⅰ～Ⅳの算定要件（賃金改善以外の要件）

	月額賃金改善要件		キャリアパス要件					職場環境等要件		
	Ⅰ	Ⅱ	Ⅰ	Ⅱ	Ⅲ	Ⅳ	Ⅴ			
	新加算Ⅳの1/2以上の月額賃金改善	旧ベア加算相当の2/3以上の新規の月額賃金改善	任用要件・賃金体系の整備等	研修の実施等	昇給の仕組みの整備等	改善後の賃金要件（440万円一人以上）	介護福祉士等の配置要件	区分ごとに1以上の取組（生産性向上は2以上）	区分ごとに2以上の取組（生産性向上は3以上）	HP掲載等を通じた見える化（取組内容の具体的記載）
加算Ⅰ	○	○※	○	○	○	○	○	－	○	○
加算Ⅱ	○	○※	○	○	○	○	－	－	○	○
加算Ⅲ	○	○※	○	○	○	－	－	○	－	－
加算Ⅳ	○	○※	○	○	－	－	－	○	－	－

※新加算Ⅰ～Ⅳの算定前に新加算Ⅴ(2)(4)(7)(9)(13)が未算定だった場合

2024年度 介護報酬改定の概要

◆**介護職員処遇改善加算**　（Ⅰ）所定単位数にサービス別加算率を乗じた単位数
（2024年5月31日まで）　（Ⅱ）所定単位数にサービス別加算率を乗じた単位数
（Ⅲ）所定単位数にサービス別加算率を乗じた単位数
◆**介護職員等特定処遇改善加算**　（Ⅰ）所定単位数にサービス別加算率を乗じた単位数
（2024年5月31日まで）　（Ⅱ）所定単位数にサービス別加算率を乗じた単位数
◆**介護職員等ベースアップ等支援加算**　所定単位数にサービス別加算率を乗じた単位数
（2024年5月31日まで）
《いずれの加算も支給限度額管理の対象外》

サービス別の加算率（予防含む）

サービス区分	介護職員処遇改善加算			介護職員等特定処遇改善加算		介護職員等ベースアップ等支援加算
	（Ⅰ）	（Ⅱ）	（Ⅲ）	（Ⅰ）	（Ⅱ）	
訪問介護、夜間対応型訪問介護 定期巡回・随時対応型訪問介護看護	13.7%	10.0%	5.5%	6.3%	4.2%	2.4%
訪問入浴介護	5.8%	4.2%	2.3%	2.1%	1.5%	1.1%
通所介護・地域密着型通所介護	5.9%	4.3%	2.3%	1.2%	1.0%	1.1%
通所リハビリテーション	4.7%	3.4%	1.9%	2.0%	1.7%	1.0%
特定施設入居者生活介護 （地域密着型含む）	8.2%	6.0%	3.3%	1.8%	1.2%	1.5%
認知症対応型通所介護	10.4%	7.6%	4.2%	3.1%	2.4%	2.3%
小規模多機能型居宅介護 看護小規模多機能型居宅介護	10.2%	7.4%	4.1%	1.5%	1.2%	1.7%
認知症対応型共同生活介護	11.1%	8.1%	4.5%	3.1%	2.3%	2.3%
介護老人福祉施設 （地域密着型含む） 短期入所生活介護	8.3%	6.0%	3.3%	2.7%	2.3%	1.6%
介護老人保健施設 短期入所療養介護（老健）	3.9%	2.9%	1.6%	2.1%	1.7%	0.8%
介護医療院 短期入所療養介護 （介護医療院・病院等）	2.6%	1.9%	1.0%	1.5%	1.1%	0.5%

3.地域区分

　公平性・客観性を担保する観点から、公務員の地域手当の設定に準拠しつつ、隣接地域の状況によって特例（完全囲まれルール）を設ける
①高い地域区分の地域にすべて囲まれている場合、隣接地域の地域区分のうち一番低い区分までの範囲で選択が可能。低い級地に囲まれている場合の引き下げも可能とする
　同一都道府県内で隣接する地域の状況に基づき判断する
②その他地域（0%）であって、当該地域よりも高い地域区分の地域が複数隣接し、かつその中に4級地以上の級地差がある地域が含まれている場合は、隣接する地域区分のうち一番低い区分までの範囲で選択が可能。引下げは、地域手当の設定がある地域も可能
③その他地域（0%）であって、隣接する同一区分（その他地域）が1つの場合、隣接地域の他の高い区分のうち最も低い区分までの範囲で引上げができる。低い級地に囲まれている場合、最も高い区分までの範囲で引下げもでき、地域手当の設定がある地域も可能
④隣接地域と5級差以上の差がある場合、4級地差になるまでの範囲で引上げまたは引下げができる
　また、2015年度介護報酬改定による地域区分の見直しに伴う経過措置については、2015年度から2017年度までの当該地域の地域区分の設定値から地域区分の設定方法を適用した後の参集的な設定値までの範囲内の区分で設定でき、2026年度末まで引き続き経過措置を講じる

①に該当する例
3%、6%、10%を選択可

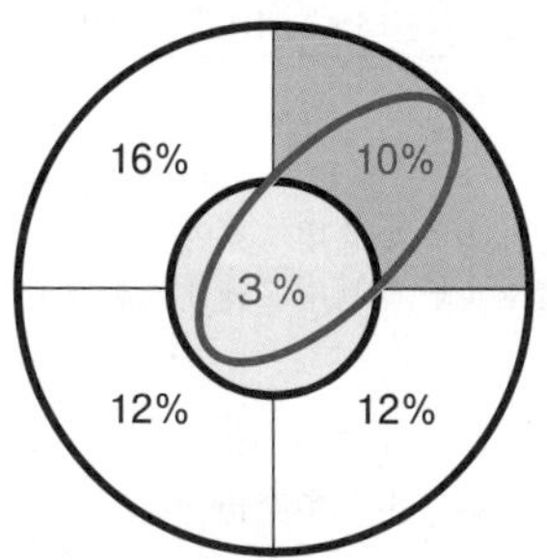

②に該当する例
0%、3%を選択可

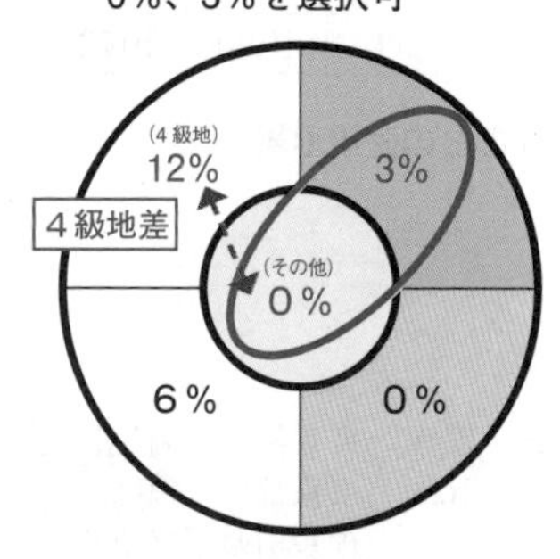

③に該当する例　<新設>
0%、3%を選択可

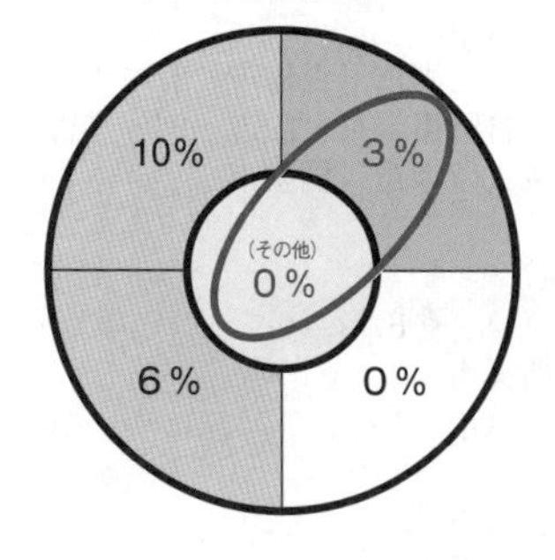

④に該当する例　<新設>
6%(6級地)、10%（5級地)を選択可

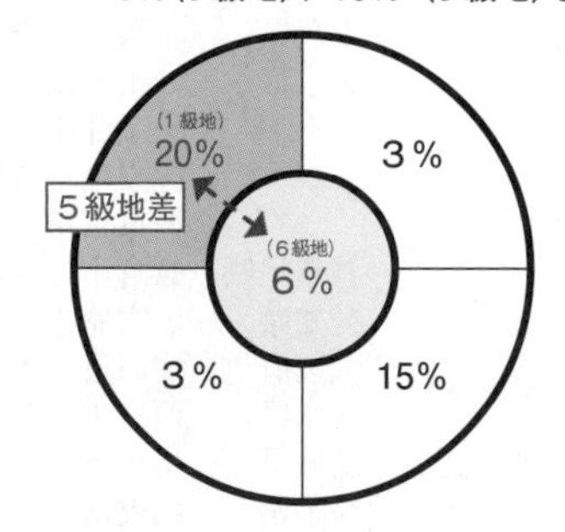

2024年度 介護報酬改定の概要

人件費割合

70%	訪問介護／訪問入浴介護／訪問看護／夜間対応型訪問介護／居宅介護支援／定期巡回･随時対応型訪問介護看護
55%	訪問リハビリテーション／通所リハビリテーション／短期入所生活介護／認知症対応型通所介護／小規模多機能型居宅介護／看護小規模多機能型居宅介護
45%	通所介護／短期入所療養介護／特定施設入居者生活介護／認知症対応型共同生活介護／介護老人福祉施設／介護老人保健施設／介護医療院／地域密着型通所介護／地域密着型特定施設入居者生活介護／地域密着型介護老人福祉施設入所者生活介護

※各サービスの人員配置基準に基づき、実態を精査の上で、必要に応じて見直しを行う

介護報酬1単位当たりの単価（円）

		1級地	2級地	3級地	4級地	5級地	6級地	7級地	その他
上乗せ割合		20%	16%	15%	12%	10%	6%	3%	0%
人件費割合	70%	11.40	11.12	11.05	10.84	10.70	10.42	10.21	10
	55%	11.10	10.88	10.83	10.66	10.55	10.33	10.17	10
	45%	10.90	10.72	10.68	10.54	10.45	10.27	10.14	10

地域区分ごとの適用地域

（　）は改正前の上乗せ割合
※①:完全囲まれルール適用　※②:4級地差ルール適用
※③:複数隣接ルール適用　※④:5級地差ルール適用
※なし:経過措置適用

1級地　20%　東京都　特別区
2級地　16%　東京都　調布市（3）　町田市　狛江市　多摩市
神奈川県　横浜市　川崎市
大阪府　大阪市
3級地　15%　埼玉県　さいたま市
千葉県　千葉市　※④浦安市（4）
東京都　八王子市　武蔵野市　三鷹市　青梅市　府中市　小金井市　小平市　日野市　東村山市　国分寺市　国立市　清瀬市　東久留米市　稲城市　西東京市
神奈川県　鎌倉市　厚木市（4）
愛知県　名古屋市　刈谷市（4）　豊田市（4）
大阪府　守口市　大東市　門真市
兵庫県　西宮市　芦屋市　宝塚市
4級地　12%　茨城県　牛久市
埼玉県　朝霞市　志木市　和光市
千葉県　船橋市　成田市　習志野市

級地	割合	都道府県	地域
		東京都	立川市　昭島市　東大和市
		神奈川県	相模原市　※④横須賀市（5）　藤沢市　逗子市　※①三浦市（6）　海老名市
		大阪府	豊中市　池田市　吹田市　高槻市　寝屋川市　箕面市　四條畷市（3）
		兵庫県	神戸市
5級地	10%	茨城県	水戸市　日立市　龍ケ崎市　取手市　つくば市　守谷市
		埼玉県	※④川口市（6）　※④草加市（6）　※④戸田市（6）　新座市　※④八潮市（6）　ふじみ野市
		千葉県	市川市　松戸市　佐倉市　市原市　八千代市　四街道市　袖ケ浦市（6）　印西市　栄町
		東京都	福生市　あきる野市　日の出町
		神奈川県	平塚市　小田原市　茅ヶ崎市　大和市　伊勢原市　座間市　綾瀬市　※①葉山町（6）　寒川町　愛川町
		愛知県	知立市（6）　豊明市（6）　みよし市
		滋賀県	大津市　草津市　栗東市
		京都府	京都市　長岡京市（6）
		大阪府	堺市　枚方市　茨木市　八尾市　松原市　摂津市　高石市　東大阪市　交野市
		兵庫県	尼崎市　伊丹市　川西市　三田市
		広島県	広島市　府中町
		福岡県	福岡市　春日市
6級地	6％	宮城県	仙台市　多賀城市
		茨城県	土浦市　古河市　利根町
		栃木県	宇都宮市　野木町
		群馬県	高崎市
		埼玉県	川越市　行田市　所沢市　飯能市　加須市　東松山市　春日部市　狭山市　羽生市　鴻巣市　上尾市　越谷市　蕨市　入間市　桶川市　久喜市　北本市　富士見市　三郷市　蓮田市　坂戸市　幸手市　鶴ヶ島市　吉川市　白岡市　伊奈町　三芳町　宮代町　杉戸町　松伏町
		千葉県	※④木更津市（7）　野田市　茂原市　柏市　流山市　我孫子市　鎌ケ谷市　白井市　酒々井町
		東京都	武蔵村山市　羽村市　瑞穂町　奥多摩町　檜原村
		神奈川県	秦野市　大磯町　二宮町　※③中井町（他）　清川村
		岐阜県	岐阜市
		静岡県	静岡市
		愛知県	岡崎市　※①一宮市（7）　瀬戸市　春日井市　津島市　碧南市　安城市　西尾市　犬山市（7）　江南市（7）　稲沢市　尾張旭市（7）　岩倉市（7）　日進市　愛西市　清須市　北名古屋市　弥富市　あま市　長久手市　東郷町　大治町　蟹江町　豊山町　飛島村
		三重県	津市　四日市市　桑名市　鈴鹿市　亀山市
		滋賀県	彦根市　守山市　甲賀市
		京都府	宇治市　亀岡市　城陽市（7）　向日市　八幡市　京田辺市　木津川市　※①大山崎町（7）　精華町

		大阪府	岸和田市　泉大津市　貝塚市　泉佐野市　富田林市
			河内長野市　和泉市　柏原市　羽曳野市　藤井寺市　泉南市
			大阪狭山市　阪南市　島本町　豊能町　能勢町　忠岡町
			熊取町　田尻町　岬町　太子町　河南町　千早赤阪村
		兵庫県	明石市　猪名川町
		奈良県	奈良市　大和郡山市　生駒市
		和歌山県	和歌山市　橋本市
		福岡県	大野城市　太宰府市　福津市　糸島市　那珂川町　粕屋町
７級地	３％	北海道	札幌市
		茨城県	結城市　下妻市　常総市　笠間市　ひたちなか市　那珂市
			筑西市　坂東市　稲敷市　つくばみらい市　大洗町　阿見町
			河内町　八千代町　五霞町　境町
		栃木県	栃木市　鹿沼市　日光市　小山市　真岡市　大田原市
			さくら市　※③下野市（6）　壬生町
		群馬県	前橋市　伊勢崎市　太田市　渋川市　※③榛東村（他）
			※③吉岡町（他）　玉村町
		埼玉県	熊谷市　深谷市　日高市　毛呂山町　越生町
			滑川町　川島町　吉見町　鳩山町　寄居町
		千葉県	東金市　君津市　富津市　八街市
			富里市　山武市　大網白里市　長柄町　長南町
		神奈川県	※③南足柄市（他）　山北町　箱根町
		新潟県	新潟市
		富山県	富山市
		石川県	金沢市　内灘町
		福井県	福井市
		山梨県	甲府市　南アルプス市（他）　※③南部町（他）
		長野県	長野市　松本市　塩尻市
		岐阜県	大垣市　多治見市　美濃加茂市（他）　各務原市　可児市
		静岡県	浜松市　沼津市　三島市　富士宮市　島田市　富士市
			磐田市　焼津市　掛川市　藤枝市　御殿場市　袋井市
			裾野市　函南町　清水町　長泉町　小山町　川根本町　森町
		愛知県	豊橋市　半田市　豊川市　蒲郡市　常滑市　小牧市　新城市
			東海市　大府市　知多市　高浜市　田原市　大口町　扶桑町
			阿久比町　東浦町　※③武豊町（他）　幸田町　設楽町
			東栄町　豊根村
		三重県	名張市　いなべ市　伊賀市　木曽岬町　東員町　菰野町
			朝日町　川越町
		滋賀県	長浜市　※③近江八幡市（他）　野洲市　湖南市
			高島市　東近江市　日野町　※③竜王町（他）
		京都府	久御山町
		兵庫県	姫路市　加古川市　三木市　高砂市
			稲美町　播磨町
		奈良県	※①大和高田市（6）　天理市　橿原市　桜井市　御所市
			香芝市　葛城市　宇陀市　山添村　平群町　三郷町　斑鳩町
			安堵町　川西町　三宅町　田原本町　曽爾村　明日香村
			上牧町　王寺町　広陵町　河合町

岡山県　岡山市
広島県　東広島市　廿日市市　海田町　※③熊野町（他）　坂町
山口県　周南市
徳島県　徳島市
香川県　高松市
福岡県　北九州市　飯塚市　筑紫野市　古賀市
長崎県　長崎市
その他　0％　その他の地域

4.区分支給限度基準額

（1）居宅介護・介護予防サービス等

（　）内は旧単位

要支援1	5032単位（5032）
要支援2	10531単位（10531）
要介護1	16765単位（16765）
要介護2	19705単位（19705）
要介護3	27048単位（27048）
要介護4	30938単位（30938）
要介護5	36217単位（36217）

（2）外部サービス利用型（予防）特定施設入居者生活介護費に係る限度単位数

（　）内は旧単位

要支援1	5032単位（5032）
要支援2	10531単位（10531）
要介護1	16355単位（16355）
要介護2	18362単位（18362）
要介護3	20490単位（20490）
要介護4	22435単位（22435）
要介護5	24533単位（24533）

5.要介護認定の有効期間

申請区分等		原則の認定有効期間	設定可能な認定有効期間の範囲
新規申請		6カ月	3カ月～12カ月
区分変更申請		6カ月	3カ月～12カ月
更新申請	前回要支援⇒今回要支援	12カ月	3カ月～48カ月
	前回要支援⇒今回要介護	12カ月	3カ月～36カ月
	前回要介護⇒今回要支援	12カ月	3カ月～36カ月
	前回要介護⇒今回要介護	12カ月	3カ月～48カ月

2024年度 介護保険制度改正の主な項目

第1号保険料負担の見直し

第1号被保険者間での所得再分配機能を強化し、低所得者の保険料上昇の抑制をはかる

①高所得者に係る標準段階の段階数·乗率について、既に9段階を超える多段階の保険料設定を行っている保険者の平均を勘案して引上げる

②低所得者の最終乗率（低所得者が実際に負担する乗率）について、第7期から第8期にかけての保険料の伸びなどを勘案して引下げる

※介護保険制度においては、調整交付金によって、保険者ごとの所得分布状況に係る調整を行っているところ、この所得調整機能を強化するため、標準9段階を用いている現行の調整方法についても、保険料設定方法の見直しに併せて、標準13段階を用いた調整方法に改める

③低所得者の負担軽減に活用されている公費の一部（約382億円（国費約191億円、地方約191億円））を、現場の従事者の処遇改善をはじめとする介護に係る社会保障の充実に活用する

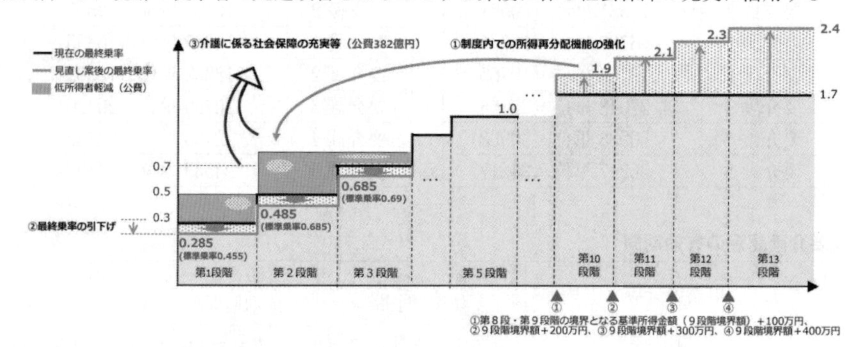

第9期計画期間における第1号保険料（標準13段階）

標準段階	市町村民税・所得等要件	乗　率
第1段階	・生活保護被保護者 ・世帯全員が市町村民税非課税の老齢福祉年金受給者 ・世帯全員が市町村民税非課税かつ本人年金収入等80万円以下	0.285 (標準乗率0.455)
第2段階	世帯全員が市町村民税非課税かつ本人年金収入等80万円超120万円以下	0.485 (標準乗率0.685)
第3段階	世帯全員が市町村民税非課税かつ本人年金収入等120万円超	0.685 (標準乗率0.69)
第4段階	本人が市町村民税非課税（世帯に課税者がいる）かつ本人年金収入等80万円以下	0.9
第5段階	本人が市町村民税非課税（世帯に課税者がいる）かつ本人年金収入等80万円超	1.0
第6段階	市町村民税課税かつ合計所得金額120万円未満	1.2
第7段階	市町村民税課税かつ合計所得金額120万円以上210万円未満	1.3
第8段階	市町村民税課税かつ合計所得金額210万円以上320万円未満	1.5
第9段階	市町村民税課税かつ合計所得金額320万円以上420万円未満	1.7
第10段階	市町村民税課税かつ合計所得金額420万円以上520万円未満	1.9
第11段階	市町村民税課税かつ合計所得金額520万円以上620万円未満	2.1
第12段階	市町村民税課税かつ合計所得金額620万円以上720万円未満	2.3
第13段階	市町村民税課税かつ合計所得金額720万円以上	2.4

多床室の室料負担（2025年8月1日より）

(1) 対象となる入所者

・Ⅱ型介護医療院の多床室の入所者
・「その他型」「療養型」（※）の介護老人保健施設の多床室の入所者
・いずれも8㎡／人以上に限る
※「その他型」：超強化型、在宅強化型、加算型、基本型のいずれも満たさない介護老人保健施設
「療養型」：2006年7月1日～2018年3月31日に療養病床等から移行して開設した介護老人保健施設

(2) 負担額

・月額8,000円相当。ただし、利用者負担第1～3段階の者については、補足給付により利用者負担を増加させない

基準費用額（居住費）の見直し（2024年8月1日より）

・基準費用額（居住費）を60円／日引き上げる。ただし、従来から補足給付の仕組みにおける負担限度額を0円としている利用者負担第1段階（※）の多床室利用者については、利用者負担が増えないようにする
※生活保護受給者、世帯全員が市町村民税非課税である老齢福祉年金受給者（預貯金額1,000万円（夫婦の場合2000万円）以下の場合）

都道府県への経営情報の報告義務化

(1) 対象事業者

原則、全介護サービス事業者。ただし、事業所･施設の全てが①過去1年間で提供を行った介護サービス対価が100万円以下②災害その他都道府県知事に対し報告を行うことができないことにつき正当な理由がある――のいずれかに該当する場合は除外する

(2) 報告を求める項目

・事業所･施設名、所在地その他の基本情報
・収益、費用の内容
・職員の職種別人数その他の人員に関する事項
・その他必要な事項
※報告除外対象の事業所･施設（(1) の①または②に該当）とそれ以外の事業所･施設を運営している場合、①･②を除く事業所･施設の報告を求める。上記の他、任意項目として「職種別の給与（給料･賞与）とその人数」を求める

(3) 都道府県知事への報告方法

・報告期限は毎会計年度終了後3月以内。ただし初回に限り、2024年度内の提出で可
・報告手段は電磁的方法を利用して自ら、および当該報告を受けるべき都道府県知事が同一の情報を閲覧することができる状態に置く措置を講ずる方法その他の適切な方法

(4) 厚生労働大臣が都道府県知事に求めることができる情報

・介護サービス事業者経営情報（(2) の項目）
・その他必要な事項

(5) 都道府県知事から厚生労働大臣への情報提供方法

・電磁的方法を利用して自らおよび厚生労働大臣が同一の情報を閲覧することができる状態に置く措置を講ずる方法その他の適切な方法

介護サービス情報公表制度における財務状況の公表義務化

・公表を求める財務諸表は事業活動計算書（損益計算書）、資金収支計算書（キャッシュフロー

計算書)、貸借対照表(バランスシート)

・公表は原則として、介護サービス事業所または施設単位とする。ただし、拠点や法人単位で一体会計としており、事業所・施設単位での区分けが困難な場合は、拠点単位や法人単位での公表が可能。その際、公表対象が明確となるよう、当該会計に含まれている事業所・施設を明記する

・一人当たり賃金は任意での公表とし、事業所・施設の特性に応じ、設置主体や職種、勤続年数等がわかるような形での公表を可能とする。原則として事業所・施設単位での公表とするが、事業者の希望に応じ、法人単位での公表を可能とする。その場合、含まれている介護サービス事業所・施設を明記する

地域包括支援センターの体制整備等

(1) 介護予防支援の指定対象の拡大

・介護予防支援について、地域包括支援センターに加えて、居宅介護支援事業所も市町村からの指定を受けて実施できることとする。指定を受けたケアマネ事業所は、市町村や地域包括支援センターが一定の関与を行った上で実施することとする

・地域包括支援センターが行う総合相談支援業務の一部を居宅介護支援事業所等に委託することを可能とする。委託を受けた居宅介護支援事業所は、市町村等が示す方針に従って、業務を実施することとする

【介護予防支援の指定を受ける場合の手続き等】

・介護予防を行う者として事業所のケアマネジャーを規定

・指定申請の際に、事業所の名称・所在地等、既に提出している事項に変更がない場合は一部の提出書類を省略可

・介護サービス情報公表制度について、指定居宅介護支援事業所の運営状況として介護予防支援の指定の状況を記載することで足りるものする

【指定介護予防支援事業者に対する地域包括支援センターの一定の関与】

・市町村は介護予防サービス計画の検証のため、必要があるときは指定事業者へ情報の提供を求めることができる。提供する情報は介護予防サービス計画、関連情報(利用者の情報・基本チェックリスト・支援の経過等)、その他市町村が定める事項

・指定事業者は介護予防支援の適切・有効な実施のため必要があるときは地域包括支援センターへ助言を求めることができる

・地域包括支援センターの包括的・継続的ケアマネジメント支援業務に「介護予防サービス計画の検証」を追加する

【居宅介護支援事業者が市町村から指定を受けて介護予防支援を行う場合の取扱い】

①市町村長に対し、介護予防サービス計画の実施状況等に関して情報提供することを運営基準上義務付けることに伴う手間やコストについて評価する基本報酬の区分を新たに設ける

②以下のとおり運営基準の見直しを行う

(i) 人員はケアマネジャーのみの配置で可能

(ii) 管理者を主任ケアマネジャーとするとともに、管理者が他の事業所の職務に従事する場合(指定居宅介護支援事業者である指定介護予防支援事業者の場合で、その管理する指定介護予防支援事業所の管理に支障がないときに限る)には兼務が可能

③居宅介護支援と同様に、特別地域加算、中山間地域等における小規模事業所加算、中山間地域等に居住する者へのサービス提供加算の対象とする

(2) 地域包括支援センターの柔軟な職員配置

現行の3職種(保健師、社会福祉士、主任ケアマネジャー)の配置基準は存置しつつ、市町村の判断により、複数圏域の高齢者数を合算し、3職種を地域の実情に応じて配置することを可能とする。条例改正について1年の猶予期間を設ける

各関連法の改正条文

介護保険法

（目的）

第１条　この法律は、加齢に伴って生ずる心身の変化に起因する疾病等により要介護状態となり、入浴、排せつ、食事等の介護、機能訓練並びに看護及び療養上の管理その他の医療を要する者等について、これらの者が尊厳を保持し、その有する能力に応じ自立した日常生活を営むことができるよう、必要な保健医療サービス及び福祉サービスに係る給付を行うため、国民の共同連帯の理念に基づき介護保険制度を設け、その行う保険給付等に関して必要な事項を定め、もって国民の保健医療の向上及び福祉の増進を図ることを目的とする。

（介護保険）

第２条　介護保険は、被保険者の要介護状態又は要支援状態に関し、必要な保険給付を行う。

２　前項の保険給付は、要介護状態又は要支援状態の軽減又は悪化の防止に資するよう行われるとともに、医療との連携に十分配慮して行われなければならない。

３　第１項の保険給付は、被保険者の心身の状況、その置かれている環境等に応じて、被保険者の選択に基づき、適切な保健医療サービス及び福祉サービスが、多様な事業者又は施設から、総合的かつ効率的に提供されるよう配慮して行われなければならない。

４　第１項の保険給付の内容及び水準は、被保険者が要介護状態となった場合においても、可能な限り、その居宅において、その有する能力に応じ自立した日常生活を営むことができるように配慮されなければならない。

（保険者）

第３条　市町村及び特別区は、この法律の定めるところにより、介護保険を行う。

２　市町村及び特別区は、介護保険に関する収入及び支出について、政令で定めるところにより、特別会計を設けなければならない。

（国民の努力及び義務）

第４条　国民は、自ら要介護状態となることを予防するため、加齢に伴って生ずる心身の変化を自覚して常に健康の保持増進に努めるとともに、要介護状態となった場合においても、進んでリハビリテーションその他の適切な保健医療サービス及び福祉サービスを利用することにより、その有する能力の維持向上に努める。

２　国民は、共同連帯の理念に基づき、介護保険事業に要する費用を公平に負担する。

（国及び地方公共団体の責務）

第５条　国は、介護保険事業の運営が健全かつ円滑に行われるよう保健医療サービス及び福祉サービスを提供する体制の確保に関する施策その他の必要な各般の措置を講じなければならない。

２　都道府県は、介護保険事業の運営が健全かつ円滑に行われるように、必要な助言及び適切な援助をしなければならない。

３ 都道府県は、前項の助言及び援助をするに当たっては、介護サービスを提供する事業所又は施設における業務の効率化、介護サービスの質の向上その他の生産性の向上に資する取組が促進されるよう努めなければならない。

４　国及び地方公共団体は、前項の規定により同項に掲げる施策を包括的に推進するに当たっては、障害者その他の者の福祉に関す包括的に推進するに当たっては、障害者その他の者の福祉に関する施策との有機的な連携を図るよう努めるとともに、地域住民が相互に人格と個性を尊重し合いながら、参加し、共生する地域社会の実現に資するよう努めなければならない。

各関連法の改正条文

（認知症に関する施策の総合的な推進等）

第５条の二　略。「共生社会の実現を推進するための認知症基本法」参照

（介護支援専門員の定義）

第７条　５　この法律において「介護支援専門員」とは、要介護者又は要支援者からの相談に応じ、要介護者等がその心身の状況等に応じ適切な居宅サービス、地域密着型サービス、施設サービス、介護予防サービス若しくは地域密着型介護予防サービス又は特定介護予防・日常生活支援総合事業を利用できるよう市町村、居宅介護サービス事業を行う者、地域密着型サービス事業を行う者、介護保険施設、介護予防サービス事業を行う者、地域密着型介護予防サービス事業を行う者、特定介護予防・日常生活総合事業を行う者等との連絡調整等を行う者であって、要介護者等が自立して日常生活を営むのに必要な援助に関する専門的知識及び技術を有するものとして介護支援専門員証の公布を受けたものをいう。

（介護支援専門員の義務）

第69条の三十四　介護支援専門員は、その担当する要介護者等の人格を尊重し、常に当該要介護者等の立場に立って、当該要介護者等に提供される居宅サービス、地域密着型サービス、施設サービス、介護予防サービス若しくは地域密着型介護予防サービス又は特定介護予防・日常生活支援総合事業が特定の種類又は特定の事業者若しくは施設に偏ることのないよう、公正かつ誠実にその業務を行わなければならない。

３　介護支援専門員は、要介護者等が自立した日常生活を営むのに必要な援助に関する専門的知識及び技術の水準を向上させ、その他その資質の向上を図るよう努めなければならない。

（複合型サービス）

第８条 この法律において「複合型サービス」とは、居宅要介護者について、訪問介護、訪問入浴介護、訪問看護、訪問リハビリテーション、居宅療養管理指導、通所介護、通所リハビリテーション、短期入所生活介護、短期入所療養介護、定期巡回・随時対応型訪問介護看護、夜間対応型訪問介護、地域密着型通所介護、認知症対応型通所介護又は小規模多機能型居宅介護を二種類以上組み合わせることにより提供されるサービスのうち、次に掲げるものをいう。

一　（看護小規模多機能型居宅介護）訪問看護及び小規模多機能型居宅介護を一体的に提供することにより、居宅要介護者について、その者の居宅において、又は第十九項の厚生労働省令で定めるサービスの拠点に通わせ、若しくは短期間宿泊させ、日常生活上の世話及び機能訓練並びに療養上の世話又は必要な診療の補助を行うもの

二 前号に掲げるもののほか、居宅要介護者について一体的に提供されることが特に効果的かつ効率的なサービスの組合せにより提供されるサービスとして厚生労働省令で定めるもの

（指定介護予防支援事業者の指定）

第115の二十二　（略）地域包括支援センターの設置者又は指定居宅介護支援事業者の申請により、介護保険の被保険者に対する介護予防サービス計画費及び特例介護予防サービス計画費の支給について、その効力を有する。

第115条の二十三　３（略）地域包括支援センターの設置者である指定介護予防支援事業者は、厚生労働省令で定めるところにより、指定介護予防支援の一部を、厚生労働省令で定める者に委託することができる。

（介護予防支援事業に関する情報提供の求め等）

第115条の三十の二　市町村長は、（略）介護予防サービス計画の検証の実施に当たって必要があると認めるときは、指定介護予防支援事業者に対し、（略）情報の提供を求めることができる。

２　指定居宅介護支援事業者である指定介護予防支援事業者は、当該指定介護予防支援の事業の適切かつ有効な実施のために必要があるときは、地域包括支援センターに対し、必要な助言を求めることができる。

（介護サービス事業者経営情報の調査及び分析等）

第115条の四十四の二　都道府県知事は、地域において必要とされる介護サービスの確保のため、当該都道府県の区域内に介護サービスを提供する事業所又は施設を有する介護サービス事業者の当該事業所又は施設ごとの収益及び費用その他の厚生労働省令で定める事項（介護サービス事業者経営情報）について、調査及び分析を行い、その内容を公表するよう努める。
２　介護サービス事業者は、（略）、介護サービス事業者経営情報を、当該事業所又は施設の所在地を管轄する都道府県知事に報告しなければならない。
３　厚生労働大臣は、介護サービス事業者経営情報を収集し、整理し、及び当該整理した情報の分析の結果を国民にインターネットその他の高度情報通信ネットワークの利用を通じて迅速に提供することができるよう必要な施策を実施する。

（地域支援事業）

第115条の四十五　市町村は（略）地域支援事業として、次に掲げる事業（介護予防・日常生活支援総合事業）を行う。
七　被保険者の保健医療の向上及び福祉の増進を図るため、被保険者、介護サービス事業者その他の関係者が被保険者に係る情報を共有し、及び活用することを促進する事業

（地域包括支援センター）

第115条の四十六　９　市町村は、定期的に、地域包括支援センターにおける事業の実施状況について、評価を行うとともに、必要があると認めるときは、方針の変更その他の必要な措置を講じなければならない。

（実施の委託）

第115条の四十七（略）４　地域包括支援センターの設置者は、指定居宅介護支援事業者その他の厚生労働省令で定める者に対し、厚生労働省令で定めるところにより、第百十五条の四十五第二項第一号に掲げる事業の一部を委託することができる（略）

（市町村介護保険事業計画）

第117条　３　市町村介護保険事業計画においては、前項各号に掲げる事項のほか、次に掲げる事項について定めるよう努める。
四　介護支援専門員その他の介護給付等対象サービス及び地域支援事業に従事する者の確保及び資質の向上並びにその業務の効率化及び質の向上に資する都道府県と連携した取組に関する事項
五 介護給付等対象サービスの提供又は地域支援事業の実施のための事業所又は施設における業務の効率化、介護サービスの質の向上その他の生産性の向上に資する都道府県と連携した取組に関する事項
七　認知症である被保険者の地域における自立した日常生活の支援に関する事項、教育、地域づくり及び雇用に関する施策その他の関連施策との有機的な連携に関する事項その他の認知症に関する施策の総合的な推進に関する事項
八　前項第一号の区域ごとの当該区域における届出が行われている有料老人ホーム及びサービス高齢者向け住宅のそれぞれの入居定員総数（特定施設入居者生活介護、地域密着型特定施設入居者生活介護又は介護予防特定施設入居者生活介護の事業を行う事業所の指定を受けていないものに限る）
４　市町村介護保険事業計画は、当該市町村の区域における人口構造の変化の見通し、要介護者等の人数、要介護者等の介護給付等対象サービスの利用に関する意向その他の事情を勘案して作成されなければならない
６　市町村は、市町村介護保険事業計画の作成に当たっては、住民の加齢に伴う身体的、精神的及び社会的な特性を踏まえた医療及び介護の効果的かつ効率的な提供の重要性に留意する。
※第118条（都道府県介護保険事業支援計画）において、第117条五･6と同旨の規定あり。

（都道府県介護保険事業支援計画）

第118条　3　都道府県介護保険事業支援計画においては、前項各号に掲げる事項のほか、次に掲げる事項について定めるよう努める。
三　介護支援専門員その他の介護給付等対象サービス及び地域支援事業に従事する者の確保及び資質の向上並びにその業務の効率化及び質の向上に資する事業に関する事項
六　前項第一号の区域ごとの当該区域における届出が行われている有料老人ホーム及びサービス付き高齢者向け住宅のそれぞれの入居定員総数

老人福祉法

(市町村老人福祉計画)
第20条の八　3　市町村老人福祉計画においては、前項の目標のほか、次に掲げる事項について定めるよう努めるものとする。
一　前項の老人福祉事業の量の確保のための方策に関する事項
二　老人福祉事業に従事する者の確保及び資質の向上並びにその業務の効率化及び質の向上のために講ずる都道府県と連携した措置に関する事項
(都道府県老人福祉計画)
第20条の九　3　都道府県老人福祉計画においては、前項に規定する事項のほか、次に掲げる事項について定めるよう努めるものとする。
二　老人福祉事業に従事する者の確保及び資質の向上並びにその業務の効率化及び質の向上のために講ずる措置に関する事項
(届出等)
第29条　4　都道府県知事は、有料老人ホームの届出がされたときは、遅滞なく、その旨を、当該届出に係る有料老人ホームの設置予定地又は所在地の市町村長に通知しなければならない。
5　市町村長は、届出がされていない疑いがある有料老人ホーム（サービス付き高齢者向け住宅を除く）を発見したときは、遅滞なく、その旨を、当該有料老人ホームの設置予定地又は所在地の都道府県知事に通知するよう努めるものとする。

社会福祉法（第１条関係）

(地域福祉の推進)
第４条　地域福祉の推進は、地域住民が相互に人格と個性を尊重し合いながら、参加し、共生する地域社会の実現を目指して行われなければならない。
第６条　2　国及び地方公共団体は、地域生活課題の解決に資する支援が包括的に提供される体制の整備その他地域福祉の推進のために必要な各般の措置を講ずるよう努めるとともに、当該措置の推進に当たっては、保健医療、労働、教育、住まい及び地域再生に関する施策その他の関連施策との連携に配慮するよう努めなければならない。
3　国及び都道府県は、市町村（特別区を含む。以下同じ。）において第106条の四第二項に規定する重層的支援体制整備事業その他地域生活課題の解決に資する支援が包括的に提供される体制の整備が適正かつ円滑に行われるよう、必要な助言、情報の提供その他の援助を行わなければならない。
(重層的支援体制整備事業)
第106条の四　市町村は、地域生活課題の解決に資する包括的な支援体制を整備するため、前条第一項各号に掲げる施策として、厚生労働省令で定めるところにより、重層的支援体制整備事業を行うことができる。
2 前項の「重層的支援体制整備事業」とは、次に掲げるこの法律に基づく事業及び他の法律に基づく事業を一体のものとして実施することにより、地域生活課題を抱える地域住民及びその世帯に対する支援体制並びに地域住民等による地域福祉の推進のために必要な環境を一体的かつ重層的に整備する事業をいう。
一　地域生活課題を抱える地域住民及びその家族その他の関係者からの相談に包括的に応じ、利用可能な福祉サービスに関する情報の提供及び助言、支援関係機関との連絡調整並びに高齢者、障害者等に対する虐待の防止及びその早期発見のための援助その他厚生労働省令で定める便宜の提供を行うため、次に掲げる全ての事業を一体的に行う事業
イ　介護保険法第115条の四十五第二項第一号から第三号までに掲げる事業
ロ　障害者の日常生活及び社会生活を総合的に支援するための法律第77条第一項第三号に掲げる事業
ハ　子ども・子育て支援法第59条第一号に掲げる事業
ニ　生活困窮者自立支援法第3条第二項各号に掲げる事業
二　地域生活課題を抱える地域住民であって、社会生活を円滑に営む上での困難を有するものに対し、支援関係機関と民間団体との連携による支援体制の下、活動の機会の提供、訪問による必要な情報の提供及び助言その他の社会参加のために必要な便宜の提供として厚生労働省令で定めるものを行う事業

(支援会議)

第106条の六　市町村は、支援関係機関、第106条の四第四項の規定による委託を受けた者、地域生活課題を抱える地域住民に対する支援に従事する者その他の関係者により構成される会議を組織することができる。

社会福祉法（第２条関係）

(社会福祉連携推進法人の認定)

第125条　社会福祉連携推進業務を行おうとする一般社団法人は、第127条各号に掲げる基準に適合する一般社団法人であることについての所轄庁の認定を受けることができる。

(名称)

第130条　社会福祉連携推進法人は、その名称中に社会福祉連携推進法人という文字を用いなければならない。

(社会福祉連携推進法人の業務運営)

第132条　社会福祉連携推進法人は、社員の社会福祉に係る業務の連携の推進及びその運営の透明性の確保を図り、地域における良質かつ適切な福祉サービスの提供及び社会福祉法人の経営基盤の強化に資する役割を積極的に果たすよう努めなければならない。
2 社会福祉連携推進法人は、社会福祉連携推進業務を行うに当たり、当該一般社団法人の社員、理事、監事、職員その他の政令で定める関係者に対し特別の利益を与えてはならない。
3 社会福祉連携推進法人は、社会福祉連携推進業務以外の業務を行う場合には、社会福祉連携推進業務以外の業務を行うことによって社会福祉連携推進業務の実施に支障を及ぼさないようにしなければならない。
4 社会福祉連携推進法人は、社会福祉事業を行うことができない。

共生社会の実現を推進するための認知症基本法（2023年）

(目的)

第１条　この法律は、我が国における急速な高齢化の進展に伴い認知症の人が増加している現状等に鑑み、認知症の人が尊厳を保持しつつ希望を持って暮らすことができるよう、認知症施策に関し、基本理念を定め、国、地方公共団体等の責務を明らかにし、及び認知症施策の推進に関する計画の策定について定めるとともに、認知症施策の基本となる事項を定めること等により、認知症施策を総合的かつ計画的に推進し、もって認知症の人を含めた国民一人一人がその個性と能力を十分に発揮し、相互に人格と個性を尊重しつつ支え合いながら共生する活力ある社会（共生社会という）の実現を推進することを目的とする。

各関連法の改正条文

(定義)

第２条　この法律において「認知症」とは、アルツハイマー病その他の神経変性疾患、脳血管疾患その他の疾患により日常生活に支障が生じる程度にまで認知機能が低下した状態として政令で定める状態をいう。

(基本理念)

第３条　認知症施策は、認知症の人が尊厳を保持しつつ希望を持って暮らすことができるよう、次に掲げる事項を基本理念として行われなければならない。

一　全ての認知症の人が、基本的人権を享有する個人として、自らの意思によって日常生活及び社会生活を営むことができるようにすること。

二　国民が、共生社会の実現を推進するために必要な認知症に関する正しい知識及び認知症の人に関する正しい理解を深めることができるようにすること。

三　認知症の人にとって日常生活又は社会生活を営む上で障壁となるものを除去することにより、全ての認知症の人が、社会の対等な構成員として、地域において安全にかつ安心して自立した日常生活を営むことができるようにするとともに、自己に直接関係する事項に関して意見を表明する機会及び社会のあらゆる分野における活動に参画する機会の確保を通じてその個性と能力を十分に発揮することができるようにすること。

四　認知症の人の意向を十分に尊重しつつ、良質かつ適切な保健医療サービス及び福祉サービスが切れ目なく提供されること。

五　認知症の人に対する支援のみならず、その家族その他認知症の人と日常生活において密接な関係を有する者（家族等という）に対する支援が適切に行われることにより、認知症の人及び家族等が地域において安心して日常生活を営むことができるようにすること。

六　認知症に関する専門的、学際的又は総合的な研究その他の共生社会の実現に資する研究等を推進するとともに、認知症及び軽度の認知機能の障害に係る予防、診断及び治療並びにリハビリテーション及び介護方法、認知症の人が尊厳を保持しつつ希望を持って暮らすための社会参加の在り方及び認知症の人が他の人々と支え合いながら共生することができる社会環境の整備その他の事項に関する科学的知見に基づく研究等の成果を広く国民が享受できる環境を整備すること。

七　教育、地域づくり、雇用、保健、医療、福祉その他の各関連分野における総合的な取組として行われること。

介護サービス
介護予防サービス

算定の留意事項、Q&A は「ケアニュース」内に順次掲載します

介護サービス・介護予防サービス

I
指定居宅サービス介護給付費
指定介護予防サービス介護給付費

1 訪問介護費

人員・設備基準等

○人員

訪問介護員	常勤換算方法で2.5以上
サービス提供責任者	介護福祉士、実務者研修修了者、旧介護職員基礎研修修了者、旧1級課程修了者 ・訪問介護員等のうち、利用者の数40人に対して1人以上 （原則として常勤専従。一部非常勤職員でも可） ・以下を全て満たす場合は利用者50人につき1人 ○常勤のサービス提供責任者を3人以上配置 ○サービス提供責任者の業務に主として従事する者を1人以上配置 ○サービス提供責任者が行う業務が効率的に行われている場合 ※共生型訪問介護事業所は特例あり 【サービス提供責任者の業務】①訪問介護計画の作成②利用申込の調整③利用者の状態変化やサービスへの意向の定期的な把握④居宅介護支援事業者等に対する利用者情報の提供（服薬状況や口腔機能等）⑤居宅介護支援事業者との連携（サービス担当者会議出席等）⑥訪問介護員に対しての具体的援助方法の指示・情報伝達⑦訪問介護員の業務の実施状況の把握⑧訪問介護員の業務管理⑨訪問介護員に対する研修技術指導等
管理者	常勤で専ら管理業務に従事するもの

1級地	2級地	3級地	4級地	5級地	6級地	7級地	その他
11.40円	11.12円	11.05円	10.84円	10.70円	10.42円	10.21円	10.00円

1回につき（　）内は旧単価	20分未満	20分以上 30分未満	30分以上 1時間未満	1時間以上
イ　身体介護中心	163単位 （167）	244単位 （250）	387単位 （396）	567単位（579）に30分を増すごとに+82単位（84）

	20分以上 45分未満	45分以上	身体介護に引き続き生活援助を行う場合
ロ　生活援助中心	179単位 （183）	220単位 （225）	所要時間が20分から起算して25分を増すごとに+65単位（67）（195単位（201）を限度）

ハ　通院等乗降介助	97単位(99)

☆利用者が短期入所生活介護、短期入所療養介護、特定施設入居者生活介護、定期巡回・随時対応型訪問介護看護、小規模多機能型居宅介護、認知症対応型共同生活介護、地域密着型特定施設入居者生活介護、地域密着型介護老人福祉施設入所者生活介護、看護小規模多機能型居宅介護を受けている間は算定しない。定期巡回・随時対応型訪問介護看護を受けている利用者に通院等乗降介助は算定できる
☆緊急時訪問介護加算を算定する場合、または医師が一般に認められている医学的知見に基づき回復の見込みがないと診断した者に訪問介護を提供する場合、2時間未満の間隔でサービスが行われた場合は所要時間を合算せず、それぞれの所定単位数で算定してもよい
☆目的地が複数ある場合で、居宅が始点または終点となる場合は、その間の病院等から病院等への移送や、通所系・短期入所系サービスの事業所から病院等への移送といった目的地間の移送に係る乗降介助でも、同一事業所が行うことを条件に通院等乗降介助を算定できる。この場合、通所系・短期入所系サービス事業所は送迎を行わないことから、通所系サービスでは利用者宅と事業所との間の送迎を行わない場合の減算を適用。短期入所系サービスは利用者に対して送迎を行う場合の加算は算定できない。
☆要支援・事業対象者は介護予防・日常生活支援総合事業で訪問型サービスとして実施する

【加算】

◆初回加算　1月につき200単位（200）を加算

新規の訪問介護計画作成利用者に対して、初回月内にサービス提供責任者自ら訪問介護を行う場合、または他の訪問介護員等が訪問介護に同行訪問した場合

◆生活機能向上連携加算　（Ⅰ）1月につき100単位（100）を加算
（Ⅱ）1月につき200単位（200）を加算

（Ⅰ）サービス提供責任者（以下「サ責」）が訪問・通所リハビリテーション事業所、またはリハビリテーションを実施している医療提供施設（許可病床数200床未満または半径4㎞以内に診療所が存在しないものに限る）の医師、理学療法士、作業療法士または言語聴覚士（以下「医師等」）の助言に基づき、生活機能の向上を目的とした訪問介護計画を作成し、当該訪問介護計画に基づく訪問介護を行う。初回の当該訪問介護が行われた月に算定

（Ⅱ）利用者に対して、訪問・通所リハビリテーション事業所、またはリハビリテーションを実施している医療提供施設の医師等が訪問・通所リハビリテーション等の一環として利用者の居宅を訪問する際に、サ責が同行する等により、医師等と利用者の身体の状況等の評価を共同して行い、かつ生活機能の向上を目的とした訪問介護計画を作成した場合であって、医師等と連携し訪問介護計画に基づく訪問介護を行う。初回の訪問介護が行われた月以降3月の間、1月につき算定。（Ⅰ）を算定している場合は算定しない。サ責とリハビリテーション専門職等との共同カンファレンスは、利用者・家族も参加するサービス担当者会議の前後に時間を明確に区分した上で実施しても差し支えない

◆口腔連携強化加算　1回につき50単位を加算<新設>（月1回まで）

事業所の職員が口腔の健康状態の評価を実施し、利用者の同意を得て歯科医療機関およびケアマネジャーへ評価結果の情報提供を行う。評価にあたっては、診療報酬の歯科訪問診療料（C000）の算定実績がある歯科医療機関の歯科医師または歯科医師の指示を受けた歯科衛生士が、当該職員からの相談等に対応する体制を確保し、その旨を文書等で取り決めていること

※以下のいずれかの場合は算定しない
・他サービスで口腔連携強化加算または口腔・栄養スクリーニング加算を算定（栄養状態のスクリーニングによる口腔・栄養スクリーニング加算（Ⅱ）の場合を除く）
・口腔状態の評価の結果、歯科医師または歯科衛生士が（介護予防）居宅療養管理指導を実施（初回の実施月を除く）

◆認知症専門ケア加算　（Ⅰ）1日につき3単位（3）を加算

訪問介護費

（Ⅱ）1日につき4単位（4）を加算

（Ⅰ）①利用者総数のうち認知症高齢者の日常生活自立度Ⅱ以上（以下「対象者」）が50％以上　②認知症介護に係る専門的な研修を修了している者を、対象者が20人未満の場合は1以上、20人以上の場合は1に対象者の数が19を超えて10またはその端数を増すごとに1を加えた数以上を配置し、チームとして専門的な認知症ケアを実施　③職員に対し、認知症ケアに関する留意事項の伝達または技術的指導に係る会議を定期的に開催

（Ⅱ）①（Ⅰ）②・③を満たす　②利用者総数のうち認知症高齢者の日常生活自立度Ⅲ以上が20％以上　③認知症介護の指導に係る専門的な研修を修了している者を1人以上配置し、事業所または施設全体の認知症ケアの指導等を実施　④介護職員、看護職員ごとの認知症ケアに関する研修計画を作成し、研修を実施（予定含む）

◆介護職員等処遇改善加算＜新設＞（2024年6月1日より）
（Ⅰ）所定単位数の24.5％を加算
（Ⅱ）所定単位数の22.4％を加算
（Ⅲ）所定単位数の18.2％を加算
（Ⅳ）所定単位数の14.5％を加算
（Ⅴ）所定単位数の7.6～22.1％を加算（※）

（※）（Ⅴ）の加算率は改定前の介護職員処遇改善加算、介護職員等特定処遇改善加算、介護職員等ベースアップ等支援加算の組合わせにより14種類（2025年3月31日まで）

所定単位数は、基本報酬に各種加算減算を加えた総単位数　≪支給限度額管理の対象外≫

◆2人の訪問介護員等による場合　所定単位数の200％（200％）で算定（イ・ロの場合）

◆夜間（午後6時～10時）または早朝（午前6時～8時）の場合
所定単位数の25％（25％）を加算

◆深夜（午後10時～午前6時）の場合　所定単位数の50％（50％）を加算

◆特定事業所加算
（Ⅰ）所定単位数の20％（20％）を加算
（Ⅱ）所定単位数の10％（10％）を加算
（Ⅲ）所定単位数の10％（10％）を加算
（Ⅳ）所定単位数の3％（3％）を加算
（Ⅴ）所定単位数の3％を加算＜新設＞

※（Ⅰ）～（Ⅳ）は併算定不可

（Ⅰ）【体制要件】①訪問介護員等・サービス提供責任者ごとに作成された研修計画を実施（予定含む）　②利用者情報、サービス提供の留意事項の伝達または訪問介護員等の技術指導のための会議を定期開催　③訪問介護員等に対しサービス提供責任者が文書等による利用者情報やサービス提供の留意事項の伝達後のサービス開始、終了後の適宜報告　④訪問介護員等の定期的な健康診断を実施　⑤緊急時等の対応方法を利用者へ明示　⑥訪問介護員等の総数のうち介護福祉士が30％以上、または介護福祉士・実務者研修修了者・介護職員基礎研修課程修了者（※）・1級課程修了者（※）の合計が50％以上　⑦全てのサービス提供責任者が3年以上の実務経験を有する介護福祉士、または5年以上の実務経験を有する実務者研修修了者もしくは介護職員基礎研修課程修了者（※）もしくは1級課程修了者（※）。ただし居宅サービス基準上、1人を超えるサービス提供責任者の配置を要する事業所では、常勤のサービス提供責任者を2人以上配置（※）2013年4月以降、旧介護職員基礎研修課程修了者・旧1級課程修了者　⑧（一）または（二）を満たす。（一）前年度または前3月の利用者のうち要介護4～5、認知症日常生活自立度Ⅲ・Ⅳ・M、たんの吸引等（口腔内の喀痰吸引、鼻腔内の喀痰吸引、気管カニューレ内部の喀痰吸引、胃ろうまたは腸ろうによる経管栄養、経鼻経管栄養）が必要な利用者の総数が20％以上　（二）(a)～(e)をすべて満たす。(a)病院、診療所または訪問看護ステーションの看護師と連携し24時間連絡できる体制を確保し、必要に応じて訪問介護を提供できる体制を整備（b）看取り期の対応方針を定め、利用開始時に利用者または家族へその内容を説明し同意を得る（c）医師、看護職員、訪問介護

員等、ケアマネジャー、その他の職種で協議の上、訪問介護事業所における看取りの実績等を踏まえ、適宜対応方針を見直す（d）看取りに関する職員研修を行っている（e）前年度または算定月の前3月に、医師が医学的知見に基づき回復の見込みがないと診断し、看取り期の対応方針に基づき利用者の状態または家族の求め等に応じ、訪問介護員等から介護記録など利用者に関する記録を活用し行うサービスの説明を受け、同意しサービスを受けている利用者が1人以上

（Ⅱ）①（Ⅰ）①～⑤を満たす　②（Ⅰ）⑥または⑦を満たす

（Ⅲ）①（Ⅰ）①～⑤・⑧を満たす　②（一）または（二）を満たす。（一）サービス提供責任者を常勤で配置し、かつ基準を上回る常勤のサービス提供責任者を1人以上配置　（二）訪問介護員等の総数のうち、勤続年数7年以上の占める割合が30％以上

（Ⅳ）（Ⅰ）①～⑤、（Ⅲ）②を満たす

（Ⅴ）①（Ⅰ）①～⑤を満たす　②通常の事業の実施地域の範囲内であり、中山間地域等に居住する利用者へ継続的に訪問介護を提供。利用者宅と事業所との距離が7km を超える場合に限る　③利用者の心身状況または家族等を取り巻く環境の変化に応じ、随時、訪問介護員等、サービス提供責任者その他の関係者が共同し、訪問介護計画を見直す

※（Ⅴ）は特別地域加算、中山間地域等における小規模加算、中山間地域等に居住する者へのサービス提供加算とは併算定不可

◆特別地域加算　所定単位数の15％（15％）を加算　≪支給限度額管理の対象外≫

◆中山間地域等における小規模事業所加算

所定単位数の10％（10％）を加算（訪問回数200回以下／月）

≪支給限度額管理の対象外≫

◆中山間地域等に居住する者へのサービス提供加算　所定単位数の5％（5％）を加算

≪支給限度額管理の対象外≫

◆緊急時訪問介護加算　1回につき100単位（100）を加算（イの場合）

利用者・家族等からの要請で、サ責がケアマネジャーと連携しケアマネジャーが必要と認めたときに、サ責またはその他訪問介護員等がケアプランに位置づけていない訪問介護の要請を受けてから24時間以内に行った場合

【減算】

◆高齢者虐待防止措置未実施減算　所定単位数の99％で算定＜新設＞

◆業務継続計画未策定減算　所定単位数の99％で算定＜新設＞（2025年4月1日より）

◆共生型訪問介護を行う場合

居宅介護事業所で障害者居宅介護従業者基礎研修課程修了者等により行われる場合

所定単位数の70％（70％）で算定

居宅介護事業所で重度訪問介護従業者養成研修修了者により行われる場合

所定単位数の93％（93％）で算定

重度訪問介護事業所が行う場合　所定単位数の93％（93％）で算定

◆事業所と同一建物の利用者、またはこれ以外の同一建物の利用者20人以上にサービスを行う場合　所定単位数の90％（90％）で算定

区分支給限度基準額の算定の際は、当該減算前の単位数を算入

◆事業所と同一建物の利用者50人以上にサービスを行う場合

所定単位数の85％（85％）で算定

◆事業所と同一建物の利用者の割合が90％以上の場合

所定単位数の88％で算定＜新設＞

算定月の前6月間における訪問介護サービスの提供総数のうち、正当な理由がないものに限る。当該建物の利用者が月50人以上の場合を除く

2 （介護予防）訪問入浴介護費

人員・設備基準等

○人員

看護師または准看護師	1以上	介護職員	2以上
管理者	専らその職務に従事する常勤の管理者		

1級地	2級地	3級地	4級地	5級地	6級地	7級地	その他
11.40円	11.12円	11.05円	10.84円	10.70円	10.42円	10.21円	10.00円

1回につき（　）内は旧単価

訪問入浴介護費	1266単位（1260）
介護予防訪問入浴介護費	856単位（852）

☆利用者が（介護予防）短期入所生活介護、（介護予防）短期入所療養介護、（介護予防）特定施設入居者生活介護、定期巡回・随時対応型訪問介護看護、（介護予防）小規模多機能型居宅介護、（介護予防）認知症対応型共同生活介護、地域密着型特定施設入居者生活介護、地域密着型介護老人福祉施設入所者生活介護、看護小規模多機能型居宅介護を受けている間は算定しない

【加算】

◆初回加算　1月につき200単位（200）を加算

新規利用者の居宅を訪問し、浴槽の設置場所や給排水の方法の確認など（介護予防）訪問入浴介護の利用に関する調整を行った上で、利用者に対して、初回の（介護予防）訪問入浴介護を行った場合

◆認知症専門ケア加算　（Ⅰ）1日につき3単位（3）を加算
（Ⅱ）1日につき4単位（4）を加算

（Ⅰ）①利用者総数のうち認知症高齢者の日常生活自立度Ⅱ以上（以下「対象者」）が50％以上　②認知症介護に係る専門的な研修を修了している者を、対象者が20人未満の場合は1以上、20人以上の場合は1に対象者の数が19を超えて10またはその端数を増すごとに1を加えた数以上を配置し、チームとして専門的な認知症ケアを実施　③職員に対し、認知症ケアに関する留意事項の伝達または技術的指導に係る会議を定期的に開催

（Ⅱ）①（Ⅰ）②・③を満たす　②利用者総数のうち認知症高齢者の日常生活自立度Ⅲ以上が20％以上　③認知症介護の指導に係る専門的な研修を修了している者を1人以上配置し、事業所または施設全体の認知症ケアの指導等を実施　④介護職員、看護職員ごとの認知症ケアに関する研修計画を作成し、研修を実施（予定含む）

介護◆看取り連携体制加算　1回につき64単位を加算<新設>（死亡日～死亡日前30日以内）

①病院、診療所または訪問看護ステーション（以下「病院等」）と連携し、利用者の状態等に応じた対応ができる連絡体制を確保し、かつ必要に応じて病院等により訪問看護等が提供されるよう、訪問入浴介護を行う日時を病院等と調整　②看取り期における対応方針を定め、利用開始時に利用者または家族等へその内容を説明し同意を得る　③看取りに関する職員研修を行っている

【利用者要件】医師が医学的知見に基づき回復の見込みがないと診断した者であり、看取り

期の対応方針に基づき利用者の状態または家族の求め等に応じ、介護職員、看護職員等から介護記録などを活用し行うサービスの説明を受け、同意している利用者

◆サービス提供体制強化加算（Ⅰ）1回につき44単位（44）を加算
（Ⅱ）1回につき36単位（36）を加算
（Ⅲ）1回につき12単位（12）を加算

（Ⅰ）①サービス従事者ごとに研修計画を作成し実施、または実施予定　②利用者の情報、サービス提供の留意事項の伝達または従事者の技術指導を目的とした会議を定期的に開催　③従事者に対し健康診断等を定期的に実施　④介護福祉士が60％以上、または勤続10年以上の介護福祉士が25％以上

（Ⅱ）①（Ⅰ）①～③を満たす　②介護福祉士が40％以上、または介護福祉士、実務者研修修了者および介護職員基礎研修課程修了者＊の合計が60％以上

（Ⅲ）①（Ⅰ）①～③を満たす　②介護福祉士が30％以上、または介護福祉士、実務者研修修了者および介護職員基礎研修課程修了者＊の合計が50％以上、もしくは勤続7年以上の者が30％以上

＊ 2013年4月以降「旧介護職員基礎研修課程修了者」≪支給限度額管理の対象外≫

◆介護職員等処遇改善加算＜新設＞（2024年6月1日より）
（Ⅰ）所定単位数の10.0％を加算
（Ⅱ）所定単位数の9.4％を加算
（Ⅲ）所定単位数の7.9％を加算
（Ⅳ）所定単位数の6.3％を加算
（Ⅴ）所定単位数の3.3～8.9％を加算（※）

（※）（Ⅴ）の加算率は改定前の介護職員処遇改善加算、介護職員等特定処遇改善加算、介護職員等ベースアップ等支援加算の組合わせにより14種類（2025年3月31日まで）

所定単位数は、基本報酬に各種加算減算を加えた総単位数　≪支給限度額管理の対象外≫

◆特別地域加算　所定単位数の15％（15％）を加算　≪支給限度額管理の対象外≫

◆中山間地域等における小規模事業所加算
介護 所定単位数の10％（10％）を加算（20回以下／月）
予防 所定単位数の10％（10％）を加算（5回以下／月）　≪支給限度額管理の対象外≫

◆中山間地域等に居住する者へのサービス提供加算
所定単位数の5％（5％）を加算　≪支給限度額管理の対象外≫

【減算】

◆高齢者虐待防止措置未実施減算　所定単位数の99％で算定＜新設＞

◆業務継続計画未策定減算　所定単位数の99％で算定＜新設＞（2025年4月1日より）

介護 ◆介護職員3人が行った場合　所定単位数の95％（95％）で算定

予防 ◆介護職員2人が行った場合　所定単位数の95％（95％）で算定

◆全身入浴が困難で、清拭または部分浴（洗髪、陰部、足部等の洗浄）を実施した場合
所定単位数の90％（90％）で算定

◆事業所と同一建物の利用者、またはこれ以外の同一建物の利用者20人以上にサービスを行う場合　所定単位数の90％（90％）で算定

区分支給限度基準額の算定の際は、当該減算前の単位数を算入

◆事業所と同一建物の利用者50人以上にサービスを行う場合
所定単位数の85％（85％）で算定

3 （介護予防）訪問看護費　※2024年6月1日施行

人員・設備基準等

○人員（訪問看護ステーションの場合）

保健師、看護師または准看護師（看護職員）	常勤換算2.5人以上（うち1人は常勤）
理学療法士、作業療法士または言語聴覚士	指定訪問看護ステーションの実情に応じた適当数
管理者	専従かつ常勤の保健師または看護師。適切な訪問看護を行うために必要な知識・技能を有する者

1級地	2級地	3級地	4級地	5級地	6級地	7級地	その他
11.40円	11.12円	11.05円	10.84円	10.70円	10.42円	10.21円	10.00円

1回につき（　）内は旧単価		20分未満	30分未満	30分以上1時間未満	1時間以上1時間30分未満	理学療法士等の場合（1回）
イ　指定訪問看護ステーション	介護	314単位（313）	471単位（470）	823単位（821）	1128単位（1125）	294単位（293）
	介護予防	303単位（302）	451単位（450）	794単位（792）	1090単位（1087）	284単位（283）
ロ　病院・診療所	介護	266単位（265）	399単位（398）	574単位（573）	844単位（842）	
	介護予防	256単位（255）	382単位（381）	553単位（552）	814単位（812）	

ハ　定期巡回・随時対応型訪問介護看護事業所と連携	1月につき2961単位（2954）

☆利用者が（介護予防）短期入所生活介護、（介護予防）短期入所療養介護、（介護予防）特定施設入居者生活介護、定期巡回・随時対応型訪問介護看護、（介護予防）認知症対応型共同生活介護、地域密着型特定施設入居者生活介護、地域密着型介護老人福祉施設入所者生活介護、看護小規模多機能型居宅介護を受けている間は算定しない
☆イ・ロについて、主治医が、本人の急性増悪等により一時的に頻回の訪問看護を必要とする旨の特別の指示を行った場合、その指示から14日間に限って（介護予防）訪問看護費は算定しない（医療保険の給付対象）
☆（介護予防）訪問看護20分未満を提供する場合：①利用者からの連絡に応じて、訪問看護を24時間行える体制　②ケアプランまたは訪問看護計画書に、週1回以上20分以上の保健師または看護師による訪問看護を含む
☆理学療法士、作業療法士、言語聴覚士（以下「理学療法士等」）が提供する場合
・1回あたり20分以上の訪問看護を提供。利用者1人につき週6回を限度とする
・1日に2回を超えて提供する場合、訪問看護は所定単位数の90％、介護予防訪問看護は所定単位数の50％で算定する
・理学療法士等の訪問回数が看護職員の訪問回数を超えている場合、または緊急時訪問看護加算、特別管理加算、看護体制強化加算のいずれも算定していない場合は1回につき8単位を減算
・(介護予防のみ）利用開始月から12月を超えて介護予防訪問看護を行った場合、上記（8単位）の減算を受けている場合は15単位を減算。それ以外の場合は1回につき5単位を減算
☆以下を満たす場合、24時間対応体制に係る連絡相談を担当する者について、訪問看護ス

テーションの保健師、看護師以外の職員（以下「看護師等以外の職員」）でもよい　①看護師等以外の職員が利用者・家族等からの電話等による連絡および相談に対応する際のマニュアルを整備　②緊急の訪問看護の必要性の判断を保健師・看護師が速やかに行える連絡体制および緊急の訪問看護が可能な体制を整備　③管理者は連絡相談を担当する保健師・看護師以外の職員の勤務体制および勤務状況を明らかにする　④保健師・看護師以外の職員は電話等により連絡・相談を受けた際に、保健師・看護師へ報告する。報告を受けた保健師・看護師は報告内容等を訪問看護記録書に記録する　⑤①～④を利用者または家族等に説明し同意を得る　⑥連絡相談を担当する看護師等以外の職員に関して都道府県知事に届け出る

【加算】

◆初回加算（Ⅰ）1月につき　350単位を加算<新設>
（Ⅱ）1月につき　300単位（300）を加算　※（Ⅰ）・（Ⅱ）は併算定不可

（Ⅰ）新規に訪問看護計画書を作成した利用者に対し、病院、診療所等から退院した日に訪問看護事業所の看護師が初回の訪問看護を実施

（Ⅱ）新規に訪問看護計画書を作成した利用者に対し、病院、診療所等から退院した日の翌日以降に初回の訪問看護を実施

◆退院時共同指導加算　1回につき600単位（600）を加算

病院・診療所または介護老人保健施設もしくは介護医療院に入院（所）中の者へ、主治医等と連携して在宅生活で必要な指導を行い、その内容を提供した場合、退院･退所後の初回（介護予防）訪問看護時に1回（特別な管理を要する者の場合2回）に限り算定。医療保険で算定する場合や初回加算を算定の場合は算定しない

介護 ◆看護・介護職員連携強化加算　1月につき250単位（250）を加算

たんの吸引等を行うための都道府県の登録を受けている訪問介護事業所と連携し、円滑にたんの吸引等を実施するための支援を行った場合

介護 ◆看護体制強化加算　（Ⅰ）1月につき550単位（550）を加算（イ・ロの場合）
（Ⅱ）1月につき200単位（200）を加算（イ・ロの場合）
※（Ⅰ）・（Ⅱ）は併算定不可

（Ⅰ）①算定月の前6月間における利用者総数のうち、緊急時訪問看護加算を算定した割合が50％以上　②算定月の前6月間における利用者総数のうち、特別管理加算を算定した割合が20％以上　③算定月の前12月間にターミナルケア加算を算定した利用者が5人以上　④訪問看護の提供にあたる従業者の総数に占める看護職員の割合が6割以上

（Ⅱ）①（Ⅰ）①②④を満たす　②算定月の前12月間にターミナルケア加算を算定した利用者が1人以上

予防 ◆看護体制強化加算　1月につき100単位（100）を加算

①算定月の前6月間における利用者総数のうち、緊急時介護予防訪問看護加算を算定した割合が50％以上　②算定月の前6月間における利用者総数のうち、特別管理加算を算定した割合が20％以上　③訪問看護の提供にあたる従業者の総数に占める看護職員の割合が6割以上

◆口腔連携強化加算　1回につき50単位を加算<新設>（月1回まで）

事業所の職員が口腔の健康状態の評価を実施し、利用者の同意を得て歯科医療機関およびケアマネジャーへ評価結果の情報提供を行う。評価にあたっては、診療報酬の歯科訪問診療料（C000）の算定実績がある歯科医療機関の歯科医師または歯科医師の指示を受けた歯科衛生士が、当該職員からの相談等に対応する体制を確保し、その旨を文書等で取り決めていること

※以下のいずれかの場合は算定しない

・他サービスで口腔連携強化加算または口腔・栄養スクリーニング加算を算定（栄養状態のスクリーニングによる口腔・栄養スクリーニング加算（Ⅱ）の場合を除く）

訪問看護費

・口腔状態の評価の結果、歯科医師または歯科衛生士が（介護予防）居宅療養管理指導を実施（初回の実施月を除く）

◆サービス提供体制強化加算　イ・ロの場合　（Ⅰ）1回につき6単位（6）を加算
（Ⅱ）1回につき3単位（3）を加算
介護 ハの場合（Ⅰ）1月につき50単位（50）を加算
（Ⅱ）1月につき25単位（25）を加算

（Ⅰ）①看護師ごとに研修計画を作成し実施、または実施予定　②利用者の情報、サービス提供にあたっての留意事項の伝達または看護師等の技術指導を目的とした会議を定期的に開催　③看護師に対し健康診断等を定期的に実施　④看護師のうち勤続7年以上の者が30％以上

（Ⅱ）①（Ⅰ）①～③を満たす　②看護師のうち勤続3年以上の者が30％以上

≪支給限度額管理の対象外≫

◆夜間（午後6時～10時）または早朝（午前6時～8時）の場合（イ・ロの場合）
所定単位数の25％（25％）を加算

◆深夜（午後10時～午前6時）の場合　所定単位数の50％（50％）を加算（イ・ロの場合）

◆複数名訪問加算（Ⅰ）30分未満　1回につき254単位（254）を加算（イ・ロの場合）
30分以上　1回につき402単位（402）を加算（イ・ロの場合）
（Ⅱ）30分未満　1回につき201単位（201）を加算（イ・ロの場合）
30分以上　1回につき317単位（317）を加算（イ・ロの場合）

（Ⅰ）①利用者の身体的理由により1人の看護師等による（介護予防）訪問看護が困難と認められる場合　②暴力行為、著しい迷惑行為、器物破損行為等が認められる場合　③その他利用者の状況から判断して①または②に準ずると認められる場合　④同時に複数の看護師等が1人の利用者に（介護予防）訪問看護を行った場合

（Ⅱ）①（Ⅰ）①·②を満たす　②看護師等が看護補助者と同時に1人の利用者に（介護予防）訪問看護を行った場合

◆長時間訪問看護加算　1回につき300単位（300）を加算

特別管理加算の要件を満たす利用者に対し、1時間以上1時間30分未満の（介護予防）訪問看護を実施後引き続き（介護予防）訪問看護を行い、通算1時間30分以上となる場合

介護 ◆要介護5の利用者に訪問看護を行った場合　1月につき800単位（800）を加算（ハの場合）

◆特別地域加算
1回につき所定単位数の15％（15％）を加算（イ・ロの場合）
介護 1月につき所定単位数の15％（15％）を加算（ハの場合）

≪支給限度額管理の対象外≫

◆中山間地域等における小規模事業所加算
介護 1回につき所定単位数の10％（10％）を加算（100回以下／月）（イ・ロの場合）
介護 1月につき所定単位数の10％（10％）を加算（ハの場合）
予防 1回につき所定単位数の10％（10％）を加算（5回以下／月）

≪支給限度額管理の対象外≫

◆中山間地域等に居住する者へのサービス提供加算
1回につき所定単位数の5％（5％）を加算（イ・ロの場合）
介護 1月につき所定単位数の5％（5％）を加算（ハの場合）

≪支給限度額管理の対象外≫

◆緊急時訪問看護加算
（Ⅰ）訪問看護ステーションの場合　1月につき600単位を加算<新設>
病院・診療所の場合　1月につき325単位を加算<新設>

（Ⅱ）訪問看護ステーションの場合　1月につき574単位（574）を加算
病院・診療所の場合　1月につき315単位（315）を加算

※（Ⅰ）・（Ⅱ）は併算定不可

（Ⅰ）①利用者または家族から電話等により看護に関する意見を求められた場合に常時対応できる体制にある　②緊急時訪問における看護業務の負担軽減に資する十分な業務管理等の体制を整備

（Ⅱ）（Ⅰ）①を満たす　≪支給限度額管理の対象外≫

◆特別管理加算　（Ⅰ）1月につき500単位（500）を加算
（Ⅱ）1月につき250単位（250）を加算

（Ⅰ）在宅悪性腫瘍患者指導管理・在宅気管切開患者指導管理を受けている状態、気管カニューレ・留置カテーテル等を使用している状態（Ⅱ）在宅自己腹膜潅流指導管理、在宅血液透析指導管理、在宅酸素療法指導管理等を受けている状態、人工肛門・人工膀胱設置の状態、真皮を越える褥瘡の状態、週3回以上点滴注射の必要な状態等。医療保険で算定する場合は算定しない　≪支給限度額管理の対象外≫

◆専門管理加算　1月につき250単位を加算＜新設＞

①または②を満たす　①緩和ケア、褥瘡ケアまたは人工肛門ケアおよび人工膀胱ケアに係る専門の研修を受けた看護師が計画的な管理を実施。悪性腫瘍の鎮痛療法もしくは化学療法を行っている利用者、真皮を越える褥瘡の状態（在宅で重点的な褥瘡管理を行う必要がある場合は真皮までの状態）の利用者、または人工肛門もしくは人工膀胱を造設している者で管理が困難な利用者に限り算定　②特定行為（※）研修を修了した看護師が計画的な管理を行った場合。利用者は診療報酬における手順書加算を算定していること。（※）気管カニューレの交換、胃ろう・腸ろうカテーテルまたは胃ろうボタンの交換、膀胱ろうカテーテルの交換、褥瘡または慢性創傷の治療における血流のない壊死組織の除去、創傷に対する陰圧閉鎖療法、持続点滴中の高カロリー輸液の投与量の調整、脱水症状に対する輸液による補正

介護 ◆ターミナルケア加算　死亡月につき2500単位（2000）を加算

①死亡日および死亡日前14日以内に2日以上ターミナルケアを実施。ターミナルケアを行った後、24時間以内に在宅以外で死亡した場合を含む　②主治医との連携の下、ターミナルケア計画および支援体制を利用者・家族等へ説明し同意を得ている　≪支給限度額管理の対象外≫

介護 ◆遠隔死亡診断補助加算　1回につき150単位を加算＜新設＞

情報通信機器を用いた在宅での看取りに係る研修を受けた看護師が、診療報酬の死亡診断加算（C001注8）を算定する利用者（厚生労働大臣が定める特別地域に居住）について、主治医の指示に基づき情報通信機器を用いて医師の死亡診断の補助を行う

【減算】

◆准看護師の場合　所定単位数の90%（90%）で算定（イ・ロの場合）

介護 ◆准看護師による訪問が1回でもある場合
所定単位数の98%（98%）で算定（ハの場合）

◆高齢者虐待防止措置未実施減算　所定単位数の99%で算定＜新設＞

◆業務継続計画未策定減算　所定単位数の99%で算定＜新設＞（2025年4月1日より）

◆事業所と同一建物の利用者、またはこれ以外の同一建物の利用者20人以上にサービスを行う場合　所定単位数の90%（90%）で算定（イ・ロの場合）

区分支給限度基準額の算定の際は、当該減算前の単位数を算入

◆事業所と同一建物の利用者50人以上にサービスを行う場合
所定単位数の85%（85%）で算定（イ・ロの場合）

介護 ◆急性増悪等で主治医（介護老人保健施設の医師を除く）が一時的に頻回の訪問看護の必要がある旨の指示を行った場合　1日につき97単位（97）を減算（ハの場合）

4 （介護予防）訪問リハビリテーション費　※2024年6月1日施行

人員・設備基準等

○人員

医師	専任・常勤（病院、診療所と併設、または介護老人保健施設、介護医療院では、当該病院等の常勤医師との兼務可
理学療法士、作業療法士または言語聴覚士	適当数

1級地	2級地	3級地	4級地	5級地	6級地	7級地	その他
11.10円	10.88円	10.83円	10.66円	10.55円	10.33円	10.17円	10.00円

1回につき（　）内は旧単価

病院・診療所、介護老人保健施設、介護医療院の場合	介護	308単位（307）
	介護予防	298単位（307）

☆指示を行う医師の診療の日から3月以内に行われた場合に算定
☆利用者が（介護予防）短期入所生活介護、（介護予防）短期入所療養介護、（介護予防）特定施設入居者生活介護、（介護予防）認知症対応型共同生活介護、地域密着型特定施設入居者生活介護、地域密着型介護老人福祉施設入所者生活介護を受けている間は算定しない
☆利用者の主治医（介護老人保健施設の医師を除く）が、本人の急性増悪等により一時的に頻回の訪問リハビリテーションを必要とする旨の特別の指示を行った場合、その指示から14日間に限って（介護予防）訪問リハビリテーション費は算定しない（医療保険の給付対象）
☆居宅からの一連のサービスとして、買い物や公共交通機関への乗降等に関する訪問リハビリテーションを行う場合は、計画にその目的、頻度等を記録
☆医師等の従業者が、入院中にリハビリを受けていた利用者に対し退院後のリハビリを提供する際、リハビリ計画を作成するに当たっては、入院中に医療機関が作成したリハビリ実施計画書等を入手し、内容を把握する
☆介護老人保健施設、介護医療院の開設許可があったときは、訪問リハビリ事業所の指定があったものとみなす

【加算】

◆退院時共同指導加算　1回につき600単位を加算<新設>

病院・診療所に入院中の者が退院するにあたり、（介護予防）訪問リハビリ事業所の医師または理学療法士、作業療法士、言語聴覚士が退院前カンファレンスに参加し、退院時共同指導（※）を行った後に初回の（介護予防）訪問リハビリを実施した場合
（※）利用者・家族に対し病院・診療所の主治医、理学療法士、作業療法士、言語聴覚士その他の従業者と利用者の状況等に関する情報を相互に共有した上で、在宅でのリハビリに必要な指導を共同して行い、その内容を在宅でのリハビリ計画に反映させる

介護◆移行支援加算　1日につき17単位（17）を加算

①訪問リハビリテーション提供終了者のうち、通所介護、通所リハビリテーション、認知症対応型通所介護、通所事業その他社会参加に資する取り組みを実施した者の割合が5％超
②訪問リハビリテーション提供終了日から起算して14日以降44日以内に理学療法士等が電話等により通所介護等の実施が居宅訪問等の日から起算して3月以上継続する見込みを確認し記録　③12月を利用者の平均利用月数で除した数が25％以上　④リハビリテーション

終了者が通所介護等の事業所へ移行するにあたり、利用者のリハビリ計画書を移行先の事業所へ提供

◆サービス提供体制強化加算　（Ⅰ）1回につき6単位（6）を加算
（Ⅱ）1回につき3単位（3）を加算

（Ⅰ）（介護予防）訪問リハビリテーションを直接提供する理学療法士等のうち、勤続年数7年以上の者が1人以上

（Ⅱ）（介護予防）訪問リハビリテーションを直接提供する理学療法士等のうち、勤続年数3年以上の者が1人以上　≪支給限度額管理の対象外≫

◆特別地域加算　所定単位数の15%（15%）を加算　≪支給限度額管理の対象外≫

◆中山間地域等における小規模事業所加算

介護 **所定単位数の10%（10%）を加算（30回以下 / 月）**

予防 **所定単位数の10%（10%）を加算（10回以下 / 月）**≪支給限度額管理の対象外≫

◆中山間地域等に居住する者へのサービス提供加算　所定単位数の5%（5%）を加算
≪支給限度額管理の対象外≫

◆短期集中リハビリテーション実施加算　1日につき200単位（200）を加算

退院・退所日または認定日から3月以内にリハビリテーションを集中的に実施

介護 **◆リハビリテーションマネジメント加算（イ）1月につき180単位（180）を加算**
（ロ）1月につき213単位（213）を加算
※（イ）・（ロ）は併算定不可

（イ）①事業所の医師が理学療法士等に対し、リハビリの目的に加えて（a）開始前または実施中の留意事項（b）やむを得ず中止する際の基準（c）リハビリテーションにおける利用者の負荷等のうちいずれか1以上の指示を行う　②①の指示を行った医師または指示を受けた理学療法士等が、指示の内容が①に掲げる基準に適合することを明確に記録　③リハビリ会議を開催し、利用者の状況等に関する情報を共有し会議の内容を記録　④訪問リハビリ計画の作成に関与した理学療法士等が利用者または家族に説明し、利用者の同意を得るとともに、説明の内容等を医師へ報告　⑤3月に1回以上リハビリ会議を開催し、利用者の状態変化に応じて訪問リハビリ計画を見直す。リハビリ会議は利用者の了解を得た上で、テレビ会議等の対面を伴わない方法でも可　⑥理学療法士等がケアマネジャーへ、利用者の有する能力、自立に必要な支援および日常生活上の留意点について情報を提供　⑦理学療法士等が他居宅サービスの従業者と利用者宅を訪問し、従業者または利用者の家族へ介護の工夫や日常生活上の留意点に関する助言を行う

（ロ）①（イ）を満たす　②利用者ごとの訪問リハビリ計画書等の内容等を厚生労働省に提出し、リハビリテーションの提供にあたり当該情報その他リハビリテーションの適切かつ有効な実施に必要な情報を活用

事業所の医師が利用者または家族へ説明し同意を得た場合
1月につき270単位を加算＜新設＞

理学療法士等が説明した場合は、その内容等を医師へ報告すること

介護 **◆認知症短期集中リハビリテーション実施加算　1日につき240単位を加算＜新設＞（週2日まで）**

認知症であると医師が判断し、リハビリによって生活機能の改善が見込まれると判断された利用者に対し、医師または医師の指示を受けた理学療法士、作業療法士、言語聴覚士が、退院（所）日または訪問開始日から3月以内に、リハビリを集中的に行った場合。短期集中リハビリテーション実施加算を算定している場合は算定しない

◆口腔連携強化加算　1回につき50単位を加算＜新設＞（月1回まで）

事業所の職員が口腔の健康状態の評価を実施し、利用者の同意を得て歯科医療機関およびケアマネジャーへ評価結果の情報提供を行う。評価にあたっては、診療報酬の歯科訪問診療

料（C000）の算定実績がある歯科医療機関の歯科医師または歯科医師の指示を受けた歯科衛生士が、当該職員からの相談等に対応する体制を確保し、その旨を文書等で取り決めていること

※以下のいずれかの場合は算定しない

・他サービスで口腔連携強化加算または口腔・栄養スクリーニング加算を算定（栄養状態のスクリーニングによる口腔・栄養スクリーニング加算（Ⅱ）の場合を除く）

・口腔状態の評価の結果、歯科医師または歯科衛生士が（介護予防）居宅療養管理指導を実施（初回の実施月を除く）

【減算】

◆高齢者虐待防止措置未実施減算　所定単位数の99%で算定＜新設＞

◆業務継続計画未策定減算　所定単位数の99%で算定＜新設＞（2025年4月1日より）

◆事業所と同一建物の利用者、またはこれ以外の同一建物の利用者20人以上にサービスを行う場合　所定単位数の90%（90%）で算定

区分支給限度基準額の算定の際は、当該減算前の単位数を算入

◆事業所と同一建物の利用者50人以上にサービスを行う場合
所定単位数の85%（85%）で算定

◆診療未実施減算　1回につき50単位（50）を減算

事業所の医師が訪問リハビリ計画の作成に係る診療を行わなかった場合。以下を要件に、減算を行った上で（介護予防）訪問リハビリを提供できる。①利用者が当該事業所とは別の医療機関の医師による計画的な医学的管理を受けている場合で、当該事業所の医師が計画的な医学的管理を行っている医師から利用者に関する情報の提供を受けている　②計画的な医学的管理を行っている医師が適切な研修を修了（2027年3月31日までは、修了等の有無を確認し、訪問リハビリ計画書に記載することで満たす）　③情報の提供を受けた事業所の医師が、当該情報を踏まえ（介護予防）訪問リハビリ計画を作成

ただし、以下の場合は退院後1カ月に限り減算を行わない。①医療機関に入院し、当該医療機関の医師が診療を行い、医師、理学療法士等からリハビリの提供を受ける　②訪問リハビリ事業所が、当該利用者の入院していた医療機関から利用者に関する情報の提供を受けている　③利用者の退院日から1月以内に訪問リハビリを提供

予防 **◆利用開始月から12月を超えて介護予防訪問リハビリテーションを行った場合**
1回につき30単位（5）を減算

ただし、以下を満たす場合は減算を行わない。①3月に1回以上リハビリ会議を開催し、リハビリに関する専門的な見地から利用者の状況等に関する情報を構成員と共有し、会議の内容を記録するとともに、利用者の状態の変化に応じリハビリ計画を見直す　②利用者ごとのリハビリ計画書等の内容等の情報を厚生労働省に提出し、リハビリの提供にあたり当該情報その他リハビリの適切かつ有効な実施のために必要な情報を活用

【廃止】

◆事業所評価加算　1月につき120単位を加算

5 （介護予防）居宅療養管理指導費　※2024年6月1日施行

1日につき（　）内は旧単価
※介護予防も同じ

	単一建物居住者の人数		
	（一）1人	（二）2～9人	（三）10人以上
イ　医師の場合（月2回を限度）			
（1）居宅療養管理指導費（Ⅰ）	515単位(514)	487単位(486)	446単位(445)
（2）居宅療養管理指導費（Ⅱ）	299単位(298)	287単位(286)	260単位(259)
ロ　歯科医師の場合（月2回まで）	517単位(516)	487単位(486)	441単位(440)
ハ　薬剤師の場合			
（1）病院・診療所の薬剤師（月2回まで）	566単位(565)	417単位(416)	380単位(379)
（2）薬局の薬剤師（月4回まで）	518単位(517)	379単位(378)	342単位(341)
（四）情報機器を用いて行う場合（月4回まで）	46単位(45)		
ニ　管理栄養士の場合（月2回まで）			
（1）当該居宅療養管理指導事業所の管理栄養士が行った場合	545単位(544)	487単位(486)	444単位(443)
（2）当該居宅療養管理指導事業所以外の管理栄養士が行った場合	525単位(524)	467単位(466)	424単位(423)
ホ　歯科衛生士等の場合（月4回まで）	362単位(361)	326単位(325)	295単位(294)

☆ハについて、末期の悪性腫瘍、中心静脈栄養を受けている利用者、心不全や呼吸不全で麻薬注射剤を使用する患者へ薬学的な管理指導等を行った場合は週2回、月8回まで算定可
☆情報通信機器を用いた服薬指導（ハ（2）（四））：初回から算定可。訪問診療以外での処方箋も対象
☆ニについて、計画的な医学管理を行っている医師が、当該利用者の急性増悪等により一時的に頻回の栄養管理を行う必要がある旨の特別の指示を行った場合は、当該指示の日から30日間に限って、さらに2回を限度として算定できる。
☆事業所以外の管理栄養士の訪問（ニ（2））：他の医療機関、介護保険施設、日本栄養士会または都道府県栄養士会が設置・運営する「栄養ケア・ステーション」と連携して、当該事業所以外の管理栄養士が（介護予防）居宅療養管理指導を実施した場合。介護保険施設は常勤で1以上または栄養マネジメント強化加算の算定要件の数を超えて管理栄養士を配置している施設に限る
☆ホについて、がん末期の患者については、月6回を限度として算定できる

【加算】

◆医療用麻薬持続注射療法加算　1回につき250単位を加算<新設>
（ハ（1）・（2）（一）～（三）の場合）

在宅で医療用麻薬持続注射療法を行っている利用者に対し、その投与・保管の状況、副作用の有無等について利用者または家族等に確認し、必要な薬学的管理指導を行った場合。麻薬小売業者の免許所有、および高度管理医療機器の販売業の許可を受けていること
※疼痛緩和のために厚生労働大臣が定める特別な薬剤の投薬が行われている利用者へ必要な薬学的管理指導を行っている場合に算定する加算（100単位）との併算定は不可

◆在宅中心静脈栄養法加算　1回につき150単位を加算<新設>
（ハ（1）・（2）（一）～（三）の場合）

在宅中心静脈栄養法を行っている利用者に対し、その投与・保管の状況、配合変化の有無について確認し、必要な薬学的管理指導を行った場合。高度管理医療機器または管理医療機

器の販売業の届出を行っていること

◆特別地域加算　1回につき所定単位数の15%（15%）を加算

◆中山間地域等における小規模事業所加算

介護 1回につき所定単位数の10%（10%）を加算（50回以下/月）

予防 1回につき所定単位数の10%（10%）を加算（5回以下/月）

◆中山間地域等に居住する者へのサービス提供加算

1回につき所定単位数の5%（5%）を加算

◆薬剤師が、疼痛緩和のために厚生労働大臣が定める薬剤の使用に関する必要な薬学的管理指導を行った場合1回につき100単位（100）を加算（ハ(1)・(2)（一）～（三）の場合）

6 通所介護費

人員・設備基準等

○人員

生活相談員	事業所ごとにサービス提供時間に応じて専従で1以上 （※生活相談員の勤務時間数としてサービス担当者会議、地域ケア会議等も含めることが可能）
看護職員	単位ごとに専従で1以上 （※通所介護の提供時間帯を通じて専従する必要はなく、訪問看護ステーション等との連携も可能）
介護職員	①単位ごとにサービス提供時間に応じて専従で次の数以上(常勤換算方式) （ア）利用者が15人以下:1以上 （イ）利用者が15人を超す場合:（ア）の数に利用者の数が1増すごとに0.2を加えた数以上 ②単位ごとに常時1人 ③①・②を満たす場合、当該事業所の他の単位における介護職員として従事が可能
機能訓練指導員	1以上

※生活相談員または介護職員のうち1人以上は常勤

※定員10人以下の地域密着型通所介護事業所の場合は看護職員または介護職員のいずれか1人の配置で可

○設備・備品等

食堂	それぞれ必要な面積を有するものとし、その合計した面積が利用定員×3.0㎡以上
機能訓練室	
相談室	相談の内容が漏えいしないよう配慮されている

1級地	2級地	3級地	4級地	5級地	6級地	7級地	その他
10.90円	10.72円	10.68円	10.54円	10.45円	10.27円	10.14円	10.00円

通所介護費

1日につき （ ）内は旧単価	要介護1	要介護2	要介護3	要介護4	要介護5
イ　通常規模型通所介護費　平均利用延べ人員～750人/月					
3～4時間未満	370単位（368）	423単位（421）	479単位（477）	533単位（530）	588単位（585）
4～5時間未満	388単位（386）	444単位（442）	502単位（500）	560単位（557）	617単位（614）
5～6時間未満	570単位（567）	673単位（670）	777単位（773）	880単位（876）	984単位（979）
6～7時間未満	584単位（581）	689単位（686）	796単位（792）	901単位（897）	1008単位（1003）
7～8時間未満	658単位（655）	777単位（773）	900単位（896）	1023単位（1018）	1148単位（1142）
8～9時間未満	669単位（666）	791単位（787）	915単位（911）	1041単位（1036）	1168単位（1162）
ロ　大規模型通所介護費（Ⅰ）平均利用延べ人員751人～900人/月					
3～4時間未満	358単位（356）	409単位（407）	462単位（460）	513単位（511）	568単位（565）
4～5時間未満	376単位（374）	430単位（428）	486単位（484）	541単位（538）	597単位（594）
5～6時間未満	544単位（541）	643単位（640）	743単位（739）	840単位（836）	940単位（935）
6～7時間未満	564単位（561）	667単位（664）	770単位（766）	871単位（867）	974単位（969）
7～8時間未満	629単位（626）	744単位（740）	861単位（857）	980単位（975）	1097単位（1092）
8～9時間未満	647単位（644）	765単位（761）	885単位（881）	1007単位（1002）	1127単位（1122）
ハ　大規模型通所介護費（Ⅱ）平均利用延べ人員900人超/月					
3～4時間未満	345単位（343）	395単位（393）	446単位（444）	495単位（493）	549単位（546）
4～5時間未満	362単位（360）	414単位（412）	468単位（466）	521単位（518）	575単位（572）
5～6時間未満	525単位（522）	620単位（617）	715単位（712）	812単位（808）	907単位（903）
6～7時間未満	543単位（540）	641単位（638）	740単位（736）	839単位（835）	939単位（934）
7～8時間未満	607単位（604）	716単位（713）	830単位（826）	946単位（941）	1059単位（1054）
8～9時間未満	623単位（620）	737単位（733）	852単位（848）	970単位（965）	1086単位（1081）

☆利用者が短期入所生活介護、短期入所療養介護、特定施設入居者生活介護、小規模多機能型居宅介護、認知症対応型共同生活介護、地域密着型特定施設入居者生活介護、地域密着型介護老人福祉施設入所者生活介護、看護小規模多機能型居宅介護を受けている間は算定しない
☆大規模型の利用者の区分支給限度基準額の管理については通常規模型の単位数を用いる
☆要支援・事業対象者は介護予防・日常生活支援総合事業の通所型サービスとして実施
☆感染症や災害で利用者が減少した場合
【3%加算】減少月の利用延人数が当該減少月の前年度の1月あたりの平均利用延人数から5%以上減少している場合、減少月の翌々月から3月以内に限り算定。算定期間内に、利用者が5%以上減少していなかった場合は、当該月の翌月で算定を終了　《支給限度額管理の対象外》
【規模区分の特例】減少月の利用延人員数が、より小さい事業所規模別の報酬区分の利用延人数と同等となった場合、より小さい事業所規模別の報酬区分を適用
☆送迎は利用者宅と事業所間を原則とするが、運営上支障が無い場合、例えば近隣の親戚の家などへの送迎が可能
☆他事業所の職員が自事業所と雇用契約を結び、自事業所の従業員として送迎を行う場合や、委託契約において送迎業務を委託している場合（共同での委託を含む）には、責任の所在等を明確にした上で、他事業所の利用者との同乗が可能
☆障害福祉サービス事業所が介護サービス事業所と雇用契約や委託契約（共同での委託を含む）を結ぶ場合、責任の所在等を明確にした上で、障害福祉サービス事業所の利用者も同乗

通所介護費

が可能とする。この場合、障害福祉サービス事業所は同一敷地内事業所や併設・隣接事業所など、利用者の利便性を損なわない範囲内の事業所とする

【加算】

◆サービス提供体制強化加算　（Ⅰ）1回につき22単位（22）を加算
（Ⅱ）1回につき18単位（18）を加算
（Ⅲ）1回につき6単位（6）を加算

（Ⅰ）介護職員の総数のうち介護福祉士の割合が70％以上、または介護職員の総数のうち勤続10年以上の介護福祉士の割合が25％以上

（Ⅱ）介護職員の総数のうち介護福祉士の割合が50％以上

（Ⅲ）介護職員の総数のうち介護福祉士の割合が40％以上、またはサービスを直接提供する職員の総数のうち勤続7年以上の割合が30％以上　≪支給限度額管理の対象外≫

◆介護職員等処遇改善加算＜新設＞　（Ⅰ）所定単位数の9.2％を加算
（2024年6月1日より）　（Ⅱ）所定単位数の9.0％を加算
（Ⅲ）所定単位数の8.0％を加算
（Ⅳ）所定単位数の6.4％を加算
（Ⅴ）所定単位数の3.3～8.1％を加算（※）

（※）（Ⅴ）の加算率は改定前の介護職員処遇改善加算、介護職員等特定処遇改善加算、介護職員等ベースアップ等支援加算の組合わせにより14種類（2025年3月31日まで）

所定単位数は、基本報酬に各種加算減算を加えた総単位数　≪支給限度額管理の対象外≫

◆8時間以上9時間未満の通所介護の前後に日常生活上の世話を行う場合
・9時間以上10時間未満の場合　50単位（50）を加算
・10時間以上11時間未満の場合　100単位（100）を加算
・11時間以上12時間未満の場合　150単位（150）を加算
・12時間以上13時間未満の場合　200単位（200）を加算
・13時間以上14時間未満の場合　250単位（250）を加算

◆生活相談員配置等加算　1日につき13単位（13）を加算

①共生型通所介護を提供し、生活相談員を1人以上配置　②地域に貢献する活動を行う

◆中山間地域等に居住する者へのサービス提供加算　所定単位数の5％（5％）を加算

≪支給限度額管理の対象外≫

◆入浴介助加算　（Ⅰ）1日につき40単位（40）を加算
（Ⅱ）1日につき55単位（55）を加算

※（Ⅰ）・（Ⅱ）は併算定不可

（Ⅰ）①入浴介助を適切に行うことができる人員・設備を有し、入浴中の利用者の観察を含む介助を行う　②入浴介助に関わる職員に対し、入浴介助に関する研修等を行う

（Ⅱ）①（Ⅰ）を満たす　②医師、理学療法士、作業療法士、介護福祉士、ケアマネジャー、または利用者の動作、浴室環境の評価を行うことができる福祉用具専門相談員、機能訓練指導員、地域包括支援センターの職員その他住宅改修に関する専門的知識・経験を有する者（以下「医師等」）が利用者宅を訪問し、浴室における利用者の動作および浴室の環境を評価。浴室が利用者自身または家族等の介助による入浴が難しい環境にある場合は、訪問した医師等が、居宅介護支援事業所のケアマネジャーまたは福祉用具貸与事業所の福祉用具専門相談員と連携し、福祉用具貸与・購入・住宅改修等の浴室の環境整備に係る助言を行う。ただし、医師等による利用者宅への訪問が困難な場合は、医師等の指示の下、介護職員が利用者宅を訪問し情報通信機器等を活用して把握した浴室での動作、浴室環境を踏まえ、医師等が同様の評価・助言を行ってもよい　③通所介護の機能訓練指導員、看護職員、介護職員、生活相談員等（以下「機能訓練指導員等」）が共同して、利用者宅を訪問した医師等との連携の下、利用者の身体状況や訪問により把握した当該居宅の浴室の環境等を踏まえた個別の入浴計画

を作成。通所介護計画に同様の内容を記載することで代えてもよい　④③の計画に基づき、個浴または利用者宅の状況に近い環境（手すりの位置や、浴槽の深さ・高さ等に合わせて事業所の浴室に福祉用具等を設置し、利用者宅の浴室の状況を再現）で入浴介助を行う

◆中重度者ケア体制加算　1日につき45単位（45）を加算

①運営基準に規定する看護職員または介護職員数に加え、看護職員または介護職員を常勤換算で2人以上配置　②前年度または算定月の前3月間の利用者総数のうち、要介護3以上の割合が30%以上　③専ら通所介護の提供にあたる看護職員を1人以上配置

※共生型通所介護を算定している場合は算定しない

◆生活機能向上連携加算　（Ⅰ）1月につき100単位（100）を加算（3月に1回まで）
（Ⅱ）1月につき200単位（200）を加算

※（Ⅰ）・（Ⅱ）は併算定不可

（Ⅰ）①訪問・通所リハビリテーション事業所、もしくは医療提供施設（許可病床200床未満または半径4km以内に診療所が存在しないもの）の理学療法士、作業療法士、言語聴覚士または医師（以下「理学療法士等」）の助言に基づき、当該通所介護事業所の機能訓練指導員等が共同して利用者の身体状況等の評価および個別機能訓練計画の作成を行う　②個別機能訓練計画に基づき、利用者の身体機能または生活機能向上を目的とする機能訓練の項目を準備し、機能訓練指導員等が、利用者の心身の状況に応じた機能訓練を適切に提供　③機能訓練指導員等が理学療法士等と連携し、個別機能訓練計画の進捗状況等を3月に1回以上評価し、利用者またはその家族に対して機能訓練の内容と個別機能訓練計画の進捗状況等を説明し、必要に応じて訓練内容の見直し等を行う

（Ⅱ）①理学療法士等が通所介護事業所を訪問し、機能訓練指導員等と共同してアセスメント、利用者の身体の状況等の評価および個別機能訓練計画の作成を行う　②（Ⅰ）②・③を満たす

※個別機能訓練加算を算定している場合は（Ⅰ）は算定せず、（Ⅱ）は1月につき100単位を加算

◆個別機能訓練加算　（Ⅰ）イ　1日につき56単位（56）を加算
ロ　1日につき76単位（85）を加算
（Ⅱ）1月につき20単位（20）を加算

※（Ⅰ）イ・ロは併算定不可

（Ⅰ）イ①専ら機能訓練指導員の職務に従事する理学療養士、作業療養士または言語聴覚士、看護職員、柔道整復師またはあん摩マッサージ指圧師、一定の実務経験を有するはり師またはきゅう師（以下「理学療法士等」）を1人以上配置　②機能訓練指導員、看護職員、介護職員、生活相談員等（以下「機能訓練指導員等」）が共同して、利用者ごとに個別機能訓練計画を作成し機能訓練を実施　③計画作成・実施において、利用者の身体機能および生活機能の向上に資するよう複数の種類の機能訓練の項目を準備し、項目の選択にあたっては利用者の生活意欲が増進されるよう援助し、利用者の選択に基づき心身状況に応じた機能訓練を適切に実施　④機能訓練指導員等が利用者宅を訪問し、居宅での生活状況を確認した上で個別機能訓練計画を作成。その後3月に1回以上、利用者宅を訪問し生活状況をその都度確認するとともに、利用者または家族へ計画の進捗状況等を説明し、必要に応じて計画の見直し等を行う

（Ⅰ）ロ①（Ⅰ）イ①で配置された理学療法士等に加え、機能訓練指導員の職務に従事する理学療法士等を1人以上配置　②（Ⅰ）イ②～④と同様

（Ⅱ）①（Ⅰ）イまたはロを算定　②利用者ごとの個別機能訓練計画書の内容等の情報を厚生労働省に提出し、機能訓練の実施にあたり当該情報その他機能訓練の適切かつ有効な実施に必要な情報を活用

◆ADL維持等加算（Ⅰ）1月につき30単位（30）を加算

（Ⅱ）1月につき60単位（60）を加算

※（Ⅰ）・（Ⅱ）は併算定不可

（Ⅰ）①利用者（評価対象利用期間が6月超）の総数が10人以上　②利用者全員について、評価対象利用期間の初月（評価対象利用開始月）と、その翌月から起算して6月目（6月目にサービス利用がない場合は利用最終月）のADLを評価し、その値（ADL値）を測定し、測定月ごとに厚生労働省に提出　③評価対象利用者の評価対象利用開始月の翌月から起算し6月目に測定したADL値から評価対象開始月に測定したADL値を控除し得た値を用いて一定の基準に基づき算出した値（ADL利得）の平均値が1以上

（Ⅱ）①（Ⅰ）①・②を満たす　②（Ⅰ）③についてADL利得の平均値が3以上

◆認知症加算　1日につき60単位（60）を加算

①人員基準の看護職員、介護職員数に加え、看護職員、介護職員を常勤換算で2人以上確保　②前年度または算定月の前3月間の利用者総数のうち、認知症の利用者の割合が15%以上　③専ら通所介護の提供にあたる認知症介護に係る研修の修了者を1人以上配置　④職員に対し認知症ケアに関する事例検討や技術的指導に係る会議を定期的に開催

※共生型通所介護を算定している場合は算定しない

◆若年性認知症利用者受入加算　1日につき60単位（60）を加算

利用者ごとに個別の担当者を定める。※認知症加算を算定している場合は算定しない

◆栄養アセスメント加算　1月につき50単位（50）を加算

①当該事業所の従業者、または外部との連携により管理栄養士を1人以上配置　②利用者ごとに管理栄養士、看護職員、介護職員、生活相談員等（以下「管理栄養士等」）が共同して栄養アセスメントを実施し、利用者または家族へその結果を説明し、相談等に必要に応じ対応　③利用者ごとの栄養状態等の情報を厚生労働省に提出し、栄養管理の実施にあたり当該情報その他栄養管理の適切かつ有効な実施に必要な情報を活用

※栄養改善加算の算定に係る栄養改善サービスを受けている場合（終了月含む）は算定しない

◆栄養改善加算　1回につき200単位（200）を加算（3月以内・月2回まで）

①当該事業所の従業者として、または外部との連携により管理栄養士を1人以上配置　②利用者の栄養状態を開始時に把握し、管理栄養士、看護職員、介護職員、生活相談員等（以下「管理栄養士等」）が共同して、利用者ごとの摂食・嚥下機能および食形態にも配慮した栄養ケア計画を作成　③栄養ケア計画に従い、必要に応じて利用者宅を訪問し、管理栄養士等が栄養改善サービスを行うとともに、利用者の栄養状態を定期的に記録　④栄養ケア計画の進捗状況を定期的に評価

※開始から3月ごとの栄養状態評価の結果、低栄養状態が改善せず引き続き行うことが必要な場合は引き続き算定できる

◆口腔・栄養スクリーニング加算

（Ⅰ）1回につき20単位（20）を加算（6月に1回まで）

（Ⅱ）1回につき5単位（5）を加算（6月に1回まで）　※（Ⅰ）・（Ⅱ）は併算定不可

（Ⅰ）利用開始時および利用中6月ごとに利用者の口腔の健康状態かつ栄養状態について確認を行い、その情報を担当ケアマネジャーへ提供。口腔状態の低下リスクがある場合、または低栄養状態の場合は、それら改善に必要な情報を含む

※栄養アセスメント加算を算定している場合、栄養改善加算の算定に係る栄養改善サービスを受けている場合（終了月含む。栄養スクリーニングの結果、栄養改善サービスを開始する月は除く。以下同）、口腔機能向上加算の算定に係る口腔機能向上サービスを受けている場合（終了月含む。口腔スクリーニングの結果、口腔機能向上サービスを開始する月は除く。以下同）は算定しない

（Ⅱ）①利用開始時および利用中6月ごとに利用者の口腔の健康状態または栄養状態について確認を行い、その情報を担当ケアマネジャーへ提供。口腔状態の低下リスクがある場合、

または低栄養状態の場合は、それら改善に必要な情報を含む
※口腔の健康状態を確認する場合は、栄養アセスメント加算を算定または栄養改善加算の算定に係る栄養改善サービスを受けており（終了月含む）、かつ口腔機能向上加算の算定に係る口腔機能向上サービスを受けていないこと（終了月含む）。
※栄養状態を確認する場合は、栄養アセスメント加算の算定、栄養改善加算の算定に係る栄養改善サービスを受けておらず（終了月含む）、かつ口腔機能向上加算の算定に係る口腔機能向上サービスを受けていること（終了月含む）。
※（Ⅰ）・（Ⅱ）共に、利用者が口腔連携強化加算を算定している場合は算定しない

◆口腔機能向上加算　（Ⅰ）1回につき150単位（150）を加算（3月以内・月2回まで）
（Ⅱ）1回につき160単位（160）を加算（3月以内・月2回まで）
※（Ⅰ）・（Ⅱ）は併算定不可

（Ⅰ）①言語聴覚士、歯科衛生士または看護職員を1人以上配置　②利用者の口腔機能を開始時に把握し、言語聴覚士、歯科衛生士、看護職員、介護職員、生活相談員等が共同して利用者ごとの口腔機能改善管理指導計画を作成　③指導計画に従い言語聴覚士、歯科衛生士、看護職員が口腔機能向上サービスを行うとともに、口腔機能を定期的に記録　④指導計画の進捗状況を定期的に評価
（Ⅱ）①（Ⅰ）を満たす　②利用者ごとの口腔機能改善管理指導計画等の情報を厚生労働省に提出し、口腔機能向上サービスの実施にあたり当該情報その他口腔衛生の管理の適切かつ有効な実施に必要な情報を活用
※（Ⅰ）・（Ⅱ）ともに3月ごとの口腔機能評価の結果、機能向上がなく、引き続き行うことが必要と認められる利用者は、引き続き算定できる

◆科学的介護推進体制加算　1月につき40単位（40）を加算

①利用者ごとのADL値、栄養状態、口腔機能、認知症の状況その他心身の状況等に係る基本的な情報を厚生労働省に提出　②必要に応じて通所介護計画を見直すなど、サービス提供にあたり①に規定する情報その他サービスを適切かつ有効に提供するために必要な情報を活用

【減算】

◆利用者数が利用定員を超える場合、または看護・介護職員の員数が基準に満たない場合
所定単位数の70%（70%）で算定

◆高齢者虐待防止措置未実施減算　所定単位数の99%で算定<新設>

◆業務継続計画未策定減算　所定単位数の99%で算定<新設>

「感染症の予防及びまん延の防止のための指針」の整備、および非常災害に関する具体的計画の策定を行っている場合、2025年3月31日まで減算しない

◆共生型通所介護を行う場合

・生活介護事業所が行う場合	**所定単位数の93%（93%）で算定**
・自立訓練（機能訓練）事業所が行う場合	**所定単位数の95%（95%）で算定**
・児童発達支援事業所が行う場合	**所定単位数の90%（90%）で算定**
・放課後等デイサービス事業所が行う場合	**所定単位数の90%（90%）で算定**

◆2時間以上3時間未満の通所介護を行う場合
4時間以上5時間未満の所定単位数の70%（70%）で算定

心身の状況その他利用者のやむを得ない事情により、長時間のサービス利用が困難な場合

◆事業所と同一建物に居住する者または同一建物からサービスを利用する者の場合
1日につき94単位（94）を減算

利用者の心身の状況等に鑑み、やむを得ず送迎が必要と認められる場合は減算しない
区分支給限度基準額の算定の際は、当該減算前の単位数を用いる

◆事業所が送迎を行わない場合　片道につき47単位（47）を減算

通所リハビリテーション費

7 (介護予防) 通所リハビリテーション費 ※2024年6月1日施行

人員・設備基準等

○人員

医師	専任・常勤1以上(病院、診療所併設の介護老人保健施設では、当該病院、診療所の常勤医との兼務可)
理学療法士、作業療法士、言語聴覚士、看護師、准看護師、介護職員	単位ごとに利用者10人に1以上
理学療法士、作業療法士、言語聴覚士	上の内数として、単位ごとに利用者100人に1以上※

※所要時間1～2時間では適切な研修を受けた看護師、准看護師、柔道整復師、あん摩マッサージ師で可

○設備・備品等

リハビリテーションを行う専用の部屋	(介護予防)通所リハビリテーションを行うに必要な専用の部屋(3㎡に利用定員を乗じた面積以上)

1級地	2級地	3級地	4級地	5級地	6級地	7級地	その他
11.10円	10.88円	10.83円	10.66円	10.55円	10.33円	10.17円	10.00円

病院または診療所、介護老人保健施設、介護医療院の場合

イ 通常規模型通所リハビリテーション費 平均利用延べ人員～750人/月

1日につき ( )内は旧単価	要介護1	要介護2	要介護3	要介護4	要介護5
1～2時間未満	369単位(366)	398単位(395)	429単位(426)	458単位(455)	491単位(487)
2～3時間未満	383単位(380)	439単位(436)	498単位(494)	555単位(551)	612単位(608)
3～4時間未満	486単位(483)	565単位(561)	643単位(638)	743単位(738)	842単位(836)
4～5時間未満	553単位(549)	642単位(637)	730単位(725)	844単位(838)	957単位(950)
5～6時間未満	622単位(618)	738単位(733)	852単位(846)	987単位(980)	1120単位(1112)
6～7時間未満	715単位(710)	850単位(844)	981単位(974)	1137単位(1129)	1290単位(1281)
7～8時間未満	762単位(757)	903単位(897)	1046単位(1039)	1215単位(1206)	1379単位(1369)

ロ 大規模の事業所の場合 平均利用延べ人員751人～/月

※( )は旧大規模型(Ⅰ)の単位数

	要介護1	要介護2	要介護3	要介護4	要介護5
1～2時間未満	357単位(361)	388単位(392)	415単位(421)	445単位(450)	475単位(481)
2～3時間未満	372単位(375)	427単位(431)	482単位(488)	536単位(544)	591単位(601)
3～4時間未満	470単位(477)	547単位(554)	623単位(630)	719単位(727)	816単位(824)
4～5時間未満	525単位(540)	611単位(626)	696単位(711)	805単位(821)	912単位(932)
5～6時間未満	584単位(599)	692単位(709)	800単位(819)	929単位(950)	1053単位(1077)
6～7時間未満	675単位(694)	802単位(824)	926単位(953)	1077単位(1102)	1224単位(1252)
7～8時間未満	714単位(734)	847単位(868)	983単位(1006)	1140単位(1166)	1300単位(1325)

介護予防通所リハビリテーション費(1月につき)	要支援1	要支援2
病院または診療所/介護老人保健施設/介護医療院の場合	2268単位(2053)	4228単位(3999)

通所リハビリテーション費

☆利用者が（介護予防）短期入所生活介護、（介護予防）短期入所療養介護、（介護予防）特定施設入居者生活介護、（介護予防）小規模多機能型居宅介護、（介護予防）認知症対応型共同生活介護、地域密着型特定施設入居者生活介護、地域密着型介護老人福祉施設入所者生活介護、看護小規模多機能型居宅介護を受けている間は算定しない
☆大規模型（Ⅰ）、大規模型（Ⅱ）を統合し「大規模型」とする。大規模型事業所のうち、以下を満たす場合は通常規模型の基本報酬を算定する　①リハビリテーションマネジメント加算の算定率が利用者全体の80％超　②リハビリテーション専門職の配置が10対1以上
☆感染症や災害で利用者が減少した場合
【3％加算】減少月の利用延人数が当該減少月の前年度の1月あたりの平均利用延人数から5％以上減少している場合、減少月の翌々月から3月以内に限り算定。算定期間内に、利用者が5％以上減少していなかった場合は、当該月の翌月で算定を終了≪支給限度額管理の対象外≫
【規模区分の特例】減少月の利用延人員数が、より小さい事業所規模別の報酬区分の利用延人数と同等となった場合、より小さい事業所規模別の報酬区分を適用
☆医師等の従業者が、入院中にリハビリを受けていた利用者に対し退院後のリハビリを提供する際、リハビリ計画を作成するに当たっては、入院中に医療機関が作成したリハビリ実施計画書等を入手し、内容を把握する
☆大規模型の利用者の区分支給限度基準額の管理については通常規模型の単位数を用いる

【加算】

◆退院時共同指導加算　1回につき600単位を加算＜新設＞

病院・診療所に入院中の者が退院するにあたり、（介護予防）通所リハビリ事業所の医師または理学療法士、作業療法士、言語聴覚士が退院前カンファレンスに参加し、退院時共同指導（※）を行った後に初回の（介護予防）通所リハビリを実施した場合
（※）利用者・家族に対し病院・診療所の主治医、理学療法士、作業療法士、言語聴覚士その他の従業者と利用者の状況等に関する情報を相互に共有した上で、在宅でのリハビリに必要な指導を共同して行い、その内容を在宅でのリハビリ計画に反映させる

介護 ◆移行支援加算　1日につき12単位（12）を加算

①通所リハビリテーション提供終了者のうち、通所介護、認知症対応型通所介護、通所事業その他社会参加に資する取り組みを実施した者の割合が3％超　②通所リハビリテーション提供終了日から起算して14日以降44日以内に通所リハビリの従業者が電話等により通所介護等を実施していることを確認し記録　③12月を利用者の平均利用月数で除した数が27％以上　④リハビリテーション終了者が通所介護等の事業所へ移行するにあたり、利用者のリハビリ計画書を移行先の事業所へ提供

介護 ◆サービス提供体制強化加算
（Ⅰ）1回につき22単位（22）を加算
（Ⅱ）1回につき18単位（18）を加算
（Ⅲ）1回につき6単位（6）を加算

予防 ◆サービス提供体制強化加算
（Ⅰ）要支援1　1月につき88単位（88）を加算
要支援2　1月につき176単位（176）を加算
（Ⅱ）要支援1　1月につき72単位（72）を加算
要支援2　1月につき144単位（144）を加算
（Ⅲ）要支援1　1月につき24単位（24）を加算
要支援2　1月につき48単位（48）を加算

（Ⅰ）介護職員の総数のうち介護福祉士の割合が70％以上、または介護職員の総数のうち勤続10年以上の介護福祉士の割合が25％以上
（Ⅱ）介護職員の総数のうち介護福祉士の割合が50％以上
（Ⅲ）介護職員の総数のうち介護福祉士の割合が40％以上、またはサービスを直接提供する職員の総数のうち勤続7年以上の割合が30％以上　≪支給限度額管理の対象外≫

通所リハビリテーション費

◆介護職員等処遇改善加算＜新設＞（2024 年 6 月 1 日より）
（Ⅰ）所定単位数の 8.6%を加算
（Ⅱ）所定単位数の 8.3%を加算
（Ⅲ）所定単位数の 6.6%を加算
（Ⅳ）所定単位数の 5.3%を加算
（Ⅴ）所定単位数の 2.8 〜 7.6%を加算（※）

（※）（Ⅴ）の加算率は改定前の介護職員処遇改善加算、介護職員等特定処遇改善加算、介護職員等ベースアップ等支援加算の組合わせにより 14 種類（2025 年 3 月 31 日まで）

所定単位数は、基本報酬に各種加算減算を加えた総単位数　≪支給限度額管理の対象外≫

介護 ◆理学療法士等体制強化加算

1 日につき 30 単位（30）を加算（1 〜 2 時間未満のみ）

常勤専従の理学療法士、作業療法士または言語聴覚士を 2 人以上配置

介護 ◆7 〜 8 時間未満の通所リハビリテーションの前後に日常生活上の世話を行う場合

- 8 時間以上 9 時間未満の場合　50 単位（50）を加算
- 9 時間以上 10 時間未満の場合　100 単位（100）を加算
- 10 時間以上 11 時間未満の場合　150 単位（150）を加算
- 11 時間以上 12 時間未満の場合　200 単位（200）を加算
- 12 時間以上 13 時間未満の場合　250 単位（250）を加算
- 13 時間以上 14 時間未満の場合　300 単位（300）を加算

介護 ◆リハビリテーション提供体制加算

- 3 時間以上 4 時間未満の場合　12 単位（12）を加算
- 4 時間以上 5 時間未満の場合　16 単位（16）を加算
- 5 時間以上 6 時間未満の場合　20 単位（20）を加算
- 6 時間以上 7 時間未満の場合　24 単位（24）を加算
- 7 時間以上の場合　28 単位（28）を加算

常時、配置されている理学療法士、作業療法士または言語聴覚士の合計数が、利用者数が 25 またはその端数を増すごとに 1 以上

◆中山間地域等に居住する者へのサービス提供加算　所定単位数の 5%（5%）を加算

≪支給限度額管理の対象外≫

介護 ◆入浴介助加算（Ⅰ）1 日につき 40 単位（40）を加算
（Ⅱ）1 日につき 60 単位（60）を加算

※（Ⅰ）・（Ⅱ）は併算定不可

（Ⅰ）入浴介助を適切に行うことができる人員・設備を有し、入浴中の利用者の観察を含む介助を行う

（Ⅱ）①（Ⅰ）を満たす　②医師、理学療法士、作業療法士、介護福祉士、ケアマネジャー、または利用者の動作、浴室環境の評価を行うことができる福祉用具専門相談員、機能訓練指導員、地域包括支援センターの職員その他住宅改修に関する専門的知識・経験を有する者（以下「医師等」）が利用者宅を訪問し、浴室における利用者の動作および浴室の環境を評価。浴室が利用者自身または家族等の介助による入浴が難しい環境にある場合は、訪問した医師等が、居宅介護支援事業所のケアマネジャーまたは福祉用具貸与事業所の福祉用具専門相談員と連携し、福祉用具貸与・購入・住宅改修等の浴室の環境整備に係る助言を行う。ただし、医師等による利用者宅への訪問が困難な場合は、医師等の指示の下、介護職員が利用者宅を訪問し情報通信機器等を活用して把握した浴室での動作、浴室環境を踏まえ、医師等が同様の評価・助言を行ってもよい　③通所介護の機能訓練指導員、看護職員、介護職員、生活相談員等（以下「機能訓練指導員等」）が共同して、利用者宅を訪問した医師等との連携の下、利用者の身体状況や訪問により把握した当該居宅の浴室の環境等を踏まえた個別の入浴計画を作成。通所介護計画に同様の内容を記載することで代えてもよい　④③の計画に基づき、

個浴または利用者宅の状況に近い環境（手すりの位置や、浴槽の深さ・高さ等に合わせて事業所の浴室に福祉用具等を設置し、利用者宅の浴室の状況を再現）で入浴介助を行う

介護◆リハビリテーションマネジメント加算

（イ）6月以内　1月につき　560単位（560）を加算
6月超　1月につき　240単位（240）を加算
（ロ）6月以内　1月につき　593単位（593）を加算
6月超　1月につき　273単位（273）を加算
（ハ）6月以内　1月につき　793単位を加算<新設>
6月超　1月につき　473単位を加算<新設>

※（イ）・（ロ）・（ハ）は併算定不可

（イ）①事業所の医師が理学療法士等に対し、リハビリの目的に加えて（a）開始前または実施中の留意事項（b）やむを得ず中止する際の基準（c）リハビリテーションにおける利用者の負荷等のうちいずれか1以上の指示を行う　②①の指示を行った医師または指示を受けた理学療法士等が、指示の内容が①に掲げる基準に適合することを明確に記録　③リハビリ会議を開催し、利用者の状況等に関する情報を共有し会議の内容を記録　④通所リハビリ計画の作成に関与した理学療法士等が利用者または家族に説明し、利用者の同意を得るとともに、説明の内容等を医師へ報告　⑤3月に1回以上リハビリ会議を開催し、利用者の状態変化に応じて通所リハビリ計画を見直す。リハビリ会議は利用者の了解を得た上で、テレビ会議等の対面を伴わない方法でも可　⑥理学療法士等がケアマネジャーへ、利用者の有する能力、自立に必要な支援および日常生活上の留意点について情報を提供　⑦理学療法士等が他居宅サービスの従業者と利用者宅を訪問し、従業者または利用者の家族へ介護の工夫や日常生活上の留意点に関する助言を行う

（ロ）①（イ）を満たす　②利用者ごとの通所リハビリ計画書等の内容等を厚生労働省に提出し、リハビリテーションの提供にあたり当該情報その他リハビリテーションの適切かつ有効な実施に必要な情報を活用

（ハ）①（ロ）を満たす　②事業所の職員または外部との連携により管理栄養士を1人以上配置　③言語聴覚士、歯科衛生士、または看護職員を1人以上配置　④医師、管理栄養士、理学療法士等、看護職員、介護職員、その他職種が共同して栄養アセスメント（低栄養状態のリスクおよび解決すべき課題の把握）を実施し、利用者または家族へその結果を説明し、相談等に必要に応じ対応　⑤言語聴覚士、歯科衛生士または看護職員がその他の職種と共同して口腔の状態を評価し、解決すべき課題を把握　⑥医師、管理栄養士、理学療法士等、歯科衛生士、看護職員、介護職員、その他職種が通所リハビリ計画等の情報その他リハビリの適切・有効な実施に必要な情報、利用者の栄養・口腔状態に関する情報を相互に共有　⑦⑥で共有した情報を踏まえ、必要に応じて通所リハビリ計画を見直し、関係職種間で共有

※人員基準等に関する減算を受けていないこと

事業所の医師が利用者・家族へ説明し同意を得た場合
1月につき270単位を加算<新設>

理学療法士等が説明した場合は、その内容等を医師へ報告すること

介護◆短期集中個別リハビリテーション実施加算

1日につき110単位（110）を加算（退院・退所日または認定日から3月まで）

医師または医師の指示を受けた理学療法士、作業療法士、言語聴覚士が退院・退所日から起算して3月以内の期間に個別リハビリテーションを集中的に実施。リハビリテーションマネジメント加算（イ）・（ロ）・（ハ）のいずれかを算定していること

※認知症短期集中リハビリテーション実施加算、または生活行為向上リハビリテーション実施加算を算定している場合は算定しない

通所リハビリテーション費

介護 ◆認知症短期集中リハビリテーション実施加算

（Ⅰ）退院（所）日または通所開始日から３月以内

1日につき240単位（240）を加算（週２日まで）

（Ⅱ）退院（所）月または通所開始月から３月以内

1月につき1920単位（1920）を加算

（Ⅰ）①１週間に２日を限度に個別リハビリテーションを実施

（Ⅱ）①１月に４回以上のリハビリを実施　②リハビリの実施頻度・場所・時間等が記載された通所リハビリ計画を作成し、生活機能向上に資するリハビリを実施

※短期集中個別リハビリテーション実施加算、または生活行為向上リハビリテーション実施加算を算定している場合は算定しない

◆生活行為向上リハビリテーション実施加算

介護 1月につき1250単位（1250）を加算（6月まで）

予防 1月につき562単位（562）を加算（6月まで）

①生活行為の内容の充実を図るための専門的な知識もしくは経験を有する作業療法士、またはそれに係る研修を修了した理学療法士もしくは言語聴覚士を配置　②リハビリの目標と実施頻度・場所・時間等が記載されたリハビリ計画をあらかじめ定めて実施　③計画で定めたリハビリの実施期間中に、（介護予防）通所リハビリの提供終了日前１月以内に、リハビリ会議を開催し目標達成状況を報告　④リハビリテーションマネジメント加算（イ）・（ロ）・（ハ）のいずれかを算定　⑤事業所の医師または医師の指示を受けた理学療法士等が利用者宅を訪問し生活行為に関する評価をおおむね１月に１回以上実施

◆若年性認知症利用者受入加算

介護 1日につき60単位（60）を加算

予防 1月につき240単位（240）を加算

利用者ごとに個別の担当者を定める

◆栄養アセスメント加算　1月につき50単位（50）を加算

①事業所の従業者、または外部との連携により管理栄養士を１人以上配置　②利用者ごとに管理栄養士、看護職員、介護職員、生活相談員等（以下「管理栄養士等」）が共同して栄養アセスメントを実施し、利用者または家族へその結果を説明し、相談等に必要に応じ対応　③利用者ごとの栄養状態等の情報を厚生労働省に提出し、栄養管理の実施にあたり当該情報その他栄養管理の適切かつ有効な実施に必要な情報を活用

※栄養改善加算の算定に係る栄養改善サービスを受けている場合（終了月含む）は算定しない

◆栄養改善加算　1回につき200単位（200）を加算（3月以内・月2回まで）

①当該事業所の従業者として、または外部との連携により管理栄養士を１人以上配置　②利用者の栄養状態を開始時に把握し、管理栄養士、看護職員、介護職員、生活相談員等（以下「管理栄養士等」）が共同して、利用者ごとの摂食・嚥下機能および食形態にも配慮した栄養ケア計画を作成　③栄養ケア計画に従い、必要に応じて利用者宅を訪問し、管理栄養士等が栄養改善サービスを行うとともに、利用者の栄養状態を定期的に記録　④栄養ケア計画の進捗状況を定期的に評価

※開始から３月ごとの栄養状態評価の結果、低栄養状態が改善せず引き続き行うことが必要な場合は引き続き算定できる

◆口腔・栄養スクリーニング加算

（Ⅰ）1回につき20単位（20）を加算（6月に1回まで）

（Ⅱ）1回につき5単位（5）を加算（6月に1回まで）

※（Ⅰ）・（Ⅱ）は併算定不可

（Ⅰ）利用開始時および利用中６月ごとに利用者の口腔の健康状態かつ栄養状態について

確認を行い、その情報を担当ケアマネジャーへ提供。口腔状態の低下リスクがある場合、または低栄養状態の場合は、それら改善に必要な情報を含む
※栄養アセスメント加算を算定している場合、栄養改善加算の算定に係る栄養改善サービスを受けている場合（終了月含む）、口腔機能向上加算の算定に係る口腔機能向上サービスを受けている場合（終了月含む）は算定しない
（Ⅱ）①利用開始時および利用中6月ごとに利用者の口腔の健康状態または栄養状態について確認を行い、その情報を担当ケアマネジャーへ提供。口腔状態の低下リスクがある場合、または低栄養状態の場合は、それら改善に必要な情報を含む

◆口腔機能向上加算

（Ⅰ）1回につき150単位（150）を加算（3月以内・月2回まで）
介護 （Ⅱ）イ　1回につき155単位を加算＜新設＞（3月以内・月2回まで）
ロ　1回につき160単位（160）を加算（3月以内・月2回まで）
予防 （Ⅱ）1回につき160単位（160）を加算（3月以内・月2回まで）
※（Ⅰ）・（Ⅱ）は併算定不可

（Ⅰ）①言語聴覚士、歯科衛生士または看護職員を1人以上配置　②利用者の口腔機能を開始時に把握し、言語聴覚士、歯科衛生士、看護職員、介護職員、生活相談員等が共同して、利用者ごとの口腔機能改善管理指導計画を作成　③指導計画に従い言語聴覚士、歯科衛生士、看護職員が口腔機能向上サービスを行うとともに、口腔機能を定期的に記録　④指導計画の進捗状況を定期的に評価
（Ⅱ）イ①リハビリテーションマネジメント加算（ハ）を算定　②（Ⅰ）を満たす　③利用者ごとの口腔機能改善管理指導計画等の情報を厚生労働省に提出し、口腔機能向上サービスの実施にあたり当該情報その他口腔衛生の管理の適切かつ有効な実施に必要な情報を活用
（Ⅱ）ロ①リハビリテーションマネジメント加算（ハ）を算定していない　②（Ⅰ）・（Ⅱ）③を満たす
※（Ⅰ）・（Ⅱ）ともに3月ごとの口腔機能評価の結果、機能向上がなく、引き続き行うことが必要と認められる利用者は、引き続き算定できる

介護 ◆重度療養管理加算　1日につき100単位（100）を加算（1時間～2時間未満を除く）

要介護3～5で、厚生労働大臣が定める以下（イ）～（リ）の利用者に計画的な医学的管理を継続して行い、かつ療養上必要な処置を実施
（イ）常時頻回の喀痰吸引（ロ）呼吸障害等による人工呼吸器の使用（ハ）中心静脈注射（ニ）人工腎臓を使用、かつ重篤な合併症を有する（ホ）重篤な心機能障害、呼吸障害等により常時モニター測定（ヘ）膀胱または直腸の機能障害の程度が身体障害者福祉法施行規則別表第5号の身体障害者障害程度等級4級以上で、かつストーマの処置を実施（ト）経鼻胃管や胃瘻等の経腸栄養（チ）褥瘡治療（リ）気管切開

介護 ◆中重度者ケア体制加算　1日につき20単位（20）を加算

①運営基準に規定する看護職員または介護職員数に加え、看護職員または介護職員を常勤換算で1人以上配置　②前年度または算定月の前3月間の利用者総数のうち、要介護3以上の割合が30％以上　③専ら通所リハビリの提供にあたる看護職員を1人以上配置

◆科学的介護推進体制加算　1月につき40単位（40）を加算

①利用者ごとのADL値、栄養状態、口腔機能、認知症の状況その他心身の状況等に係る基本的な情報を厚生労働省に提出　②必要に応じて通所リハビリテーション計画を見直すなど、サービス提供にあたり①に規定する情報その他サービスを適切かつ有効に提供するために必要な情報を活用

予防 ◆一体的サービス提供加算　1月につき480単位を加算＜新設＞

①栄養改善サービスおよび口腔機能向上サービスを実施　②サービスの提供を受けた日に、当該利用者へ栄養改善サービスまたは口腔機能向上サービスのいずれかを行う日を月2

回以上設けている
※栄養改善加算、口腔機能向上加算を算定している場合は算定しない

【減算】

◆利用者数が利用定員を超える場合、または医師、理学療法士、作業療法士、言語聴覚士、看護・介護職員の員数が基準に満たない場合　所定単位数の70%（70%）で算定

◆高齢者虐待防止措置未実施減算　所定単位数の99%で算定＜新設＞

◆業務継続計画未策定減算　所定単位数の99%で算定＜新設＞

「感染症の予防及びまん延の防止のための指針」の整備、および非常災害に関する具体的計画の策定を行っている場合、2025年3月31日まで減算しない

◆生活行為向上リハビリテーション実施後に通所リハビリテーションを継続利用した場合
1日につき所定単位数の85%（85%）で算定（実施終了月の翌月から6月まで）

◆事業所と同一建物に居住する者や同一建物からサービスを利用する場合

介護　**1日につき94単位（94）を減算**

予防　**要支援1　1月につき376単位（376）を減算**
要支援2　1月につき752単位（752）を減算

利用者の心身の状況等に鑑み、やむを得ず送迎が必要と認められる場合は減算しない
区分支給限度基準額の算定の際は、当該減算前の単位数を用いる

介護◆事業所が送迎を行わない場合　片道につき47単位（47）を減算

予防◆利用開始月から12月を超えて介護予防通所リハビリテーションを行った場合
要支援1　1月につき120単位（20）を減算
要支援2　1月につき240単位（40）を減算

ただし、以下を満たす場合は減算を行わない。①3月に1回以上リハビリ会議を開催し、リハビリに関する専門的な見地から利用者の状況等に関する情報を構成員と共有し、会議の内容を記録するとともに、利用者の状態の変化に応じリハビリ計画を見直す　②利用者ごとのリハビリ計画書等の内容等の情報を厚生労働省に提出し、リハビリの提供にあたり当該情報その他リハビリの適切かつ有効な実施のために必要な情報を活用

【廃止】

予防◆運動器機能向上加算　1月につき225単位を加算

予防◆事業所評価加算　1月につき120単位を加算

8 （介護予防）短期入所生活介護費

人員・設備基準等

○人員

医師	1以上
生活相談員	利用者100人につき1人以上（常勤換算） ※うち1人は常勤（利用定員が20人未満の併設説事業所を除く）
介護職員または 看護師・准看護師	利用者3人につき1人以上（常勤換算） ※うち1人は常勤（利用定員が20人未満の併設事業所を除く）
栄養士	1人以上 ※利用定員が40人以下の事業所は、一定の場合は、栄養士を置かないことができる
機能訓練指導員	1以上
調理員その他の従業者	実情に応じた適当数

○設備・備品

利用定員等	20人以上とし、専用の居室を設ける ※ただし、併設事業所の場合は、20人未満とすることができる
居室	定員4人以下、床面積（1人当たり）10.65㎡以上
食堂および機能訓練室	合計面積3㎡×利用定員以上
浴室、便所、洗面設備	要介護者が使用するのに適したもの
その他	医務室、静養室、面談室、介護職員室、看護職員室、調理室、洗濯室または洗濯場、汚物処理室、介護材料室が必要

1級地	2級地	3級地	4級地	5級地	6級地	7級地	その他
11.10円	10.88円	10.83円	10.66円	10.55円	10.33円	10.17円	10.00円

イ （介護予防）短期入所生活介護費

（1）単独型（介護予防）短期入所生活介護費　看護・介護3：1

1日につき（ ）内は旧単価	要支援1	要支援2	要介護1	要介護2	要介護3	要介護4	要介護5
（Ⅰ）〈従来型個室〉	479単位（474）	596単位（589）	645単位（638）	715単位（707）	787単位（778）	856単位（847）	926単位（916）
連続61日以上利用した場合<新設>			589単位	659単位	732単位	802単位	871単位
連続31日以上利用した場合<新設>	442単位	548単位					
（Ⅱ）〈多床室〉	479単位（474）	596単位（589）	645単位（638）	715単位（707）	787単位（778）	856単位（847）	926単位（916）
連続61日以上利用した場合<新設>			589単位	659単位	732単位	802単位	871単位
連続31日以上利用した場合<新設>	442単位	548単位					

短期入所生活介護費

(2) 併設型(介護予防) 短期入所生活介護費　看護･介護3:1

1日につき（ ）内は旧単価	要支援1	要支援2	要介護1	要介護2	要介護3	要介護4	要介護5
(Ⅰ)〈従来型個室〉	451単位 (446)	561単位 (555)	603単位 (596)	672単位 (665)	745単位 (737)	815単位 (806)	884単位 (874)
連続61日以上利用した場合<新設>			573単位	642単位	715単位	785単位	854単位
連続31日以上利用した場合<新設>	442単位	548単位					
(Ⅱ)〈多床室〉	451単位 (446)	561単位 (555)	603単位 (596)	672単位 (665)	745単位 (737)	815単位 (806)	884単位 (874)
連続61日以上利用した場合<新設>			573単位	642単位	715単位	785単位	854単位
連続31日以上利用した場合<新設>	442単位	548単位					

ロ　ユニット型（介護予防）短期入所生活介護費

(1) 単独型ユニット型(介護予防) 短期入所生活介護費

1日につき（ ）内は旧単価	要支援1	要支援2	要介護1	要介護2	要介護3	要介護4	要介護5
(Ⅰ)〈ユニット型個室〉	561単位 (555)	681単位 (674)	746単位 (738)	815単位 (806)	891単位 (881)	959単位 (949)	1028単位 (1017)
連続61日以上利用した場合<新設>			670単位	740単位	815単位	886単位	955単位
連続31日以上利用した場合<新設>	503単位	623単位					
(Ⅱ)〈ユニット型個室的多床室〉	561単位 (555)	681単位 (674)	746単位 (738)	815単位 (806)	891単位 (881)	959単位 (949)	1028単位 (1017)
連続61日以上利用した場合<新設>			670単位	740単位	815単位	886単位	955単位
連続31日以上利用した場合<新設>	503単位	623単位					

(2) 併設型(介護予防) 短期入所生活介護費　看護･介護3:1

1日につき（ ）内は旧単価	要支援1	要支援2	要介護1	要介護2	要介護3	要介護4	要介護5
(Ⅰ)〈ユニット型個室〉	529単位 (523)	656単位 (649)	704単位 (696)	772単位 (764)	847単位 (838)	918単位 (908)	987単位 (976)
連続61日以上利用した場合<新設>			670単位	740単位	815単位	886単位	955単位
連続31日以上利用した場合<新設>	503単位	623単位					
(Ⅱ)〈ユニット型個室的多床室〉	529単位 (523)	656単位 (649)	704単位 (696)	772単位 (764)	847単位 (838)	918単位 (908)	987単位 (976)
連続61日以上利用した場合<新設>			670単位	740単位	815単位	886単位	955単位
連続31日以上利用した場合<新設>	503単位	623単位					

☆個室ユニット型施設の1ユニットの定員は原則としておおむね10人以下とし、15人を超えない。当分の間、現行の定員を超えるユニットを整備する場合は、ユニット型施設における夜間および深夜を含めた介護職員・看護職員の配置の実態を勘案して職員を配置するよう努める

☆ユニット型個室的多床室は新たに設置することを禁止する

☆看護職員の配置が必須とされていない単独型および定員19人以下の併設型は、利用者の状態像に応じて必要がある場合は病院・診療所または訪問看護ステーション等との密接かつ適切な連携により看護職員を確保すること。当該連携により、看護職員が必要に応じてサービス提供日ごとに利用者の健康状態の確認、当該事業所へ駆けつけることができる体制や適切な指示ができる連絡体制の確保を行うこと。看護職員常勤1人以上の配置が求められている定員20人以上の併設型についても、同様の人員配置とする

☆見守り機器等を導入した場合、夜間における人員配置（常勤換算）は以下の通り

・利用者の数が26～60人の場合1.6人以上

・利用者の数が 61 ～ 80 人の場合 2.4 人以上
・利用者の数が 81 ～ 100 人の場合 3.2 人以上
・利用者の数が 101 人以上の場合 3.2 に利用者の数が 100 を超えて 25 またはその端数を増すごとに 0.8 を加えて得た数以上
（要件）（ⅰ）利用者の動向を検知できる見守り機器を全利用者に設置　（ⅱ）夜勤時間帯を通じて、夜勤を行う全ての介護・看護職員が情報通信機器を使用し、職員同士の連携促進が図られている　（ⅲ）見守り機器等を活用する際の安全体制およびケアの質の確保、ならびに職員の負担軽減に関する以下（1）～（4）を実施し、かつ、見守り機器等を安全かつ有効に活用するための委員会を設置し、介護・看護職員、その他の職種と共同して当該委員会で必要な検討等を行い、（1）～（4）の実施を定期的に確認
（1）夜勤職員による居室への訪問が個別に必要な利用者への訪問、および当該利用者に対する適切なケア等による安全・ケアの質の確保　（2）夜勤職員の負担軽減および勤務状況への配慮　（3）見守り機器等の定期的な点検　（4）見守り機器等を安全かつ有効に活用するための職員研修

【加算】

◆口腔連携強化加算　1 回につき 50 単位を加算<新設>（月 1 回まで）

事業所の職員が口腔の健康状態の評価を実施し、利用者の同意を得て歯科医療機関およびケアマネジャーへ評価結果の情報提供を行う。評価にあたっては、診療報酬の歯科訪問診療料（C000）の算定実績がある歯科医療機関の歯科医師または歯科医師の指示を受けた歯科衛生士が、当該職員からの相談等に対応する体制を確保し、その旨を文書等で取り決めていること
※以下のいずれかの場合は算定しない
・他サービスで口腔連携強化加算または口腔・栄養スクリーニング加算を算定（栄養状態のスクリーニングによる口腔・栄養スクリーニング加算（Ⅱ）の場合を除く）
・口腔状態の評価の結果、歯科医師または歯科衛生士が（介護予防）居宅療養管理指導を実施（初回の実施月を除く）

◆療養食加算　1 回につき 8 単位（8）を加算（1 日に 3 回まで）

①疾病治療の直接手段として、医師の発行する食事せんに基づき提供された適切な栄養量および内容を有する糖尿病食、腎臓病食、肝臓病食、胃潰瘍食、貧血食、膵臓病食、脂質異常症食、痛風食及び特別な場合の検査食　②食事提供が管理栄養士または栄養士によって管理　③利用者の年齢・心身状況によって適切な栄養量・内容の食事を提供

介護 ◆在宅中重度者受入加算

看護体制加算（Ⅰ）または（Ⅲ）を算定している場合　1 日につき 421 単位（421）を加算
看護体制加算（Ⅱ）または（Ⅳ）を算定している場合　1 日につき 417 単位（417）を加算
看護体制加算（Ⅰ）または（Ⅲ）、および（Ⅱ）または（Ⅳ）のいずれも算定している場合　1 日につき 413 単位（413）を加算
看護体制加算を算定していない場合　1 日につき 425 単位（425）を加算

◆認知症専門ケア加算　（Ⅰ）1 日につき 3 単位（3）を加算
（Ⅱ）1 日につき 4 単位（4）を加算

（Ⅰ）①利用者総数のうち認知症高齢者の日常生活自立度Ⅲ以上（以下「対象者」）が 50％以上　②認知症介護に係る専門的な研修を修了している者を、対象者が 20 人未満の場合は 1 以上、対象者の数が 20 人以上の場合は 1 に、当該対象者の数が 19 を超えて 10 またはその端数を増すごとに 1 を加えて得た数以上を配置し、チームとして専門的な認知症ケアを実施　③職員に対し、認知症ケアに関する留意事項の伝達または技術的指導に係る会議を定期的に開催
（Ⅱ）①（Ⅰ）を満たす　②認知症介護の指導に係る専門的な研修を修了している者を 1

短期入所生活介護費

人以上配置し、事業所または施設全体の認知症ケアの指導等を実施　③介護職員、看護職員ごとの認知症ケアに関する研修計画を作成し、当該計画に従い、研修を実施（予定含む）

◆生産性向上推進体制加算＜新設＞（Ⅰ）1月につき100単位を加算
（Ⅱ）1月につき10単位を加算
※（Ⅰ）・（Ⅱ）は併算定不可

（Ⅰ）①利用者の安全、介護サービスの質の確保、職員の負担軽減に資する方策を検討する委員会にて、以下（一）～（四）について検討および実施の定期的な確認を行う（一）業務効率化、質向上、職員の負担軽減に資する機器（以下「介護機器」）を活用する場合の利用者の安全、ケアの質の確保（二）職員の負担軽減、勤務状況への配慮（三）介護機器の定期的な点検（四）業務効率化、質向上、職員の負担軽減をはかるための職員研修　②①の取組および介護機器の活用による業務効率化、質の確保、職員の負担軽減の実績がある　③介護機器を複数種類活用している　④①の委員会で職員の業務分担の明確化等による業務効率化、質の確保、負担軽減を検討・実施し、実施を定期的に確認　⑤事業年度ごとに①③④の取組による業務効率化、質の確保、職員の負担軽減の実績を厚生労働省へ報告

（Ⅱ）①（Ⅰ）①を満たす　②介護機器を活用している　③事業年度ごとに①②の取組による業務効率化、質の確保、職員の負担軽減の実績を厚生労働省へ報告

◆サービス提供体制強化加算　（Ⅰ）1日につき22単位（22）を加算
（Ⅱ）1日につき18単位（18）を加算
（Ⅲ）1日につき6単位（6）を加算

（Ⅰ）介護職員の総数のうち介護福祉士の割合が80％以上、または介護職員の総数のうち勤続10年以上の介護福祉士の割合が35％以上

（Ⅱ）介護職員の総数のうち介護福祉士の割合が60％以上

（Ⅲ）介護職員の総数のうち介護福祉士の割合が50％以上、または看護・介護職員の総数のうち常勤職員の割合が75％以上、もしくはサービスを直接提供する職員の総数のうち勤続7年以上の割合が30％以上　≪支給限度額管理の対象外≫

◆介護職員等処遇改善加算＜新設＞（2024年6月1日より）
（Ⅰ）所定単位数の14.0％を加算
（Ⅱ）所定単位数の13.6％を加算
（Ⅲ）所定単位数の11.3％を加算
（Ⅳ）所定単位数の9.0％を加算
（Ⅴ）所定単位数の4.7～12.4％を加算（※）

（※）（Ⅴ）の加算率は改定前の介護職員処遇改善加算、介護職員等特定処遇改善加算、介護職員等ベースアップ等支援加算の組合わせにより14種類（2025年3月31日まで）

所定単位数は、基本報酬に各種加算減算を加えた総単位数　≪支給限度額管理の対象外≫

◆生活相談員配置等加算（イ（2）の場合）1日につき13単位（13）を加算

①共生型（介護予防）短期入所生活介護を提供し、生活相談員を1人以上配置　②地域に貢献する活動を実施

◆生活機能向上連携加算　（Ⅰ）1月につき100単位（100）を加算（3月に1回まで）
（Ⅱ）1月につき200単位（200）を加算
※（Ⅰ）・（Ⅱ）は併算定不可

（Ⅰ）①訪問・通所リハビリテーション事業所、もしくは医療提供施設（許可病床200床未満または半径4km以内に診療所が存在しないもの）の理学療法士、作業療法士、言語聴覚士または医師（以下「理学療法士等」）の助言に基づき、（介護予防）短期入所生活介護事業所の機能訓練指導員等が共同して利用者の身体状況等の評価および個別機能訓練計画の作成を行う　②個別機能訓練計画に基づき、利用者の身体機能または生活機能向上を目的とする機能訓練の項目を準備し、機能訓練指導員等が、利用者の心身の状況に応じた機能訓練を適切に提供　③機能訓練指導員等が理学療法士等と連携し、個別機能訓練計画の進捗状況等を

3月に1回以上評価し、利用者またはその家族に対して機能訓練の内容と個別機能訓練計画の進捗状況等を説明し、必要に応じて訓練内容の見直し等を行う

（Ⅱ）①理学療法士等が（介護予防）短期入所生活介護事業所を訪問し、機能訓練指導員等と共同してアセスメント、利用者の身体の状況等の評価および個別機能訓練計画の作成を行う　②（Ⅰ）②・③を満たす

※個別機能訓練加算を算定している場合は（Ⅰ）は算定せず、（Ⅱ）は1月につき100単位を加算

◆専従の機能訓練指導員を1人以上配置している場合（機能訓練体制加算）
1日につき12単位（12）を加算

機能訓練指導員の職務に専従する理学療法士、作業療法士、言語聴覚士、看護職員、柔道整復師、あん摩マッサージ指圧師、一定の実務経験を有するはり師またはきゅう師を1人以上配置

◆個別機能訓練加算　1日につき56単位（56）を加算

①専ら機能訓練指導員の職務に従事する理学療法士等を1人以上配置　②機能訓練指導員等が共同して利用者の生活機能向上に資するよう利用者ごとの心身状況を重視した個別機能訓練計画を作成　③②の計画に基づき、利用者の生活機能向上を目的とする機能訓練の項目を準備し、理学療法士等が利用者の心身状況に応じた機能訓練を適切に提供　④機能訓練指導員等が利用者の居宅を訪問し、個別機能訓練計画を作成し、その後3月に1回以上、利用者の居宅を訪問した上で、利用者または家族に対して機能訓練の内容と個別機能訓練計画の進捗状況等を説明し、訓練内容を見直す

介護 **◆看護体制加算　（Ⅰ）1日につき4単位（4）を加算**
（Ⅱ）1日につき8単位（8）を加算
（Ⅲ）イ（利用定員29人以下）1日につき12単位（12）を加算
（Ⅲ）ロ（利用定員30～50人）1日につき6単位（6）を加算
（Ⅳ）イ（利用定員29人以下）1日につき23単位（23）を加算
（Ⅳ）ロ（利用定員30～50人）1日につき13単位（13）を加算

（Ⅰ）常勤看護師を1人以上配置

（Ⅱ）①看護職員を常勤換算で入所者数25またはその端数を増すごとに1人以上配置　②当該事業所か病院・診療所・訪問看護ステーションの看護職員と24時間の連絡体制を確保

（Ⅲ）イ①（Ⅰ）を満たす　②算定年度の前年度または算定月の前3月間の利用者総数のうち要介護3～5の割合が70%以上

（Ⅲ）ロ（Ⅲ）イ①②に該当

（Ⅳ）イ（Ⅱ）①②（Ⅲ）イ②に該当

（Ⅳ）ロ（Ⅱ）①②（Ⅲ）イ②に該当

介護 **◆医療連携強化加算　1日につき58単位（58）を加算**

①看護体制加算（Ⅱ）または（Ⅳ）を算定　②利用者の急変の予測や早期発見等のため、看護職員が定期的に巡視を行う　③主治医と連絡が取れない等の場合に備え、あらかじめ協力医療機関を定め、緊急やむを得ない場合の対応を取決めておく　④急変時の医療提供方針について、利用者の合意を得る

【利用者要件】①～⑨のいずれかに該当　①喀痰吸引を実施　②呼吸障害等により人工呼吸器を使用　③中心静脈注射　④人工腎臓を実施　⑤重篤な心機能障害、呼吸障害等により常時モニター測定を実施　⑥人工膀胱または人工肛門の処置を実施　⑦経鼻胃管や胃瘻等の経腸栄養　⑧褥瘡治療　⑨気管切開

※在宅重度者受入加算を算定している場合は算定しない

介護 **◆看取り連携体制加算　1日につき64単位を加算＜新設＞（死亡日～死亡日前30日以内、7日まで）**

短期入所生活介護費

①以下（1）または（2）を満たす（1）看護体制加算（Ⅱ）または（Ⅳ）を算定（2）看護体制加算（Ⅰ）または（Ⅲ）を算定し、かつ短期入所生活介護事業所の看護職員、または病院、診療所、訪問看護ステーション、本体施設の看護職員との連携により、24時間連絡できる体制を確保　②看取り期における対応方針を定め、利用開始の際に利用者または家族等へ対応方針の内容を説明し同意を得る
【利用者要件】医師が医学的知見に基づき回復の見込みがないと診断した者であり、看取り期の対応方針に基づき利用者の状態または家族の求め等に応じ、介護職員、看護職員等から介護記録などを活用し行うサービスの説明を受け、同意している利用者

介護◆夜勤職員配置加算　（Ⅰ）1日につき13単位（13）を加算（イの場合）
（Ⅱ）1日につき18単位（18）を加算（ロの場合）
（Ⅲ）1日につき15単位（15）を加算（イの場合）
（Ⅳ）1日につき20単位（20）を加算（ロの場合）

（Ⅰ）・（Ⅱ）夜勤の介護職員・看護職員数が、最低基準を1人以上上回っている場合
（Ⅲ）・（Ⅳ）夜勤時間帯を通じて、看護職員または喀痰吸引等の実施ができる介護職員を1人以上配置。登録喀痰吸引等事業者として都道府県へ登録していること
※以下（ⅰ）・（ⅱ）を満たす場合、最低基準を0.9人以上上回る場合に算定可
（ⅰ）利用者の動向を検知できる見守り機器を利用者数の10%以上に設置　（ⅱ）施設内に見守り機器を安全かつ有効に活用するための委員会を設置し、必要な検討等が行われている※以下（ⅰ）～（ⅲ）を満たす場合、最低基準を0.6人（人員配置基準の緩和を適用する場合は0.8人）以上上回る場合に算定可
（ⅰ）利用者の動向を検知できる見守り機器を全利用者に設置　（ⅱ）夜勤時間帯を通じて、夜勤を行う全ての介護・看護職員が情報通信機器を使用し、職員同士の連携促進が図られている（ⅲ）見守り機器等を活用する際の安全体制およびケアの質の確保、ならびに職員の負担軽減に関する以下（1）～（4）を実施し、かつ、見守り機器等を安全かつ有効に活用するための委員会を設置し、介護・看護職員、その他の職種と共同して当該委員会で必要な検討等を行い、（1）～（4）の実施を定期的に確認
（1）夜勤職員による居室への訪問が個別に必要な利用者への訪問、および当該利用者に対する適切なケア等による安全・ケアの質の確保　（2）夜勤職員の負担軽減および勤務状況への配慮　（3）見守り機器等の定期的な点検　（4）見守り機器等を安全かつ有効に活用するための職員研修

◆認知症行動・心理症状緊急対応加算
1日につき200単位（200）を加算（利用開始日から7日間まで）

医師が、認知症の行動・心理症状が認められるため、在宅生活が困難であり、緊急に（介護予防）短期入所生活介護を利用することが適当と判断した者

◆若年性認知症利用者受入加算　1日につき120単位（120）を加算

認知症行動・心理症状緊急対応加算を算定している場合は算定しない

◆利用者に対して送迎を行う場合　片道につき184単位（184）を加算

利用者の心身の状態、家族等の事情等から見て送迎を行うことが必要と認められる場合

介護◆緊急短期入所受入加算　1日につき90単位（90）を加算（7日間まで）

①別に厚生労働大臣が定める者に対し、ケアプランで計画的に行うことになっていない短期入所生活介護を緊急に行った場合　②利用者の状態や家族等の事情でケアマネジャーが緊急に短期入所生活介護を受けることが必要と認めた者
※日常生活上の世話を行う家族の疾病等やむを得ない事情がある場合は14日を限度に算定
※「認知症行動・心理症状対応加算」を算定している場合は算定しない

【減算】

◆夜勤を行う職員の勤務条件基準を満たさない場合　所定単位数の97%（97%）で算定

短期入所生活介護費

◆利用者数および入所者数の合計が入所定員を超える場合、または介護・看護職員数が基準に満たない場合　所定単位数の70%（70%）で算定

◆常勤のユニットリーダーをユニット毎に配置していない等ユニットケアにおける体制が未整備である場合　所定単位数の97%（97%）で算定（ロの場合）

◆身体拘束廃止未実施減算　所定単位数の99%で算定<新設>（2025年4月1日より）

◆高齢者虐待防止措置未実施減算　所定単位数の99%で算定<新設>

◆業務継続計画未策定減算　所定単位数の99%で算定<新設>

「感染症の予防及びまん延の防止のための指針」の整備、および非常災害に関する具体的計画の策定を行っている場合、2025年3月31日まで減算しない

◆共生型（介護予防）短期入所生活介護を行う場合（イ（2）の場合）
所定単位数の92%（92%）で算定

介護 ◆連続31～60日利用する場合　1日につき30単位（30）を減算

連続61日以上利用する場合は算定しない

予防 ◆連続31日以上利用する場合<新設>

要支援1　（ユニット型）介護福祉施設サービス費　要介護1の単位数の75%で算定
要支援2　（ユニット型）介護福祉施設サービス費　要介護1の単位数の93%で算定

9 （介護予防）短期入所療養介護費

人員・設備基準等

原則としてそれぞれの施設として満たすべき基準による
（介護老人保健施設、療養病床を有する病院・診療所、診療所、介護医療院）
※診療所（療養病床を有する場合は除く）は以下を満たすこと。①床面積は利用者１人につき6.4㎡　②食堂および浴室を有する　③機能訓練を行うための場所を有する

1級地	2級地	3級地	4級地	5級地	6級地	7級地	その他
10.90円	10.72円	10.68円	10.54円	10.45円	10.27円	10.14円	10.00円

イ　介護老人保健施設における（介護予防）短期入所療養介護

1日につき（ ）内は旧単価

(1) 介護老人保健施設(介護予防) 短期入所療養介護費　看護･介護3:1

区分	要支援1	要支援2	要介護1	要介護2	要介護3	要介護4	要介護5
(Ⅰ)							
(a)〈従来型個室〉【基本型】	579単位 (577)	726単位 (721)	753単位 (752)	801単位 (799)	864単位 (861)	918単位 (914)	971単位 (966)
(b)〈従来型個室〉【在宅強化型】	632単位 (619)	778単位 (762)	819単位 (794)	893単位 (867)	958単位 (930)	1017単位 (988)	1074単位 (1044)
(c)〈多床室〉【基本型】	613単位 (610)	774単位 (768)	830単位 (827)	880単位 (876)	944単位 (939)	997単位 (991)	1052単位 (1045)
(d)〈多床室〉【在宅強化型】	672単位 (658)	834単位 (817)	902単位 (875)	979単位 (951)	1044単位 (1014)	1102単位 (1071)	1161単位 (1129)
(Ⅱ)〈療養型老健:看護職員を配置〉							
(a)〈従来型個室〉【療養型】	583単位 (581)	730単位 (725)	790単位 (778)	874単位 (861)	992単位 (976)	1071単位 (1054)	1150単位 (1131)
(b)〈多床室〉【療養型】	622単位 (619)	785単位 (778)	870単位 (857)	956単位 (941)	1074単位 (1057)	1154単位 (1135)	1231単位 (1210)
(Ⅲ)〈療養型老健:看護オンコール体制〉							
(a)〈従来型個室〉【療養型】	583単位 (581)	730単位 (725)	790単位 (778)	868単位 (855)	965単位 (950)	1043単位 (1026)	1121単位 (1103)
(b)〈多床室〉【療養型】	622単位 (619)	785単位 (778)	870単位 (857)	949単位 (934)	1046単位 (1029)	1124単位 (1106)	1203単位 (1183)
(Ⅳ)〈特別介護老人保健施設短期入所療養介護費〉							
(a)〈従来型個室〉	566単位 (564)	711単位 (706)	738単位 (737)	784単位 (782)	848単位 (845)	901単位 (897)	953単位 (948)
(b)〈多床室〉	601単位 (598)	758単位 (752)	813単位 (811)	863単位 (860)	925単位 (920)	977単位 (971)	1031単位 (1024)

短期入所療養介護費

1日につき（ ）内は旧単価	要支援1	要支援2	要介護1	要介護2	要介護3	要介護4	要介護5
(2) ユニット型介護老人保健施設(介護予防) 短期入所療養介護費							
(Ⅰ)							
(a)〈ユニット型個室〉【基本型】	624単位 (621)	789単位 (782)	836単位 (833)	883単位 (879)	948単位 (943)	1003単位 (997)	1056単位 (1049)
(b)〈ユニット型個室〉【在宅強化型】	680単位 (666)	846単位 (828)	906単位 (879)	983単位 (955)	1048単位 (1018)	1106単位 (1075)	1165単位 (1133)
(c)〈ユニット型個室的多床室〉【基本型】	624単位 (621)	789単位 (782)	836単位 (833)	883単位 (879)	948単位 (943)	1003単位 (997)	1056単位 (1049)
(d)〈ユニット型個室的多床室〉【在宅強化型】	680単位 (666)	846単位 (828)	906単位 (879)	983単位 (955)	1048単位 (1018)	1106単位 (1075)	1165単位 (1133)
(Ⅱ)〈療養型老健:看護職員を配置〉							
(a)〈ユニット型個室〉【療養型】	653単位 (649)	817単位 (810)	959単位 (944)	1043単位 (1026)	1162単位 (1143)	1242単位 (1221)	1319単位 (1296)
(b)〈ユニット型個室的多床室〉【療養型】	653単位 (649)	817単位 (810)	959単位 (944)	1043単位 (1026)	1162単位 (1143)	1242単位 (1221)	1319単位 (1296)
(Ⅲ)〈療養型老健:看護オンコール体制〉							
(a)〈ユニット型個室〉【療養型】	653単位 (649)	817単位 (810)	959単位 (944)	1037単位 (1026)	1135単位 (1143)	1213単位 (1221)	1291単位 (1296)
(b)〈ユニット型個室的多床室〉【療養型】	653単位 (649)	817単位 (810)	959単位 (944)	1037単位 (1026)	1135単位 (1143)	1213単位 (1221)	1291単位 (1296)
(Ⅳ)〈ユニット型特別介護老人保健施設短期入所療養介護費〉							
(a)〈ユニット型個室〉	611単位 (608)	770単位 (764)	818単位 (816)	866単位 (863)	929単位 (924)	983単位 (977)	1035単位 (1028)
(b)〈ユニット型個室的多床室〉	611単位 (608)	770単位 (764)	818単位 (816)	866単位 (863)	929単位 (924)	983単位 (977)	1035単位 (1028)

(3) 特定介護老人保健施設短期入所療養介護費（介護のみ）	3時間以上4時間未満	4時間以上6時間未満	6時間以上8時間未満
	664単位（650）	927単位（908）	1296単位（1269）

☆利用者が連続して30日以上（介護予防）短期入所療養介護を受けている場合、30日を超える日以降に受けた（介護予防）短期入所療養介護は算定しない

☆見守り機器等を導入した場合、夜間における人員配置（常勤換算）は1.6人以上とする。利用者が40人以下緊急時の連絡体制を常時整備している場合は1人以上

（要件）①全利用者に見守りセンサーを導入　②夜勤職員全員がインカム等のICTを使用　③以下（1）～（6）の安全体制を確保　(1) 利用者の安全、介護サービスの質の確保、職員の負担軽減に資する方策を検討するための委員会を設置 (2) 職員に対する十分な休憩時間の確保等の勤務・雇用条件への配慮 (3) 緊急時の体制整備（近隣在住職員を中心とした緊急参集要員の確保等）(4) 機器の不具合の定期チェックの実施（メーカーとの連携を含む）(5) ⑤職員に対するテクノロジー活用に関する教育の実施 (6) 夜間の訪室が必要な利用者へ訪室の個別実施

【加算】

◆特別療養費　厚生労働大臣が定める単位数に10円を乗じた額を加算

≪支給限度額管理の対象外≫

◆療養体制維持特別加算　（Ⅰ）1日につき27単位（27）を加算
（Ⅱ）1日につき57単位（57）を加算

短期入所療養介護費

（Ⅰ）①転換を行う直前に介護療養施設などの施設を有する病院であった介護老人保健施設、または転換を行う直前に療養病床を有する病院であった介護老人保健施設　③看護職員または介護職員の数のうち、介護職員の数が常勤換算で、短期入所療養介護の利用者の数および介護老人保健施設の入所者の数の合計数が4またはその端数を増すごとに1以上

（Ⅱ）①算定月の前3月間における入所者等のうち、喀痰吸引または経管栄養を実施した者が20% 以上　②算定月の前3月間における入所者等のうち、著しい精神症状、周辺症状または重篤な身体疾患または日常生活に支障を来すような症状・行動や意志疎通の困難さが頻繁に見られ、専門医療を必要とする認知症の者が50% 以上

◆総合医学管理加算　1日につき275単位（275）を加算（10日まで）

治療管理を目的とし、ケアプランで計画的に行うこととなっていない（介護予防）短期入所療養介護を行った場合

①診療方針を定め、治療管理として投薬、検査、注射、処置等を行う　②診療方針、診断、診断を行った日、実施した投薬、検査、注射、処置等の内容等を診療録に記載　③利用者の主治医に対して、利用者の同意を得て診療状況を示す文書を添えて必要な情報の提供を行う

※緊急時施設療養費を算定した日は算定しない

◆口腔連携強化加算　1回につき50単位を加算<新設>（月1回まで）

事業所の職員が口腔の健康状態の評価を実施し、利用者の同意を得て歯科医療機関およびケアマネジャーへ評価結果の情報提供を行う。評価にあたっては、診療報酬の歯科訪問診療料（C000）の算定実績がある歯科医療機関の歯科医師または歯科医師の指示を受けた歯科衛生士が、当該職員からの相談等に対応する体制を確保し、その旨を文書等で取り決めていること

※以下のいずれかの場合は算定しない

・他サービスで口腔連携強化加算または口腔・栄養スクリーニング加算を算定（栄養状態のスクリーニングによる口腔・栄養スクリーニング加算（Ⅱ）の場合を除く）

・口腔状態の評価の結果、歯科医師または歯科衛生士が（介護予防）居宅療養管理指導を実施（初回の実施月を除く）

◆療養食加算　1回につき8単位（8）を加算（1日に3回まで）

①疾病治療の直接手段として、医師の発行する食事せんに基づき提供された適切な栄養量および内容を有する糖尿病食、腎臓病食、肝臓病食、胃潰瘍食、貧血食、膵臓病食、脂質異常症食、痛風食および特別な場合の検査食　②食事提供が管理栄養士または栄養士によって管理　③利用者の年齢・心身状況によって適切な栄養量・内容の食事を提供

◆認知症専門ケア加算　（Ⅰ）1日につき3単位（3）を加算
（Ⅱ）1日につき4単位（4）を加算

（Ⅰ）①利用者総数のうち認知症高齢者の日常生活自立度Ⅲ以上（以下「対象者」）が50%以上　②認知症介護に係る専門的な研修を修了している者（別に厚生労働大臣が定める者を含む）を、対象者が20人未満の場合は1以上、対象者の数が20人以上の場合は1に、当該対象者の数が19を超えて10またはその端数を増すごとに1を加えて得た数以上を配置し、チームとして専門的な認知症ケアを実施　③職員に対して、認知症ケアに関する留意事項の伝達または技術的指導に係る会議を定期的に開催

（Ⅱ）①（Ⅰ）を満たす　②認知症介護の指導に係る専門的な研修を修了している者を1人以上配置し、事業所または施設全体の認知症ケアの指導等を実施　③介護職員、看護職員ごとの認知症ケアに関する研修計画を作成し、当該計画に従い、研修を実施（予定含む）

◆緊急時施設療養費

（一）緊急時治療管理　1日につき518単位（518）を算定（月1回・3日を限度）

（二）特定治療　医科診療報酬点数表に定める点数に10円を乗じて得た額を算定

（一）利用者の病状が重篤となり救命救急医療が必要となる場合に緊急的な治療管理とし

ての投薬、検査、注射、処置等を行った場合　（二）高齢者の医療の確保に関する法律に規定するリハビリテーション、処置、手術、麻酔または放射線治療を行った場合

≪支給限度額管理の対象外≫

◆生産性向上推進体制加算＜新設＞　（Ⅰ）1月につき100単位を加算
（Ⅱ）1月につき10単位を加算
※（Ⅰ）・（Ⅱ）は併算定不可

（Ⅰ）①利用者の安全、介護サービスの質の確保、職員の負担軽減に資する方策を検討する委員会にて、以下（一）～（四）について検討および実施の定期的な確認を行う（一）業務効率化、質向上、職員の負担軽減に資する機器（以下「介護機器」）を活用する場合の利用者の安全、ケアの質の確保（二）職員の負担軽減、勤務状況への配慮（三）介護機器の定期的な点検（四）業務効率化、質向上、職員の負担軽減をはかるための職員研修　②①の取組および介護機器の活用による業務効率化、質の確保、職員の負担軽減の実績がある　③介護機器を複数種類活用している　④①の委員会で職員の業務分担の明確化等による業務効率化、質の確保、負担軽減を検討・実施し、実施を定期的に確認　⑤事業年度ごとに①③④の取組による業務効率化、質の確保、職員の負担軽減の実績を厚生労働省へ報告

（Ⅱ）①（Ⅰ）①を満たす　②介護機器を活用している　③事業年度ごとに①②の取組による業務効率化、質の確保、職員の負担軽減の実績を厚生労働省へ報告

◆サービス提供体制強化加算　（Ⅰ）1日につき22単位（22）を加算
（Ⅱ）1日につき18単位（18）を加算
（Ⅲ）1日につき6単位（6）を加算

（Ⅰ）介護職員の総数のうち介護福祉士の割合が80％以上、または介護職員の総数のうち勤続10年以上の介護福祉士の割合が35％以上

（Ⅱ）介護職員の総数のうち介護福祉士の割合が60％以上

（Ⅲ）介護職員の総数のうち介護福祉士の割合が50％以上、または看護・介護職員の総数のうち常勤職員の割合が75％以上、もしくはサービスを直接提供する職員の総数のうち勤続7年以上の割合が30％以上　≪支給限度額管理の対象外≫

◆介護職員等処遇改善加算＜新設＞（2024年6月1日より）
（Ⅰ）所定単位数の7.5％を加算
（Ⅱ）所定単位数の7.1％を加算
（Ⅲ）所定単位数の5.4％を加算
（Ⅳ）所定単位数の4.4％を加算
（Ⅴ）所定単位数の2.3～6.7％を加算（※）

（※）（Ⅴ）の加算率は改定前の介護職員処遇改善加算、介護職員等特定処遇改善加算、介護職員等ベースアップ等支援加算の組合わせにより14種類（2025年3月31日まで）

所定単位数は、基本報酬に各種加算減算を加えた総単位数　≪支給限度額管理の対象外≫

◆夜勤職員配置加算　1日につき24単位（24）を加算（(1)・(2)の場合）

①夜勤を行う看護・介護職員数が、利用者・入所者（「利用者等」）の数が41以上の施設では利用者等の数が20またはその端数を増すごとに1以上で、かつ2を超えている　②夜勤を行う看護・介護職員数が、利用者等の数が40以下の施設では利用者等の数が20またはその端数を増すごとに1以上で、かつ1を超えている

◆個別リハビリテーション実施加算　1日につき240単位（240）を加算（(1)(Ⅳ)・(2)(Ⅳ)を除く）

医師、看護職員、理学療法士、作業療法士または言語聴覚士等が共同して利用者ごとに個別リハビリテーション計画を作成し、その計画に基づき医師または医師の指示を受けた理学療法士、作業療法士、言語聴覚士が個別リハビリテーションを行った場合

介護 ◆認知症ケア加算　1日につき76単位（76）を加算（(1)の場合）

日常生活に支障をきたすおそれのある症状または行動が認められることから介護を必要と

する認知症の利用者に対して短期入所療養介護を行った場合

◆認知症行動・心理症状緊急対応加算

1日につき200単位（200）を加算（利用開始日から7日間まで）（(1)・(2) の場合）

医師が、認知症の行動・心理症状が認められるため、在宅生活が困難であり、緊急に（介護予防）短期入所療養介護を利用することが適当と判断した場合

介護◆緊急短期入所受入加算　1日につき90単位（90）を加算（7日間まで）

①別に厚生労働大臣が定める者に対し、ケアプランで計画的に行うことになっていない短期入所療養介護を緊急に行った場合　②利用者の状態や家族等の事情でケアマネジャーが緊急に短期入所療養介護を受けることが必要と認めた場合

※日常生活上の世話を行う家族の疾病等やむを得ない事情がある場合は14日を限度に算定

※認知症行動・心理症状緊急対応加算を算定している場合は算定しない

◆若年性認知症利用者受入加算

(1)・(2) の場合　1日につき120単位（120）を加算

介護 (3) の場合　1日につき60単位（60）を加算

※認知症行動・心理症状緊急対応加算を算定している場合は算定しない

介護◆重度療養管理加算

(1)（Ⅰ）・(2)（Ⅰ）の場合　1日につき120単位（120）を加算

(3) の場合　1日につき60単位（60）を加算

厚生労働大臣が定める以下①～⑨の利用者に、計画的な医学的管理を継続して行い、かつ、療養上必要な処置を行った場合に加算。要介護4～5に限る

①常時頻回の喀痰吸引　②呼吸障害等により人工呼吸器を使用　③中心静脈注射　④人工腎臓を実施、かつ重篤な合併症を有する　⑤重篤な心機能障害、呼吸障害等により常時モニター測定を実施　⑥膀胱または直腸の機能障害をきたし、かつストーマの処置を実施　⑦経鼻胃管や胃瘻等の経腸栄養　⑧褥瘡治療　⑨気管切開

◆在宅復帰・在宅療養支援機能加算

（Ⅰ）1日につき51単位（34）を加算（(1)（Ⅰ）(a)・(c)、(2)（Ⅰ）(a)・(c) の場合）

（Ⅱ）1日につき51単位（46）を加算（(1)（Ⅰ）(b)・(d)、(2)（Ⅰ）(b)・(d) の場合）

（Ⅰ）①在宅復帰・在宅療養支援等指標が40以上　②地域に貢献する活動を行っている

（Ⅱ）在宅復帰・在宅療養支援等指標が70以上

※在宅復帰・在宅療養支援等指標（「介護保健施設」参照）

◆利用者に対して送迎を行う場合　片道につき184単位（184）を加算

利用者の心身の状態、家族等の事情等から見て送迎を行うことが必要と認められる場合

【減算】

◆夜勤を行う職員の勤務条件基準を満たさない場合　所定単位数の97%（97%）で算定

◆利用者、入所者の合計数が入所定員を超える場合、または医師、理学療法士、作業療法士、言語聴覚士、看護・介護職員の員数が基準に満たない場合　所定単位数の70%（70%）で算定

◆常勤のユニットリーダーをユニット毎に配置していない等ユニットケアにおける体制が未整備である場合　所定単位数の97%（97%）で算定（(2) の場合）

◆身体拘束廃止未実施減算　所定単位数の99%で算定＜新設＞（2025年4月1日より）

◆高齢者虐待防止措置未実施減算　所定単位数の99%で算定＜新設＞

◆業務継続計画未策定減算　所定単位数の99%で算定＜新設＞

「感染症の予防及びまん延の防止のための指針」の整備、および非常災害に関する具体的計画の策定を行っている場合、2025年3月31日まで減算しない

◆療養型の面積が8㎡／人以上の場合　1日につき26単位を減算＜新設＞

（（Ⅰ）(c) (d)・（Ⅱ）(b)・（Ⅲ）(b)・（Ⅳ）(b) の場合）（2025年8月1日より）

「その他型」「療養型」介護老人保健施設の多床室の室料負担導入に伴い見直し

ロ　療養病床を有する病院における（介護予防）短期入所療養介護費

1日につき（　）内は旧単価	要支援1	要支援2	要介護1	要介護2	要介護3	要介護4	要介護5

（1）病院療養病床（介護予防）短期入所療養介護費

（Ⅰ）看護6:1　介護4:1

	要支援1	要支援2	要介護1	要介護2	要介護3	要介護4	要介護5
(ⅰ)〈従来型個室〉	547単位(536)	686単位(672)	723単位(708)	830単位(813)	1064単位(1042)	1163単位(1139)	1253単位(1227)
(ⅱ)〈療養機能強化型A　従来型個室〉	576単位(564)	716単位(701)	753単位(737)	866単位(848)	1109単位(1086)	1213単位(1188)	1306単位(1279)
(ⅲ)〈療養機能強化型B　従来型個室〉	566単位(554)	706単位(691)	742単位(727)	854単位(836)	1094単位(1071)	1196単位(1171)	1288単位(1261)
(ⅳ)〈多床室〉	606単位(593)	767単位(751)	831単位(814)	941単位(921)	1173単位(1149)	1273単位(1247)	1362単位(1334)
(ⅴ)〈療養機能強化型A　多床室〉	639単位(626)	801単位(784)	867単位(849)	980単位(960)	1224単位(1199)	1328単位(1300)	1421単位(1391)
(ⅵ)〈療養機能強化型B　多床室〉	627単位(614)	788単位(772)	855単位(837)	966単位(946)	1206単位(1181)	1307単位(1280)	1399単位(1370)

（Ⅱ）看護6:1　介護5:1

	要支援1	要支援2	要介護1	要介護2	要介護3	要介護4	要介護5
(ⅰ)〈従来型個室〉	515単位(504)	644単位(631)	666単位(652)	773単位(757)	933単位(914)	1086単位(1063)	1127単位(1104)
(ⅱ)〈療養機能強化型　従来型個室〉	530単位(519)	661単位(647)	681単位(667)	792単位(776)	955単位(935)	1111単位(1088)	1154単位(1130)
(ⅲ)〈多床室〉	575単位(563)	727単位(712)	775単位(759)	884単位(866)	1042単位(1020)	1196単位(1171)	1237単位(1211)
(ⅳ)〈療養機能強化型　多床室〉	593単位(581)	745単位(730)	795単位(778)	905単位(886)	1066単位(1044)	1224単位(1199)	1266単位(1240)

（Ⅲ）　看護6:1　介護6:1

	要支援1	要支援2	要介護1	要介護2	要介護3	要介護4	要介護5
(ⅰ)〈従来型個室〉	497単位(487)	621単位(608)	642単位(629)	754単位(738)	904単位(885)	1059単位(1037)	1100単位(1077)
(ⅱ)〈多床室〉	559単位(547)	705単位(690)	754単位(738)	864単位(846)	1014単位(993)	1170単位(1146)	1211単位(1186)

（2）病院療養病床経過型（介護予防）短期入所療養介護費

（Ⅰ）看護6:1　介護4:1

	要支援1	要支援2	要介護1	要介護2	要介護3	要介護4	要介護5
(ⅰ)〈従来型個室〉	557単位(545)	695単位(681)	732単位(717)	841単位(824)	992単位(971)	1081単位(1059)	1172単位(1148)
(ⅱ)〈多床室〉	616単位(603)	777単位(761)	843単位(825)	953単位(933)	1101単位(1078)	1193単位(1168)	1283単位(1256)

（Ⅱ）看護8:1　介護4:1

	要支援1	要支援2	要介護1	要介護2	要介護3	要介護4	要介護5
(ⅰ)〈従来型個室〉	557単位(545)	695単位(681)	732単位(717)	841単位(824)	950単位(930)	1041単位(1019)	1130単位(1107)
(ⅱ)〈多床室〉	616単位(603)	777単位(761)	843単位(825)	953単位(933)	1059単位(1037)	1149単位(1125)	1242単位(1216)

短期入所療養介護費

1日につき（ ）内は旧単価	要支援1	要支援2	要介護1	要介護2	要介護3	要介護4	要介護5

（3）ユニット型病院療養病床（介護予防）短期入所療養介護費

	要支援1	要支援2	要介護1	要介護2	要介護3	要介護4	要介護5
(Ⅰ)〈ユニット型個室〉	632単位 (619)	796単位 (779)	856単位 (838)	963単位 (943)	1197単位 (1172)	1296単位 (1269)	1385単位 (1356)
(Ⅱ)〈療養機能強化型A ユニット型個室〉	662単位 (648)	825単位 (808)	885単位 (867)	998単位 (977)	1242単位 (1216)	1345単位 (1317)	1438単位 (1408)
(Ⅲ)〈療養機能強化型B ユニット型個室〉	652単位 (638)	815単位 (798)	874単位 (856)	985単位 (965)	1226単位 (1201)	1328単位 (1300)	1419単位 (1390)
(Ⅳ)〈ユニット型個室的多床室〉	632単位 (619)	796単位 (779)	856単位 (838)	963単位 (943)	1197単位 (1172)	1296単位 (1269)	1385単位 (1356)
(Ⅴ)〈療養機能強化型A ユニット型個室的多床室〉	662単位 (648)	825単位 (808)	885単位 (867)	998単位 (977)	1242単位 (1216)	1345単位 (1317)	1438単位 (1408)
(Ⅵ)〈療養機能強化型B ユニット型個室的多床室〉	652単位 (638)	815単位 (798)	874単位 (856)	985単位 (965)	1226単位 (1201)	1328単位 (1300)	1419単位 (1390)

（4）ユニット型病院療養病床経過型（介護予防）短期入所療養介護費

	要支援1	要支援2	要介護1	要介護2	要介護3	要介護4	要介護5
(Ⅰ)〈ユニット型個室〉	632単位 (619)	796単位 (779)	856単位 (838)	963単位 (943)	1105単位 (1082)	1195単位 (1170)	1284単位 (1257)
(Ⅱ)〈ユニット型準個室〉	632単位 (619)	796単位 (779)	856単位 (838)	963単位 (943)	1105単位 (1082)	1195単位 (1170)	1284単位 (1257)

（5）特定病院療養病床短期入所療養介護費（介護のみ）	3時間以上4時間未満	4時間以上6時間未満	6時間以上8時間未満
	684単位 (670)	948単位 (928)	1316単位 (1289)

☆利用者が連続して30日以上（介護予防）短期入所療養介護を受けている場合、30日を超える日以降に受けた（介護予防）短期入所療養介護は算定しない

【加算】

◆口腔連携強化加算　1回につき50単位を加算<新設>（月1回まで）

事業所の職員が口腔の健康状態の評価を実施し、利用者の同意を得て歯科医療機関およびケアマネジャーへ評価結果の情報提供を行う。評価にあたっては、診療報酬の歯科訪問診療料（C000）の算定実績がある歯科医療機関の歯科医師または歯科医師の指示を受けた歯科衛生士が、当該職員からの相談等に対応する体制を確保し、その旨を文書等で取り決めていること

※以下のいずれかの場合は算定しない

・他サービスで口腔連携強化加算または口腔・栄養スクリーニング加算を算定（栄養状態のスクリーニングによる口腔・栄養スクリーニング加算（Ⅱ）の場合を除く）

・口腔状態の評価の結果、歯科医師または歯科衛生士が（介護予防）居宅療養管理指導を実施（初回の実施月を除く）

◆療養食加算　1回につき8単位（8）を加算（1日に3回まで）

①疾病治療の直接手段として、医師の発行する食事せんに基づき提供された適切な栄養量および内容を有する糖尿病食、腎臓病食、肝臓病食、胃潰瘍食、貧血食、膵臓病食、脂質異常症食、痛風食および特別な場合の検査食　②食事提供が管理栄養士または栄養士によって管理　③利用者の年齢・心身状況によって適切な栄養量・内容の食事を提供

◆認知症専門ケア加算　（Ⅰ）1日につき3単位（3）を加算
（Ⅱ）1日につき4単位（4）を加算

（Ⅰ）①利用者総数のうち認知症高齢者の日常生活自立度Ⅲ以上（以下「対象者」）が

50％以上　②認知症介護に係る専門的な研修を修了している者（別に厚生労働大臣が定める者を含む）を、対象者が20人未満の場合は1以上、対象者の数が20人以上の場合は1に、当該対象者の数が19を超えて10またはその端数を増すごとに1を加えて得た数以上を配置し、チームとして専門的な認知症ケアを実施　③職員に対して、認知症ケアに関する留意事項の伝達または技術的指導に係る会議を定期的に開催

（Ⅱ）①（Ⅰ）を満たす　②認知症介護の指導に係る専門的な研修を修了している者を1人以上配置し、事業所または施設全体の認知症ケアの指導等を実施　③介護職員、看護職員ごとの認知症ケアに関する研修計画を作成し、当該計画に従い、研修を実施または実施を予定

◆特定診療費　厚生労働大臣が定める単位数に10円を乗じた額を加算

≪支給限度額管理の対象外≫

◆生産性向上推進体制加算＜新設＞　（Ⅰ）1月につき100単位を加算
（Ⅱ）1月につき10単位を加算

※（Ⅰ）・（Ⅱ）は併算定不可

（Ⅰ）①利用者の安全、介護サービスの質の確保、職員の負担軽減に資する方策を検討する委員会にて、以下（一）～（四）について検討および実施の定期的な確認を行う（一）業務効率化、質向上、職員の負担軽減に資する機器（以下「介護機器」）を活用する場合の利用者の安全、ケアの質の確保（二）職員の負担軽減、勤務状況への配慮（三）介護機器の定期的な点検（四）業務効率化、質向上、職員の負担軽減をはかるための職員研修　②①の取組および介護機器の活用による業務効率化、質の確保、職員の負担軽減の実績がある　③介護機器を複数種類活用している　④①の委員会で職員の業務分担の明確化等による業務効率化、質の確保、負担軽減を検討・実施し、実施を定期的に確認　⑤事業年度ごとに①③④の取組による業務効率化、質の確保、職員の負担軽減の実績を厚生労働省へ報告

（Ⅱ）①（Ⅰ）①を満たす　②介護機器を活用している　③事業年度ごとに①②の取組による業務効率化、質の確保、職員の負担軽減の実績を厚生労働省へ報告

◆サービス提供体制強化加算　（Ⅰ）1日につき22単位（22）を加算
（Ⅱ）1日につき18単位（18）を加算
（Ⅲ）1日につき6単位（6）を加算

（Ⅰ）介護職員の総数のうち介護福祉士の割合が80％以上、または介護職員の総数のうち勤続10年以上の介護福祉士の割合が35％以上

（Ⅱ）介護職員の総数のうち介護福祉士の割合が60％以上

（Ⅲ）介護職員の総数のうち介護福祉士の割合が50％以上、または看護・介護職員の総数のうち常勤職員の割合が75％以上、もしくはサービスを直接提供する職員の総数のうち勤続7年以上の割合が30％以上　≪支給限度額管理の対象外≫

◆介護職員等処遇改善加算＜新設＞　（Ⅰ）所定単位数の5.1％を加算
（2024年6月1日より）　（Ⅱ）所定単位数の4.7％を加算
（Ⅲ）所定単位数の3.6％を加算
（Ⅳ）所定単位数の2.9％を加算
（Ⅴ）所定単位数の1.5～4.6％を加算（※）

（※）（Ⅴ）の加算率は改定前の介護職員処遇改善加算、介護職員等特定処遇改善加算、介護職員等ベースアップ等支援加算の組合わせにより14種類（2025年3月31日まで）

所定単位数は、基本報酬に各種加算減算を加えた総単位数　≪支給限度額管理の対象外≫

◆夜間勤務等看護　（Ⅰ）1日につき23単位（23）を加算
（Ⅱ）1日につき14単位（14）を加算
（Ⅲ）1日につき14単位（14）を加算
（Ⅳ）1日につき7単位（7）を加算

（（Ⅰ）～（Ⅳ）いずれも（1）～（4）の場合）

短期入所療養介護費

（Ⅰ）①夜勤看護職員数が利用者数および入院患者数の合計数が15またはその端数を増すごとに1以上で、かつ2以上　②夜勤を行う看護職員の1人あたりの月平均夜勤時間数が72時間以下
（Ⅱ）①夜勤看護職員数が利用者数および入院患者数の合計数が20またはその端数を増すごとに1以上で、かつ2以上　②（Ⅰ）②に該当
（Ⅲ）①夜勤看護・介護職員数が利用者数および入院患者数の合計数が15またはその端数を増すごとに1以上で、かつ2以上　②夜勤看護職員数が1以上　③夜勤看護・介護職員の1人あたりの月平均夜勤時間数が72時間以下
（Ⅳ）①夜勤看護職員・介護職員数が利用者数および入院患者数の合計数が20またはその端数を増すごとに1以上で、かつ2以上　②（Ⅲ）②・③に該当
※ユニット型においても同様の基準

◆認知症行動・心理症状緊急対応加算
1日につき200単位（200）を加算（利用開始日から7日間まで）（(1)～(4)の場合）
医師が、認知症の行動・心理症状が認められるため、在宅生活が困難であり、緊急に（介護予防）短期入所療養介護を利用することが適当と判断した場合

介護◆緊急短期入所受入加算　1日につき90単位（90）を加算（7日間まで）
①別に厚生労働大臣が定める者に対し、ケアプランで計画的に行うことになっていない短期入所療養介護を緊急に行った場合　②利用者の状態や家族等の事情でケアマネジャーが緊急に短期入所療養介護を受けることが必要と認めた場合
※日常生活上の世話を行う家族の疾病等やむを得ない事情がある場合は14日を限度に算定
※認知症行動・心理症状緊急対応加算を算定している場合は算定しない

◆若年性認知症利用者受入加算
(1)～(4)の場合　1日につき120単位（120）を加算
介護 (5)の場合　1日につき60単位（60）を加算
※認知症行動・心理症状緊急対応加算を算定している場合は算定しない

◆利用者に対して送迎を行う場合　片道につき184単位（184）を加算
利用者の心身の状態、家族等の事情等から見て送迎を行うことが必要と認められる場合

【減算】
◆夜勤を行う職員の勤務条件基準を満たさない場合　25単位（25）を減算
◆利用者、入院患者の合計数が入院患者定員を超える場合
所定単位数の70%（70%）で算定
または看護・介護職員数が基準に満たない場合
所定単位数の70%（70%）で算定（(1)（Ⅰ）（Ⅱ）・(2)（Ⅰ）を除く）
または看護師数が基準の20%未満の場合
所定単位数の90%（90%）で算定（(1)（Ⅰ）（Ⅱ）・(2)（Ⅰ）を除く）
または僻地の医師確保計画を届出たもので、医師の数が基準の60%未満の場合　12単位（12）を減算
または僻地の医師確保計画を届出たもの以外で、医師の数が基準の60%未満の場合　所定単位数の90%（90%）で算定（(1)（Ⅰ）（Ⅱ）・(2)（Ⅰ）を除く）
◆常勤のユニットリーダーをユニット毎に配置していない等ユニットケアにおける体制が未整備の場合　所定単位数の97%（97%）で算定（(3)・(4)の場合）
◆身体拘束廃止未実施減算　所定単位数の99%で算定<新設>（2025年4月1日より）
◆高齢者虐待防止措置未実施減算　所定単位数の99%で算定<新設>
◆業務継続計画未策定減算　所定単位数の99%で算定<新設>
「感染症の予防及びまん延の防止のための指針」の整備、および非常災害に関する具体的計画の策定を行っている場合、2025年3月31日まで減算しない

◆廊下幅が設備基準を満たさない場合（病院療養病床療養環境減算）
　1 日につき 25 単位（25）を減算
◆医師の配置について医療法施行規則第 49 条の規定が適用されている場合
　1 日につき 12 単位（12）を減算

ハ　診療所における（介護予防）短期入所療養介護費

1日につき（　）内は旧単価	要支援1	要支援2	要介護1	要介護2	要介護3	要介護4	要介護5
(1) 診療所(介護予防) 短期入所療養介護費							
(Ⅰ) 看護6:1　介護6:1							
(ⅰ)〈従来型個室〉	530単位 (519)	666単位 (652)	705単位 (690)	756単位 (740)	806単位 (789)	857単位 (839)	908単位 (889)
(ⅱ)〈療養機能強化型A　従来型個室〉	559単位 (547)	693単位 (679)	732単位 (717)	786単位 (770)	839単位 (822)	893単位 (874)	946単位 (926)
(ⅲ)〈療養機能強化型B　従来型個室〉	549単位 (538)	684単位 (670)	723単位 (708)	775単位 (759)	827単位 (810)	879単位 (861)	932単位 (913)
(ⅳ)〈多床室〉	589単位 (577)	747単位 (731)	813単位 (796)	864単位 (846)	916単位 (897)	965単位 (945)	1016単位 (995)
(ⅴ)〈療養機能強化型A　多床室〉	623単位 (610)	780単位 (764)	847単位 (829)	901単位 (882)	954単位 (934)	1006単位 (985)	1059単位 (1037)
(ⅵ)〈療養機能強化型B　多床室〉	612単位 (599)	769単位 (753)	835単位 (818)	888単位 (870)	941単位 (921)	992単位 (971)	1045単位 (1023)
(Ⅱ) 看護･介護3:1							
(ⅰ)〈従来型個室〉	471単位 (461)	588単位 (576)	624単位 (611)	670単位 (656)	715単位 (700)	762単位 (746)	807単位 (790)
(ⅱ)〈多床室〉	537単位 (526)	678単位 (664)	734単位 (719)	779単位 (763)	825単位 (808)	871単位 (853)	917単位 (898)
(2) ユニット型診療所(介護予防) 短期入所療養介護費							
(Ⅰ)〈ユニット型個室〉	616単位 (603)	775単位 (759)	835単位 (818)	887単位 (869)	937単位 (918)	988単位 (967)	1039単位 (1017)
(Ⅰ)〈療養機能強化型A　ユニット型個室〉	643単位 (630)	804単位 (787)	864単位 (846)	918単位 (899)	970単位 (950)	1022単位 (1001)	1076単位 (1054)
(Ⅱ)〈療養機能強化型B　ユニット型個室〉	634単位 (621)	793単位 (777)	854単位 (836)	907単位 (888)	959単位 (939)	1010単位 (989)	1062単位 (1040)
(Ⅳ)〈ユニット型個室的多床室〉	616単位 (603)	775単位 (759)	835単位 (818)	887単位 (869)	937単位 (918)	988単位 (967)	1039単位 (1017)
(Ⅴ)〈療養機能強化型A　ユニット型個室的多床室〉	643単位 (630)	804単位 (787)	864単位 (846)	918単位 (899)	970単位 (950)	1022単位 (1001)	1076単位 (1054)
(Ⅵ)〈療養機能強化型B　ユニット型個室的多床室〉	634単位 (621)	793単位 (777)	854単位 (836)	907単位 (888)	959単位 (939)	1010単位 (989)	1062単位 (1040)

(3) 特定診療所短期入所療養介護費(1日につき)(介護のみ)	3時間以上4時間未満	4時間以上6時間未満	6時間以上8時間未満
	684単位 (670)	948単位 (928)	1316単位 (1289)

☆利用者が連続して 30 日以上（介護予防）短期入所療養介護を受けている場合、30 日を超える日以降に受けた（介護予防）短期入所療養介護は算定しない

短期入所療養介護費

【加算】

◆口腔連携強化加算　1回につき50単位を加算＜新設＞（月1回まで）

事業所の職員が口腔の健康状態の評価を実施し、利用者の同意を得て歯科医療機関およびケアマネジャーへ評価結果の情報提供を行う。評価にあたっては、診療報酬の歯科訪問診療料（C000）の算定実績がある歯科医療機関の歯科医師または歯科医師の指示を受けた歯科衛生士が、当該職員からの相談等に対応する体制を確保し、その旨を文書等で取り決めていること

※以下のいずれかの場合は算定しない

・他サービスで口腔連携強化加算または口腔・栄養スクリーニング加算を算定（栄養状態のスクリーニングによる口腔・栄養スクリーニング加算（Ⅱ）の場合を除く）

・口腔状態の評価の結果、歯科医師または歯科衛生士が（介護予防）居宅療養管理指導を実施（初回の実施月を除く）

◆療養食加算　1回につき8単位（8）を加算（1日に3回まで）

①疾病治療の直接手段として、医師の発行する食事せんに基づき提供された適切な栄養量および内容を有する糖尿病食、腎臓病食、肝臓病食、胃潰瘍食、貧血食、膵臓病食、脂質異常症食、痛風食および特別な場合の検査食　②食事提供が管理栄養士または栄養士によって管理　③利用者の年齢・心身状況によって適切な栄養量・内容の食事を提供

◆認知症専門ケア加算　（Ⅰ）1日につき3単位（3）を加算
（Ⅱ）1日につき4単位（4）を加算

（Ⅰ）①利用者総数のうち認知症高齢者の日常生活自立度Ⅲ以上（以下「対象者」）が50%以上　②認知症介護に係る専門的な研修を修了している者（別に厚生労働大臣が定める者を含む）を、対象者が20人未満の場合は1以上、対象者の数が20人以上の場合は1に、当該対象者の数が19を超えて10またはその端数を増すごとに1を加えて得た数以上を配置し、チームとして専門的な認知症ケアを実施　③従業者に対して、認知症ケアに関する留意事項の伝達または技術的指導に係る会議を定期的に開催

（Ⅱ）①（Ⅰ）を満たす　②認知症介護の指導に係る専門的な研修を修了している者を1人以上配置し、事業所または施設全体の認知症ケアの指導等を実施　③介護職員、看護職員ごとの認知症ケアに関する研修計画を作成し、当該計画に従い、研修を実施または実施を予定

◆特定診療費　厚生労働大臣が定める単位数に10円を乗じた額を加算

≪支給限度額管理の対象外≫

◆生産性向上推進体制加算＜新設＞　（Ⅰ）1月につき100単位を加算
（Ⅱ）1月につき10単位を加算

※（Ⅰ）・（Ⅱ）は併算定不可

（Ⅰ）①利用者の安全、介護サービスの質の確保、職員の負担軽減に資する方策を検討する委員会にて、以下（一）～（四）について検討および実施の定期的な確認を行う（一）業務効率化、質向上、職員の負担軽減に資する機器（以下「介護機器」）を活用する場合の利用者の安全、ケアの質の確保（二）職員の負担軽減、勤務状況への配慮（三）介護機器の定期的な点検（四）業務効率化、質向上、職員の負担軽減をはかるための職員研修　②①の取組および介護機器の活用による業務効率化、質の確保、職員の負担軽減の実績がある　③介護機器を複数種類活用している　④①の委員会で職員の業務分担の明確化等による業務効率化、質の確保、負担軽減を検討・実施し、実施を定期的に確認　⑤事業年度ごとに①③④の取組による業務効率化、質の確保、職員の負担軽減の実績を厚生労働省へ報告

（Ⅱ）①（Ⅰ）①を満たす　②介護機器を活用している　③事業年度ごとに①②の取組による業務効率化、質の確保、職員の負担軽減の実績を厚生労働省へ報告

◆サービス提供体制強化加算　（Ⅰ）1日につき22単位（22）を加算

（Ⅱ）1日につき18単位（18）を加算
（Ⅲ）1日につき6単位（6）を加算

（Ⅰ）介護職員の総数のうち介護福祉士の割合が80％以上、または介護職員の総数のうち勤続10年以上の介護福祉士の割合が35％以上

（Ⅱ）介護職員の総数のうち介護福祉士の割合が60％以上

（Ⅲ）介護職員の総数のうち介護福祉士の割合が50％以上、または看護・介護職員の総数のうち常勤職員の割合が75％以上、もしくはサービスを直接提供する職員の総数のうち勤続7年以上の割合が30％以上　≪支給限度額管理の対象外≫

◆介護職員等処遇改善加算＜新設＞（2024年6月1日より）
（Ⅰ）所定単位数の5.1％を加算
（Ⅱ）所定単位数の4.7％を加算
（Ⅲ）所定単位数の3.6％を加算
（Ⅳ）所定単位数の2.9％を加算
（Ⅴ）所定単位数の1.5～4.6％を加算（※）

（※）（Ⅴ）の加算率は改定前の介護職員処遇改善加算、介護職員等特定処遇改善加算、介護職員等ベースアップ等支援加算の組合わせにより14種類（2025年3月31日まで）

所定単位数は、基本報酬に各種加算減算を加えた総単位数　≪支給限度額管理の対象外≫

◆認知症行動・心理症状緊急対応加算
1日につき200単位（200）を加算（利用開始日から7日間まで）（(1)～(4)の場合）

医師が、認知症の行動・心理症状が認められるため、在宅生活が困難であり、緊急に（介護予防）短期入所療養介護を利用することが適当と判断した場合

介護◆緊急短期入所受入加算　1日につき90単位（90）を加算（7日間まで）

①別に厚生労働大臣が定める者に対し、ケアプランで計画的に行うことになっていない短期入所療養介護を緊急に行った場合　②利用者の状態や家族等の事情でケアマネジャーが緊急に短期入所療養介護を受けることが必要と認めた場合

※日常生活上の世話を行う家族の疾病等やむを得ない事情がある場合は14日を限度に算定
※認知症行動・心理症状緊急対応加算を算定している場合は算定しない

◆若年性認知症利用者受入加算
(1)～(4)の場合　1日につき120単位（120）を加算
介護 (5)の場合　1日につき60単位（60）を加算

※認知症行動・心理症状緊急対応加算を算定している場合は算定しない

◆利用者に対して送迎を行う場合　片道につき184単位（184）を加算

利用者の心身の状態、家族等の事情等から見て送迎を行うことが必要と認められる場合

【減算】

◆利用者、入院患者の合計数が入院患者定員を超える場合
所定単位数の70％（70％）で算定

◆常勤のユニットリーダーをユニット毎に配置していない等ユニットケアにおける体制が未整備である場合　所定単位数の97％（97％）で算定（(2)の場合）

◆身体拘束廃止未実施減算　所定単位数の99％で算定＜新設＞（2025年4月1日より）

◆高齢者虐待防止措置未実施減算　所定単位数の99％で算定＜新設＞

◆業務継続計画未策定減算　所定単位数の99％で算定＜新設＞

「感染症の予防及びまん延の防止のための指針」の整備、および非常災害に関する具体的計画の策定を行っている場合、2025年3月31日まで減算しない

◆廊下幅が設備基準を満たさない場合（診療所設備基準減算）
1日につき60単位（60）を減算

◆食堂を有しない場合　1日につき25単位（25）を減算

短期入所療養介護費

ホ　介護医療院における（介護予防）短期入所療養介護費

1日につき（　）内は旧単価	要支援1	要支援2	要介護1	要介護2	要介護3	要介護4	要介護5
(1) Ⅰ型介護医療院（介護予防）短期入所療養介護費							
（Ⅰ）							
（ⅰ）〈従来型個室〉	603単位 (590)	741単位 (726)	778単位 (762)	893単位 (874)	1136単位 (1112)	1240単位 (1214)	1333単位 (1305)
（ⅱ）〈多床室〉	666単位 (652)	827単位 (810)	894単位 (875)	1006単位 (985)	1250単位 (1224)	1353単位 (1325)	1446単位 (1416)
（Ⅱ）							
（ⅰ）〈従来型個室〉	591単位 (579)	731単位 (716)	768単位 (752)	879単位 (861)	1119単位 (1096)	1222単位 (1197)	1314単位 (1287)
（ⅱ）〈多床室〉	654単位 (640)	815単位 (798)	880単位 (862)	993単位 (972)	1233単位 (1207)	1334単位 (1306)	1426単位 (1396)
（Ⅲ）							
（ⅰ）〈従来型個室〉	575単位 (563)	715単位 (700)	752単位 (736)	863単位 (845)	1103単位 (1080)	1205単位 (1180)	1297単位 (1270)
（ⅱ）〈多床室〉	636単位 (623)	798単位 (781)	864単位 (846)	975単位 (955)	1215単位 (1190)	1317単位 (1290)	1409単位 (1380)
(2) Ⅱ型介護医療院（介護予防）短期入所療養介護費							
（Ⅰ）							
（ⅰ）〈従来型個室〉	574単位 (562)	703単位 (688)	731単位 (716)	829単位 (812)	1044単位 (1022)	1135単位 (1111)	1217単位 (1192)
（ⅱ）〈多床室〉	637単位 (624)	787単位 (771)	846単位 (828)	945単位 (925)	1157単位 (1133)	1249単位 (1223)	1331単位 (1303)
（Ⅱ）							
（ⅰ）〈従来型個室〉	558単位 (546)	685単位 (671)	715単位 (700)	813単位 (796)	1027単位 (1006)	1117単位 (1094)	1200単位 (1175)
（ⅱ）〈多床室〉	621単位 (608)	771単位 (755)	828単位 (811)	927単位 (908)	1141単位 (1117)	1233単位 (1207)	1314単位 (1287)
（Ⅲ）							
（ⅰ）〈従来型個室〉	546単位 (535)	674単位 (660)	704単位 (689)	802単位 (785)	1015単位 (994)	1106単位 (1083)	1188単位 (1163)
（ⅱ）〈多床室〉	610単位 (597)	760単位 (744)	817単位 (800)	916単位 (897)	1129単位 (1106)	1221単位 (1196)	1302単位 (1275)
(3) 特別介護医療院（介護予防）短期入所療養介護費							
（Ⅰ）Ⅰ型特別介護医療院							
（ⅰ）〈従来型個室〉	547単位 (536)	679単位 (665)	717単位 (702)	821単位 (804)	1051単位 (1029)	1147単位 (1123)	1236単位 (1210)
（ⅱ）〈多床室〉	606単位 (593)	759単位 (743)	822単位 (805)	929単位 (910)	1156単位 (1132)	1254単位 (1228)	1341単位 (1313)
（Ⅱ）Ⅱ型特別医療院（介護予防）短期入所療養介護費							
（ⅰ）〈従来型個室〉	521単位 (510)	642単位 (629)	670単位 (656)	764単位 (748)	967単位 (947)	1054単位 (1032)	1132単位 (1108)
（ⅱ）〈多床室〉	581単位 (569)	724単位 (709)	778単位 (762)	873単位 (855)	1076単位 (1054)	1161単位 (1137)	1240単位 (1214)

短期入所療養介護費

(4) ユニット型Ⅰ型(介護予防) 短期入所療養介護費

（Ⅰ）

1日につき（ ）内は旧単価	要支援1	要支援2	要介護1	要介護2	要介護3	要介護4	要介護5
(ⅰ)〈ユニット型個室〉	687単位 (673)	852単位 (834)	911単位 (892)	1023単位 (1002)	1268単位 (1242)	1371単位 (1343)	1464単位 (1434)
(ⅱ)〈ユニット型準個室〉	687単位 (673)	852単位 (834)	911単位 (892)	1023単位 (1002)	1268単位 (1242)	1371単位 (1343)	1464単位 (1434)

（Ⅱ）

1日につき（ ）内は旧単価	要支援1	要支援2	要介護1	要介護2	要介護3	要介護4	要介護5
(ⅰ)〈ユニット型個室〉	677単位 (663)	841単位 (824)	901単位 (882)	1011単位 (990)	1252単位 (1226)	1353単位 (1325)	1445単位 (1415)
(ⅱ)〈ユニット型準個室〉	677単位 (663)	841単位 (824)	901単位 (882)	1011単位 (990)	1252単位 (1226)	1353単位 (1325)	1445単位 (1415)

(5) ユニット型Ⅱ型介護医療院(介護予防) 短期入所療養介護費

1日につき（ ）内は旧単価	要支援1	要支援2	要介護1	要介護2	要介護3	要介護4	要介護5
(ⅰ)〈ユニット型個室〉	703単位 (688)	856単位 (838)	910単位 (891)	1014単位 (993)	1241単位 (1215)	1337単位 (1309)	1424単位 (1394)
(ⅱ)〈ユニット型準個室〉	703単位 (688)	856単位 (838)	910単位 (891)	1014単位 (993)	1241単位 (1215)	1337単位 (1309)	1424単位 (1394)

(6) ユニット型特別介護医療院(介護予防) 短期入所療養介護費

（Ⅰ）ユニットⅠ型特別介護医療院

1日につき（ ）内は旧単価	要支援1	要支援2	要介護1	要介護2	要介護3	要介護4	要介護5
(ⅰ)〈ユニット型個室〉	643単位 (630)	799単位 (782)	859単位 (841)	963単位 (943)	1193単位 (1168)	1289単位 (1262)	1376単位 (1347)
(ⅱ)〈ユニット型準個室〉	643単位 (630)	799単位 (782)	859単位 (841)	963単位 (943)	1193単位 (1168)	1289単位 (1262)	1376単位 (1347)

（Ⅱ）ユニット型Ⅱ型特別介護医療院

1日につき（ ）内は旧単価	要支援1	要支援2	要介護1	要介護2	要介護3	要介護4	要介護5
(ⅰ)〈ユニット型個室〉	670単位 (656)	814単位 (797)	867単位 (849)	966単位 (946)	1181単位 (1156)	1273単位 (1247)	1354単位 (1326)
(ⅱ)〈ユニット型準個室〉	670単位 (656)	814単位 (797)	867単位 (849)	966単位 (946)	1181単位 (1156)	1273単位 (1247)	1354単位 (1326)

(7) 特定介護医療院短期入所療養介護費（1日につき）（介護のみ）	3時間以上4時間未満	4時間以上6時間未満	6時間以上8時間未満
	684単位 (670)	948単位 (928)	1316単位 (1289)

☆利用者が連続して30日以上（介護予防）短期入所療養介護を受けている場合、30日を超える日以降に受けた（介護予防）短期入所療養介護は算定しない

【加算】

◆口腔連携強化加算　1回につき50単位を加算＜新設＞（月1回まで）

事業所の職員が口腔の健康状態の評価を実施し、利用者の同意を得て歯科医療機関およびケアマネジャーへ評価結果の情報提供を行う。評価にあたっては、診療報酬の歯科訪問診療料（C000）の算定実績がある歯科医療機関の歯科医師または歯科医師の指示を受けた歯科衛生士が、当該職員からの相談等に対応する体制を確保し、その旨を文書等で取り決めていること

※以下のいずれかの場合は算定しない

・他サービスで口腔連携強化加算または口腔・栄養スクリーニング加算を算定（栄養状態のスクリーニングによる口腔・栄養スクリーニング加算（Ⅱ）の場合を除く）

短期入所療養介護費

・口腔状態の評価の結果、歯科医師または歯科衛生士が（介護予防）居宅療養管理指導を実施（初回の実施月を除く）

◆療養食加算　1回につき8単位（8）を加算（1日に3回まで）

①疾病治療の直接手段として、医師の発行する食事せんに基づき提供された適切な栄養量および内容を有する糖尿病食、腎臓病食、肝臓病食、胃潰瘍食、貧血食、膵臓病食、脂質異常症食、痛風食および特別な場合の検査食　②食事提供が管理栄養士または栄養士によって管理　③利用者の年齢・心身状況によって適切な栄養量・内容の食事を提供

◆緊急時施設診療費

（一）緊急時治療管理　1日につき518単位（518）を算定（月1回・3日を限度）

（二）特定治療　医科診療報酬点数表に定める点数に10円を乗じて得た額を算定

（一）利用者の病状が重篤となり救命救急医療が必要となる場合に緊急的な治療管理としての投薬、検査、注射、処置等を行った場合　（二）高齢者の医療の確保に関する法律に規定するリハビリテーション、処置、手術、麻酔または放射線治療を行った場合

≪支給限度額管理の対象外≫

◆認知症専門ケア加算　（Ⅰ）1日につき3単位（3）を加算
（Ⅱ）1日につき4単位（4）を加算

（Ⅰ）①利用者総数のうち認知症高齢者の日常生活自立度Ⅲ以上（以下「対象者」）が50％以上　②認知症介護に係る専門的な研修を修了している者（別に厚生労働大臣が定める者を含む）を、対象者が20人未満の場合は1以上、対象者の数が20人以上の場合は1に、当該対象者の数が19を超えて10またはその端数を増すごとに1を加えて得た数以上を配置し、チームとして専門的な認知症ケアを実施　③従業者に対して、認知症ケアに関する留意事項の伝達または技術的指導に係る会議を定期的に開催

（Ⅱ）①（Ⅰ）を満たす　②認知症介護の指導に係る専門的な研修を修了している者を1人以上配置し、事業所または施設全体の認知症ケアの指導等を実施　③介護職員、看護職員ごとの認知症ケアに関する研修計画を作成し、当該計画に従い、研修を実施または実施を予定

介護 **◆重度認知症疾患療養体制加算**

（Ⅰ）　要介護1～2　1日につき140単位（140）を加算
要介護3～5　1日につき40単位（40）を加算
（Ⅱ）　要介護1～2　1日につき200単位（200）を加算
要介護3～5　1日につき100単位（100）を加算

（Ⅰ）①看護職員の数が常勤換算で、入所者等の数が4またはその端数を増すごとに1以上。そのうち入所者等の数を4で除した数（その数が1に満たないときは、1とし、その数に1に満たない端数が生じるときはこれを切り上げる）から入所者等の数を6で除した数（その数が1に満たない端数が生じるときはこれを切り上げる）を減じた数の範囲内で介護職員とすることができる　②専任の精神保健福祉士および理学療法士、作業療法士または言語聴覚士を各1人以上配置し、各職種が共同して入所者等に対し介護医療院短期入所療養介護を提供　③入所者等が全て認知症の者であり、届出月の前3月において日常生活自立度Ⅲb以上に該当する入所者の割合が50％以上　④近隣の精神科病院と連携し、当該精神科病院が必要に応じた入院体制、週4日以上の診察体制を確保　⑤届出月の前3月間に身体拘束廃止未実施減算を算定していない

（Ⅱ）①（Ⅰ）①・④・⑤を満たす　②専任の精神保健福祉士および作業療法士を各1人以上配置し、各職種が共同して入所者等に対し介護医療院短期入所療養介護を提供　③60㎡以上の床面積を有し、専用の器械および器具を備えた生活機能回復訓練室を有している　④入所者等が全て認知症の者であり、届出月の前3月において日常生活自立度Ⅳ以上に該当する入所者の割合が50％以上

◆特別診療費　厚生労働大臣が定める単位数に10円を乗じた額を加算（(3)・(6) を除く）
≪支給限度額管理の対象外≫

◆生産性向上推進体制加算＜新設＞　（Ⅰ）1月につき100単位を加算
（Ⅱ）1月につき10単位を加算
※（Ⅰ）・（Ⅱ）は併算定不可

（Ⅰ）①利用者の安全、介護サービスの質の確保、職員の負担軽減に資する方策を検討する委員会にて、以下（一）～（四）について検討および実施の定期的な確認を行う（一）業務効率化、質向上、職員の負担軽減に資する機器（以下「介護機器」）を活用する場合の利用者の安全、ケアの質の確保（二）職員の負担軽減、勤務状況への配慮（三）介護機器の定期的な点検（四）業務効率化、質向上、職員の負担軽減をはかるための職員研修　②①の取組および介護機器の活用による業務効率化、質の確保、職員の負担軽減の実績がある　③介護機器を複数種類活用している　④①の委員会で職員の業務分担の明確化等による業務効率化、質の確保、負担軽減を検討・実施し、実施を定期的に確認　⑤事業年度ごとに①③④の取組による業務効率化、質の確保、職員の負担軽減の実績を厚生労働省へ報告

（Ⅱ）①（Ⅰ）①を満たす　②介護機器を活用している　③事業年度ごとに①②の取組による業務効率化、質の確保、職員の負担軽減の実績を厚生労働省へ報告

◆サービス提供体制強化加算　（Ⅰ）1日につき22単位（22）を加算
（Ⅱ）1日につき18単位（18）を加算
（Ⅲ）1日につき6単位（6）を加算

（Ⅰ）介護職員の総数のうち介護福祉士の割合が80％以上、または介護職員の総数のうち勤続10年以上の介護福祉士の割合が35％以上

（Ⅱ）介護職員の総数のうち介護福祉士の割合が60％以上

（Ⅲ）介護職員の総数のうち介護福祉士の割合が50％以上、または看護・介護職員の総数のうち常勤職員の割合が75％以上、もしくはサービスを直接提供する職員の総数のうち勤続7年以上の割合が30％以上
≪支給限度額管理の対象外≫

◆介護職員等処遇改善加算＜新設＞　（Ⅰ）所定単位数の5.1％を加算
（2024年6月1日より）　（Ⅱ）所定単位数の4.7％を加算
（Ⅲ）所定単位数の3.6％を加算
（Ⅳ）所定単位数の2.9％を加算
（Ⅴ）所定単位数の1.5～4.6％を加算（※）

（※）（Ⅴ）の加算率は改定前の介護職員処遇改善加算、介護職員等特定処遇改善加算、介護職員等ベースアップ等支援加算の組合わせにより14種類（2025年3月31日まで）

所定単位数は、基本報酬に各種加算減算を加えた総単位数　≪支給限度額管理の対象外≫

◆夜間勤務等看護　（Ⅰ）1日につき23単位（23）を加算
（Ⅱ）1日につき14単位（14）を加算
（Ⅲ）1日につき14単位（14）を加算
（Ⅳ）1日につき7単位（7）を加算
（（Ⅰ）～（Ⅳ）いずれも（1）～（6）の場合）

（Ⅰ）①夜勤看護職員数が利用者数および入院患者数の合計数が15またはその端数を増すごとに1以上で、かつ2以上　②夜勤を行う看護職員の1人あたりの月平均夜勤時間数が72時間以下

（Ⅱ）①夜勤看護職員数が利用者数および入院患者数の合計数が20またはその端数を増すごとに1以上で、かつ2以上　②（Ⅰ）②に該当

（Ⅲ）①夜勤看護・介護職員数が利用者数および入院患者数の合計数が15またはその端数を増すごとに1以上で、かつ2以上　②夜勤看護職員数が1以上　③夜勤看護・介護職員の1人あたりの月平均夜勤時間数が72時間以下

短期入所療養介護費

（Ⅳ）①夜勤看護職員・介護職員数が利用者数および入院患者数の合計数が20またはその端数を増すごとに1以上で、かつ2以上　②（Ⅲ）②・③に該当
※ユニット型においても同様の基準

◆認知症行動・心理症状緊急対応加算
1日につき200単位（200）を加算（利用開始日から7日間まで）（(7)を除く）
医師が、認知症の行動・心理症状が認められるため、在宅生活が困難であり、緊急に（介護予防）短期入所療養介護を利用することが適当と判断した場合

介護 **◆緊急短期入所受入加算　1日につき90単位（90）を加算（7日間まで）**
①別に厚生労働大臣が定める者に対し、ケアプランで計画的に行うことになっていない短期入所療養介護を緊急に行った場合　②利用者の状態や家族等の事情でケアマネジャーが緊急に短期入所療養介護を受けることが必要と認めた場合
※日常生活上の世話を行う家族の疾病等やむを得ない事情がある場合は14日を限度に算定
※認知症行動・心理症状緊急対応加算を算定している場合は算定しない

◆若年性認知症利用者受入加算
(1)～(6)の場合　1日につき120単位（120）を加算
介護 **(7)の場合　1日につき60単位（60）を加算**
※認知症行動・心理症状緊急対応加算を算定している場合は算定しない

◆利用者に対して送迎を行う場合　　片道につき184単位（184）を加算
利用者の心身の状態、家族等の事情等から見て送迎を行うことが必要と認められる場合

【減算】
◆夜勤を行う職員の勤務条件基準を満たさない場合　1日につき25単位（25）を減算
◆利用者、入所者の合計数が入所定員を超える場合、または医師、薬剤師、看護・介護職員の員数が基準に満たない場合　所定単位数の70%（70%）で算定
◆または看護師の数が基準の20%未満の場合
所定単位数の90%（90%）で算定（(1)（Ⅲ）・(3)（Ⅰ）・(4)（Ⅱ）・(6)（Ⅰ）の場合）
◆常勤のユニットリーダーをユニット毎に配置していない等ユニットケアにおける体制が未整備である場合　所定単位数の97%（97%）で算定（(4)・(5)・(6)の場合）
◆身体拘束廃止未実施減算　所定単位数の99%で算定＜新設＞（2025年4月1日より）
◆高齢者虐待防止措置未実施減算　所定単位数の99%で算定＜新設＞
◆業務継続計画未策定減算　所定単位数の99%で算定＜新設＞
「感染症の予防及びまん延の防止のための指針」の整備、および非常災害に関する具体的計画の策定を行っている場合、2025年3月31日まで減算しない
◆療養環境の基準（廊下）を満たさない場合　1日につき25単位（25）を減算
◆療養環境の基準（療養室）を満たさない場合　1日につき25単位（25）を減算
◆療養室の面積が8㎡／人以上の場合　1日につき26単位を減算＜新設＞
（(2)（Ⅱ）（ⅱ）・（Ⅱ）（ⅱ）・（Ⅲ）（ⅱ）・(3)（Ⅱ）（ⅱ）の場合）（2025年8月1日より）
Ⅱ型介護医療院の多床室の室料負担導入に伴い見直し

10 （介護予防）特定施設入居者生活介護費

人員・設備基準等

○人員

管理者	専従1人（支障がない場合は、施設内、同一敷地内の施設の他職務に従事可）
生活相談員	利用者：職員=100：1（1人以上は常勤）
看護職員・介護職員	利用者：職員=3：1（要支援の場合は10：1） 生産性向上に先進的に取り組む場合は3：0.9（要支援の場合10：0.9）（※）
看護職員 （看護師・准看護師）	・利用者30人以下の場合　1人以上（1人以上は常勤） ・利用者31人以上の場合　利用者50人ごとに1人（1人以上は常勤）
介護職員	1人以上（要支援者に対しては、宿直時間帯は例外）
機能訓練指導員	1人以上（兼務可）
計画作成担当者 （ケアマネジャー）	専従1人以上（支障がない場合は、施設内の他職務に従事可）

○設備・備品

建物	耐火建築物・準耐火建築物
居室	①原則個室②プライバシー保護③介護を行うために適当な広さ ④地階設置の禁止⑤避難上有効な出入口の確保
一時介護室	介護を行うために適当な広さ
浴室	身体の不自由な者が入浴するのに適したもの
便所	居室のある階ごとに設置し、非常用設備を備えている
食堂	機能を十分に発揮し得る適当な広さを有する
機能訓練室	
バリアフリー	利用者が車椅子で円滑に移動することが可能な空間と構造を有する
防災	消火設備その他の非常災害に際して必要な設備を設ける

1級地	2級地	3級地	4級地	5級地	6級地	7級地	その他
10.90円	10.72円	10.68円	10.54円	10.45円	10.27円	10.14円	10.00円

1日につき（　）内は旧単価	要支援1	要支援2	要介護1	要介護2	要介護3	要介護4	要介護5
イ（介護予防）特定施設入居者生活介護費	183単位（182）	313単位（311）	542単位（538）	609単位（604）	679単位（674）	744単位（738）	813単位（807）
ロ 外部サービス利用型	57単位（56）		84単位（83）				
ハ 短期利用特定施設入居者生活介護費（区分支給限度基準額を適用）			542単位（538）	609単位（604）	679単位（674）	744単位（738）	813単位（807）

特定施設入居者生活介護費

☆利用者の口腔の健康の保持を図り、自立した日常生活を営むことができるよう、口腔衛生の管理体制を整備し、各利用者の状態に応じた口腔衛生の管理を計画的に行うことを運営基準に規定。3年間の経過期間を設ける

（※）人員基準の特例的な柔軟化

【要件】①利用者の安全、介護サービスの質の確保、職員の負担軽減に資する方策を検討するための委員会で必要な安全対策を検討。安全の方策とは具体的に（1）職員に対する十分な休憩時間の確保など勤務・雇用条件への配慮（2）緊急時の体制整備（近隣在住職員を中心とした緊急参集要員の確保等）（3）機器の不具合の定期チェックの実施（メーカーとの連携含む）（4）職員に対する必要な教育の実施（5）訪室が必要な利用者へ訪室の個別実施

②見守り機器等のテクノロジーを複数活用　③職員間の適切な役割分担の取組等をしている

④①～③により介護サービスの質の確保、職員の負担軽減をデータで確認されている

・特例的な柔軟化の申請にあたっては、テクノロジーの活用や職員間の適切な役割分担等を少なくとも3カ月以上試行し（試行期間中は通常の人員基準を遵守）、現場職員の意見が適切に反映できるよう、実際にケア等を行う多職種が参画する委員会で安全対策や介護サービスの質の確保、職員の負担軽減をデータ等で確認するとともに、当該データを指定権者に提出。柔軟化の適用にあたっては、試行結果として指定権者に届出た人員配置を限度として運用。

・介護サービスの質の確保、職員の負担軽減は、以下の事項を試行前後で比較する。

（ⅰ）介護職員の総業務時間に占める利用者のケアに当てる時間の割合が増加

（ⅱ）利用者の満足度等に係る指標（WHO-5等）の悪化が見られない

（ⅲ）総業務時間および当該時間に含まれる超過勤務時間が短縮している

（ⅳ）介護職員の心理的負担等に係る指標（SRS-18等）の悪化が見られない

・柔軟化の適用後、一定期間ごとに指定権者に（ⅰ）～（ⅳ）の状況を報告する。また、届出た人員配置より少ない人員配置を行う場合は改めて試行し必要な届出を行う。なお、過去一定の期間に行政指導等を受けている場合は、当該指導等に係る事項について改善している旨を指定権者に届出る。

【加算】

介護 ◆退院・退所時連携加算　1日につき30単位（30）を加算（イの場合）

病院・診療所、介護老人保健施設、または介護医療院を退院・退所して特定施設に入居する利用者を受け入れた場合。入居日から起算して30日以内までの期間に限る。30日を超える病院・診療所への入院または老健もしくは介護医療院への入所後に特定施設に再入居した場合も同様

◆退居時情報提供加算　1回につき250単位を加算＜新設＞

利用者が退居し医療機関に入院する場合に、当該医療機関に対し利用者の同意を得て、心身の状況、生活歴等の情報を提供した上で利用者の紹介を行った場合

介護 ◆看取り介護加算（イの場合）

（Ⅰ）
(1) 死亡日以前31日以上45日以下　1日につき72単位（72）を加算
(2) 死亡日以前4日以上30日以下　1日につき144単位（144）を加算
(3) 死亡日以前2日または3日（前日および前々日）　1日につき680単位（680）を加算
(4) 死亡日　1日につき1280単位（1280）を加算

（Ⅱ）
(1) 死亡日以前31日以上45日以下　1日につき572単位（572）を加算
(2) 死亡日以前4日以上30日以下　1日につき644単位（644）を加算
(3) 死亡日以前2日または3日（前日および前々日）　1日につき1180単位（1180）を加算
(4) 死亡日　1日につき1780単位（1780）を加算

（Ⅰ）①看取りの指針を定め、入居の際に利用者・家族等にその内容を説明し、同意を得る②医師、生活相談員、看護職員、介護職員、ケアマネジャー等で協議の上、看取りの実績等を踏まえ、適宜、指針の見直しを行う　③看取りに関する職員研修を行う
【利用者要件】①医師が一般に認められている医学的知見に基づき回復の見込みがないと診断した者　②医師、看護職員、ケアマネジャー等が共同で作成した計画を、医師等から説明を受け、同意する者　③指針に基づき、利用者の状態または家族の求めに応じ、医師等の連携の下、介護記録等を活用した介護の説明を受け、同意した上で介護を受けている者
（Ⅱ）①（Ⅰ）を満たす　②当該加算を算定する期間において、夜勤または宿直を行う看護職員を１人以上配置
※「人生の最終段階における医療・ケアの決定プロセスに関するガイドライン」等の内容に沿った取組を行うこと
※退居日の翌日から死亡日の間は算定しない
※夜間看護体制加算を算定していない場合は算定しない

◆認知症専門ケア加算（イの場合）　（Ⅰ）１日につき３単位（3）を加算
（Ⅱ）１日につき４単位（4）を加算

（Ⅰ）①利用者総数のうち認知症高齢者の日常生活自立度Ⅲ以上（以下「対象者」）が50％以上　②認知症介護に係る専門的な研修を修了している者（別に厚生労働大臣が定める者を含む）を、対象者が20人未満の場合は１以上、対象者の数が20人以上の場合は１に、当該対象者の数が19を超えて10またはその端数を増すごとに１を加えて得た数以上を配置し、チームとして専門的な認知症ケアを実施　③従業者に対して、認知症ケアに関する留意事項の伝達または技術的指導に係る会議を定期的に開催
（Ⅱ）①（Ⅰ）を満たす　②認知症介護の指導に係る専門的な研修を修了している者を１人以上配置し、事業所または施設全体の認知症ケアの指導等を実施　③介護職員、看護職員ごとの認知症ケアに関する研修計画を作成し、当該計画に従い、研修を実施（予定含む）

◆高齢者施設等感染対策向上加算＜新設＞　（Ⅰ）１月につき10単位を加算
（Ⅱ）１月につき５単位を加算

（Ⅰ）①第二種協定指定医療機関（感染症法第６条第17項）との間で、新興感染症の発生時等の対応を行う体制を確保　②協力医療機関等との間で新興感染症以外の一般的な感染症の発生時等の対応を取り決めるとともに、感染症の発生時等に協力医療機関等と連携し適切に対応　③診療報酬の感染対策向上加算または外来感染対策向上加算に係る届出を行った医療機関または地域の医師会が定期的に行う院内感染対策に関する研修または訓練に１年に１回以上参加
（Ⅱ）①診療報酬の感染対策向上加算に係る届出を行った医療機関から、施設内で感染者が発生した場合の感染制御等に係る実地指導を３年に１回以上受けている

◆新興感染症等施設療養費　１日につき240単位を加算＜新設＞（月１回、連続５日まで）

入所者等が別に厚生労働大臣が定める感染症（※）に感染した場合に相談対応、診療、入院調整等を行う医療機関を確保し、かつ当該感染症に感染した入所者等に対し、適切な感染対策を行った場合（※）現時点で指定されている感染症はなし

◆生産性向上推進体制加算＜新設＞　（Ⅰ）１月につき100単位を加算
（イ・ハの場合）　（Ⅱ）１月につき10単位を加算
※（Ⅰ）・（Ⅱ）は併算定不可

（Ⅰ）①利用者の安全、介護サービスの質の確保、職員の負担軽減に資する方策を検討する委員会にて、以下（一）～（四）について検討および実施の定期的な確認を行う（一）業務効率化、質向上、職員の負担軽減に資する機器（以下「介護機器」）を活用する場合の利用者の安全、ケアの質の確保（二）職員の負担軽減、勤務状況への配慮（三）介護機器の定期的な点検（四）業務効率化、質向上、職員の負担軽減をはかるための職員研修　②①の取

組および介護機器の活用による業務効率化、質の確保、職員の負担軽減の実績がある　③介護機器を複数種類活用している　④①の委員会で職員の業務分担の明確化等による業務効率化、質の確保、負担軽減を検討・実施し、実施を定期的に確認　⑤事業年度ごとに①③④の取組による業務効率化、質の確保、職員の負担軽減の実績を厚生労働省へ報告

（Ⅱ）①（Ⅰ）①を満たす　②介護機器を1つ以上活用している　③事業年度ごとに①②の取組による業務効率化、質の確保、職員の負担軽減の実績を厚生労働省へ報告

◆サービス提供体制強化加算　（Ⅰ）1日につき22単位（22）を加算
（Ⅱ）1日につき18単位（18）を加算
（Ⅲ）1日につき6単位（6）を加算

（Ⅰ）①介護職員の総数のうち介護福祉士の割合が70％以上、または介護職員の総数のうち勤続10年以上の介護福祉士の割合が25％以上　②質の向上に資する取組を実施している

（Ⅱ）介護職員の総数のうち介護福祉士の割合が60％以上

（Ⅲ）介護職員の総数のうち介護福祉士の割合が50％以上、または看護・介護職員の総数のうち常勤職員の割合が75％以上、もしくはサービスを直接提供する職員の総数のうち勤続7年以上の割合が30％以上

※（Ⅰ）～（Ⅲ）のいずれも、特定施設入居者生活介護と介護予防特定施設入居者生活介護を同一の施設で一体的に運営する場合、総数は2つのサービスを提供する職員の合計数による

≪支給限度額管理の対象外≫

◆介護職員等処遇改善加算＜新設＞　（Ⅰ）所定単位数の12.8％を加算
（2024年6月1日より）　（Ⅱ）所定単位数の12.2％を加算
（Ⅲ）所定単位数の11.0％を加算
（Ⅳ）所定単位数の8.8％を加算
（Ⅴ）所定単位数の4.6～11.3％を加算（※）

（※）（Ⅴ）の加算率は改定前の介護職員処遇改善加算、介護職員等特定処遇改善加算、介護職員等ベースアップ等支援加算の組合わせにより14種類（2025年3月31日まで）

所定単位数は、基本報酬に各種加算減算を加えた総単位数

≪支給限度額管理の対象外（ロの場合）≫

介護◆入居継続支援加算（イの場合）（Ⅰ）1日につき36単位（36）を加算
（Ⅱ）1日につき22単位（22）を加算

（Ⅰ）（①・②はいずれかを満たす場合）①口腔・鼻腔内・気管カニューレ内部の喀痰吸引、胃ろう・腸ろうによる経管栄養、経鼻経管栄養を必要とする利用者の割合が15％以上　②①に該当する入居者、および尿道カテーテル留置、在宅酸素療法、インスリン注射を実施している状態の入居者の割合が15％以上、かつ常勤の看護師を1人以上配置し、看護に係る責任者を定めている　③介護福祉士が常勤換算で、入居者の数が6またはその端数を増すごとに1以上（※）　④人員基準欠如に該当していない

（※）テクノロジー機器（見守り機器、インカム、記録ソフト等のICT、移乗支援機器等）を複数活用し、ケアのアセスメント・評価や人員体制の見直しを行い、かつ安全体制、ケアの質の確保、職員の負担軽減に関する事項を実施し、機器を安全・有効に活用するための委員会を設置し必要な検討等を行う場合は、介護福祉士の配置要件を「7またはその端数を増すごとに1以上」とする

（Ⅱ）（Ⅰ）と同様。ただし、①・②の入居者割合はそれぞれ「5～15％未満」

◆生活機能向上連携加算（イの場合）
（Ⅰ）1月につき100単位（100）を加算（3月に1回まで）
（Ⅱ）1月につき200単位（200）を加算

※（Ⅰ）・（Ⅱ）は併算定不可

（Ⅰ）①訪問・通所リハビリテーション事業所、もしくは医療提供施設（許可病床200床

未満または半径4km以内に診療所が存在しないもの）の理学療法士、作業療法士、言語聴覚士または医師（以下「理学療法士等」）の助言に基づき、（介護予防）特定施設入居者生活介護事業所の機能訓練指導員等が共同して利用者の身体状況等の評価および個別機能訓練計画の作成を行う　②個別機能訓練計画に基づき、利用者の身体機能または生活機能向上を目的とする機能訓練の項目を準備し、機能訓練指導員等が、利用者の心身の状況に応じた機能訓練を適切に提供　③機能訓練指導員等が理学療法士等と連携し、個別機能訓練計画の進捗状況等を３月に１回以上評価し、利用者またはその家族に対して機能訓練の内容と個別機能訓練計画の進捗状況等を説明し、必要に応じて訓練内容の見直し等を行う

（Ⅱ）①理学療法士等が（介護予防）特定施設入居者生活介護事業所を訪問し、機能訓練指導員等と共同してアセスメント、利用者の身体の状況等の評価および個別機能訓練計画の作成を行う　②（Ⅰ）②・③を満たす

※個別機能訓練加算を算定している場合は（Ⅰ）は算定せず、（Ⅱ）は１月につき100単位を加算

◆個別機能訓練加算（イの場合）　（Ⅰ）１日につき12単位（12）を加算
（Ⅱ）１月につき20単位（20）を加算

（Ⅰ）①専ら機能訓練指導員の職務に従事する常勤の理学療法士、作業療法士、言語聴覚士、看護職員、柔道整復師またはあん摩マッサージ指圧師、一定の実務経験を有するはり師またはきゅう師を１人以上配置　②機能訓練指導員、看護職員、介護職員、生活相談員等が共同して、利用者ごとに個別機能訓練計画を作成し、それに基づき計画的に機能訓練を行う

（Ⅱ）①（Ⅰ）を算定　②利用者ごとの個別機能訓練計画書の内容等の情報を厚生労働省に提出し、機能訓練の実施にあたり当該情報その他機能訓練の適切かつ有効な実施に必要な情報を活用

介護◆ADL維持等加算（イの場合）（Ⅰ）１月につき30単位（30）を加算
（Ⅱ）１月につき60単位（60）を加算
※（Ⅰ）・（Ⅱ）は併算定不可

（Ⅰ）①利用者（評価対象利用期間が６月超）の総数が10人以上　②利用者全員について、評価対象利用期間の初月（評価対象利用開始月）と、その翌月から起算して６月目（６月目にサービス利用がない場合は利用最終月）のADLを評価し、その値（ADL値）を測定し、測定月ごとに厚生労働省に提出　③評価対象利用者の評価対象利用開始月の翌月から起算し６月目に測定したADL値から評価対象開始月に測定したADL値を控除し得た値を用いて一定の基準に基づき算出した値（ADL利得）の平均値が１以上

（Ⅱ）①（Ⅰ）①・②を満たす　②（Ⅰ）③についてADL利得の平均値が３以上

介護◆夜間看護体制加算（イ・ハの場合）　（Ⅰ）１日につき18単位（10）を加算
（Ⅱ）１日につき９単位を加算<新設>
※（Ⅰ）・（Ⅱ）は併算定不可

（Ⅰ）①常勤の看護師を１人以上配置し看護に係る責任者を定めている　②夜勤または宿直を行う看護職員が１人以上、かつ必要に応じて健康上の管理等を行う体制を確保　③重度化した場合の対応指針を定め、入居時に利用者または家族へその内容を説明し同意を得る

（Ⅱ）①（Ⅰ）①・③を満たす　②看護職員または病院、診療所、訪問看護ステーションと連携し24時間連絡できる体制を確保し、かつ必要に応じて健康上の管理等を行う体制を確保

◆若年性認知症入居者受入加算　１日につき120単位（120）を加算（イ・ハの場合）

利用者ごとに個別の担当者を定めていること

◆協力医療機関連携加算（イ・ロの場合）

相談・診療体制を常時確保している協力医療機関の場合　１月につき100単位（80）を加算
上記以外の協力医療機関の場合　１月につき40単位を加算<新設>

特定施設入居者生活介護費

協力医療機関との間で、利用者の同意を得て病歴等の情報を共有する会議を定期的に開催

◆口腔・栄養スクリーニング加算（イの場合）

1回につき20単位（20）を加算（6月に1回まで）

利用開始時および利用中6月ごとに利用者の口腔の健康状態、栄養状態について確認を行い、その情報を担当ケアマネジャーへ提供。口腔状態の低下リスクがある場合、または低栄養状態の場合は、それら改善に必要な情報を含む

◆科学的介護推進体制加算　1月につき40単位（40）を加算（イの場合）

①利用者ごとのADL値、栄養状態、口腔機能、認知症の状況その他心身の状況等に係る基本的な情報を厚生労働省に提出　②必要に応じて特定施設入居者生活介護計画を見直すなど、サービス提供にあたり①に規定する情報その他サービスを適切かつ有効に提供するために必要な情報を活用

◆障害者等支援加算　1日につき20単位（20）を加算（ロの場合）

養護老人ホームである外部サービス利用型特定施設において、精神障害等により特に支援を必要とする者に対して基本サービスを行った場合

介護 ◆委託先の事業者により介護サービスが行われる場合（ロの場合）

※基本部分も含めて要介護度別に定める区分支給限度基準額を上限とする

○訪問介護

身体介護中心
- 15分未満　94単位（96）
- 15分以上30分未満　189単位（193）
- 30分以上1時間30分未満　256単位（262）
  - ※所要時間30分から計算して15分増すごとに85単位（87）を加算
- 1時間30分以上　548単位（561）
  - ※所要時間1時間30分から15分増すごとに36単位（37）を加算

生活援助中心
- 15分未満　48単位（49）
- 15分以上1時間未満　94単位（96）
  - ※所要時間15分から計算して15分増すごとに48単位（49）を加算
- 1時間以上1時間15分未満　214単位（219）
- 1時間15分以上　256単位（262）

通院等乗降介助　1回につき85単位（87）

○訪問入浴介護、訪問看護、訪問リハビリテーション、通所介護、通所リハビリテーション

通常の各サービスの基本報酬の90%（90%）で算定

訪問看護

・20分未満の場合、24時間訪問看護を行える体制を整え、ケアプランまたは訪問看護計画書に20分以上の訪問看護が週1回以上含まれている

・訪問看護ステーションの理学療法士、作業療法士、言語聴覚士が1日に2回を超えて訪問看護を行った場合、1回につき所定単位数の81%（81%）で算定

通所介護

・心身の状況その他利用者のやむを得ない事情により、長時間のサービス利用が困難である利用者に、2時間以上3時間未満の通所介護を行う場合、通所介護費の3時間以上5時間未満の所定単位数の63%（63%）で算定

認知症対応型通所介護

・心身の状況その他利用者のやむを得ない事情により、長時間のサービス利用が困難である利用者に、2時間以上3時間未満の認知症対応型通所介護を行う場合、認知症対応型通所介護費の3時間以上5時間未満の所定単位数の57%（57%）で算定

○福祉用具貸与　通常の福祉用具貸与と同様

予防 ◆委託先の事業者により介護予防サービスが行われる場合（ロの場合）

特定施設入居者生活介護費

※基本部分も含めて要介護度別に定める区分支給限度基準額を上限とする

○訪問介護　・週に1回程度の場合　1032単位（1057）
・週に2回程度の場合　2066単位（2115）
・週に2回を超える場合　3277単位（3355）（要支援2のみ）

○通所介護　・要支援1　1511単位（1504）
・要支援2　3099単位（3084）

※訪問介護系、通所介護系サービスについては、「訪問介護」、「通所介護」によるもの、「総合事業（指定第一号訪問事業、指定第一号通所事業）」によるものがある

○他の予防訪問系、予防通所系サービス　通常の各サービスの基本報酬の90％（90％）で算定

・介護予防通所リハビリテーションの選択的サービス（運動器機能向上、栄養改善、口腔機能向上）の算定が可能

・介護予防認知症対応型通所介護の個別機能訓練加算、栄養改善加算、口腔機能向上加算の算定が可能

○介護予防福祉用具貸与　通常の介護予防福祉用具貸与と同様

【減算】

◆看護・介護職員の員数が基準に満たない場合
所定単位数の70％（70％）で算定（イ・ハの場合）

◆介護職員の員数が基準に満たない場合　所定単位数の70％（70％）で算定（ロの場合）

◆身体拘束廃止未実施減算　所定単位数の90％で算定（イの場合）
所定単位数の99％で算定（ロ・ハの場合）<新設>
（（ロ・ハの場合）2025年4月1日より）

◆高齢者虐待防止措置未実施減算　所定単位数の99％で算定<新設>

◆業務継続計画未策定減算　所定単位数の97％で算定<新設>

「感染症の予防及びまん延の防止のための指針」の整備、および非常災害に関する具体的計画の策定を行っている場合、2025年3月31日まで減算しない

【廃止】

◆口腔衛生管理体制加算　1月につき30単位を加算（イの場合）

11 （介護予防）福祉用具貸与費、（介護予防）特定福祉用具販売、住宅改修

●福祉用具貸与・販売の概要

①貸与の原則:利用者の身体状況や要介護度の変化、福祉用具の機能の向上に応じて、適時・適切な福祉用具を利用者に提供できるよう、貸与を原則としている。

②販売種目（原則、年間10万円を限度）：貸与になじまない性質のもの（他人が使用したものを再利用することに心理的抵抗感が伴うもの、使用によってもとの形態・品質が変化し、再利用できないもの）は、福祉用具の購入費を保険給付の対象としている。

③現に要した費用：福祉用具の貸与及び購入は、市場の価格競争を通じて適切な価格による給付が行われるよう、保険給付における公定価格を定めず、現に要した費用の額により保険給付する仕組みとしている。

●福祉用具専門相談員の役割

・貸与しようとする商品の特徴や価格に加え、当該商品の全国平均貸与価格を利用者に説明し、かつ機能や価格帯の異なる複数の商品を利用者に提示

・利用者に交付する福祉用具貸与計画書をケアマネジャーに交付。当該計画書には実施状況の把握（モニタリング）を行う時期を明記する。計画作成後にモニタリングを行い、その結果を記録し、ケアプランを作成した居宅介護支援事業者に報告する。モニタリングの結果を踏まえ、必要に応じて当該計画の変更を行う

●全国平均貸与価格・上限価格

・上限価格は「全国平均貸与価格＋１標準偏差」とし、商品ごとに設定する

・全国平均貸与価格の公表、上限価格は月平均100件以上の貸与件数がある商品が対象

・新商品は３カ月に１度の頻度（4・7・10・1月）で同様の取扱いとする

・既に適用されている商品の全国平均貸与価格は介護報酬改定と同様、３年に１度の頻度で見直す。2020年７月以降、新たに適用となった商品については、2024年４月に見直す。

●一部の福祉用具に係る貸与と販売の選択制の導入

・固定用スロープ、歩行器（歩行車を除く）、単点杖（松葉づえを除く）、多点杖について貸与と販売の選択制を導入する。以下の対応を行う。

①選択制の対象福祉用具の提供にあたっては、福祉用具専門相談員が、（介護予防）福祉用具貸与または（介護予防）特定福祉用具販売を利用者が選択できることについてメリット、デメリットを含め利用者等へ十分説明を行い必要な情報を提供、かつ利用者の身体状況や生活環境等の変化の観点から医師や専門職の意見を踏まえ、提案を行う　②選択制の対象用具を貸与する場合、福祉用具専門相談員は利用開始後６月以内に１回以上モニタリングを行い、貸与継続の必要性を検討　③提案にあたっては、医師、理学療法士、作業療法士、言語聴覚士からのいずれかの意見をケアマネジャー等と連携するなどの方法により聴取する。利用者の安全の確保や自立支援の必要性から遅滞なくサービス提供を行う必要があるなど、やむを得ない事情がある場合はこの限りではない　④選択制の対象用具を販売する場合、福祉用具専門相談員は（介護予防）特定福祉用具販売計画の作成後、当該計画における目標の達成状況を確認。また、利用者等からの要請等に応じて、販売した福祉用具の使用状況を確認するよう努めるとともに、必要な場合は使用方法の指導、修理等（メンテナンス）を行うよう努める

●福祉用具貸与・販売種目のあり方検討会を踏まえた対応

福祉用具の安全利用の促進、サービスの質の向上及び給付の適正化の観点から、福祉用具に係る事故情報のインターネット公表、福祉用具専門相談員指定講習カリキュラムの見直し、介護保険における福祉用具の選定の判断基準の見直しや自治体向けの点検マニュアルの作成等の対応を行う

【加算】

◆特別地域加算

交通費相当額を事業所の所在地に適用される１単位で除して得た単位数を加算（個々の用具ごとに福祉用具貸与費の 100/100 が限度）　≪支給限度額管理の対象外≫

◆中山間地域等における小規模事業所加算

交通費相当額の 2/3 に相当する額を事業所所在地に適用される１単位の単価で除した単位数を加算（個々の用具ごとに福祉用具貸与費の 2/3 が限度）≪支給限度額管理の対象外≫

◆中山間地域等に居住する者へのサービス提供加算

交通費相当額の 1/3 に相当する額を事業所所在地に適用される１単位の単価で除した単位数を加算（個々の用具ごとに福祉用具貸与費の 1/3 が限度）≪支給限度額管理の対象外≫

【減算】

◆高齢者虐待防止措置未実施減算　所定単位数の 99％で算定<新設>（2027 年４月１日より）

◆業務継続計画未策定減算　所定単位数の 99％で算定<新設>（2025 年４月１日より）

（介護予防）福祉用具貸与の対象種目

厚生労働大臣が定める福祉用具貸与に係る特定福祉用具の種目

種目	内容
車いす	自走用標準型車いす、普通型電動車いすまたは介助用標準型車椅子（介助用標準型、介助用座位変換形、介助用パワーアシスト形）に限る
車いす付属品 （階段昇降機（分離型）を含む）	クッションまたはパッド、電動補助装置、テーブル、ブレーキであって、車いすと一体的に使用されるものに限る
特殊寝台	サイドレールが取り付けてあるものまたは取り付けることが可能なものであって、次に掲げる機能のいずれかを有するもの 1　背部又は脚部の傾斜角度が調整できる機能 2　床板の高さが無段階に調整できる機能
特殊寝台付属品	マットレス、サイドレール、ベッド用手すり、テーブル、スライディングボード・スライディングマット、介助用ベルト（入浴介助用以外のもの）であって、特殊寝台と一体的に使用されるものに限る
床ずれ防止用具	次のいずれかに該当するものに限る。 1　送風装置又は空気圧調整装置を備えた空気マット 2　水等によって減圧による体圧分散効果をもつ全身用マット
体位変換器 （起きあがり補助装置を含む）	空気パッド等を身体の下に挿入することにより、てこ、空気圧、その他の動力を用いることにより、仰臥位から側臥位または座位への体位の変換を容易に行うことができるもの。体位の保持のみを目的とするものを除く
手すり	取付に際し工事を伴わないものに限る。 1　居宅の床に置いて使用すること等により、転倒予防もしくは移動または移乗動作に資することを目的とするもの 2　便器又はポータブルトイレを囲んで据え置くことにより、座位保持、立ち上がりまたは移乗動作に資することを目的とするもの
スロープ	段差解消のためのものであって、取付に際し工事を伴わないものに限る
歩行器	歩行が困難な者の歩行機能を補う機能を有し、移動時に体重を支える構造を有するものであって、次のいずれかに該当するものに限る。 1　車輪を有するものにあっては、体の前及び左右を囲む把手等を有するもの 2　四脚を有するものにあっては、上肢で保持して移動させることが可能なもの
歩行補助つえ	松葉づえ、カナディアン・クラッチ、ロフストランド・クラッチ及び多点杖に限る
認知症老人徘徊感知機器 （離床センサーを含む）	介護保険法第五条の二第一項に規定する認知症である老人が屋外へ出ようとした時等、センサーにより感知し、家族、隣人等へ通報するもの
移動用リフト （階段昇降機（一体型）を含む）	床走行式、固定式または据置式であり、かつ、身体をつり上げまたは体重を支える構造を有するものであって、その構造により、自力での移動が困難な者の移動を補助する機能を有するもの（取付けに住宅の改修を伴うものを除く）
自動排泄処理装置	次の要件を全て満たすもの・尿または便が自動的に吸引されるもの・尿と便の経路となる部分を分割することが可能な構造を有するもの・要介護者又はその介護を行う者が容易に使用できるもの

福祉用具貸与費／特定福祉用具販売／住宅改修

※要介護１については、車いす、車いす付属品、特殊寝台、特殊寝台付属品、床ずれ防止用具、体位変換器、認知症老人徘徊感知機器、移動用リフト（つり具の部分を除く）を算定しない。自動排泄処理装置（尿のみを自動的に吸引する機能のものは除く）については、要介護１～３について算定しない。（ただし、別に厚生労働大臣が定める状態にある者を除く）

（介護予防）特定福祉用具販売の種目

《参考》

厚生労働大臣が定める居宅介護福祉用具購入費等の支給に係る特定福祉用具の種目

腰掛便座	次のいずれかに該当　①和式便器の上に置いて腰掛式に変換するもの　②洋式便器の上に置いて高さを補うもの　③電動式またはスプリング式で便座から立ち上がる際に補助できる機能を有しているもの　④便座、バケツ等からなり、移動可能である便器（水洗機能を有する便器を含み居室に置いて利用可能であるものに限る。設置費用は保険給付の対象外）　⑤便座の底上げ部材
特殊尿器 (自動排泄処理装置を含む)	・尿、便が自動的に吸引されるもの。レシーバー、チューブ、タンク等のうち、尿や便の経路となるもので、要介護者またはその介護を行う者が容易に交換出来るもの ・自動排泄処理装置の交換可能部品
排泄予測支援機器 (2022年4月追加)	利用者が常時装着した上で、膀胱内の状態を感知し、尿量を推定するもの。一定の量に達したと推定された際に、排尿の機会を居宅要介護者等または介護を行う者に自動で通知するものである。専用ジェル等装着の都度、消費するものおよび専用シート等の関連製品は保険給付の対象外
入浴補助用具	座位の保持、浴槽への出入り等の入浴に際しての補助を目的とする用具。以下のいずれかに該当　①入浴用いす　②浴槽用手すり　③浴槽内いす　④入浴台　⑤浴室内すのこ　⑥浴槽内すのこ　⑦入浴用介助ベルト（身体に直接巻きつけて使用するもので浴槽への出入り等を容易に介助することができるもの）
簡易浴槽	空気式または折りたたみ式等で容易に移動でき、取水・排水に工事を伴わないもの
移動用リフトのつり具の部分	
対象福祉用具	
スロープ	貸与の「スロープ」のうち、主に敷居等の小さい段差の解消に使用し、頻繁な持ち運びを要しないものをいい、便宜上設置や撤去、持ち運びができる可搬型のものは除く
歩行器	貸与の「歩行器」のうち、脚部が全て杖先ゴム等の形状となる固定式または交互式歩行器をいい、車輪・キャスターが付いている歩行車は除く
歩行補助つえ	カナディアン・クラッチ、ロフストランド・クラッチ、プラットホームクラッチおよび多点杖に限る

【住宅改修の概要】

・要介護者等が、自宅に手すりを取付ける等の住宅改修を行う場合、必要な書類（住宅改修が必要な理由書等）を添えて申請書を提出し（やむを得ない事情がある場合は工事完成後の申請でもよい）、工事完成後、領収書等の費用発生の事実がわかる書類等を提出することで、実際の住宅改修費の９割相当額が償還払いで支給される。支給額は、支給限度基準額（20万円）の９割（18万円）が上限となる。

・支給限度基準額は利用者１人あたり生涯20万円。ただし、要介護状態区分が３段階以上悪化した場合、また転居した場合は再度20万円までの支給限度基準額が設定される。

住宅改修の種類

《参考》

厚生労働大臣が定める居宅介護住宅改修費等の支給に係る住宅改修の種類

手すりの取付け	廊下、便所、浴室、玄関、玄関から道路までの通路等に転倒予防もしくは移動又は移乗動作に資することを目的として設置するものである。手すりの形状は、二段式、縦付け、横付け等適切なものとする。なお、貸与告示第７項に掲げる「手すり」に該当するものは除かれる
段差の解消	居室、廊下、便所、浴室、玄関等の各室間の床の段差及び玄関から道路までの通路等の段差を解消するための住宅改修をいい、具体的には、敷居を低くする工事、スロープを設置する工事、浴室の床のかさ上げ等が想定されるものである ただし、貸与告示第８項に掲げる「スロープ」又は購入告示第３項第５号に掲げる「浴室内すのこ」を置くことによる段差の解消は除かれる。また、昇降機、リフト、段差解消機等動力により段差を解消する機器を設置する工事は除かれる。
滑りの防止及び移動の円滑化等のための床又は通路面の材料の変更	居室においては畳敷から板製床材、ビニル系床材等への変更、浴室においては床材の滑りにくいものへの変更、通路面においては滑りにくい舗装材への変更等が想定されるものである
引き戸等への扉の取替え	開き戸を引き戸、折戸、アコーディオンカーテン等に取り替えるといった扉全体の取替えのほか、扉の撤去、ドアノブの変更、戸車の設置等も含まれる。 ただし、引き戸等への扉の取替えにあわせて自動ドアとした場合は、自動ドアの動力部分の設置はこれに含まれず、動力部分の費用相当額は、法に基づく保険給付の対象とならないものである。 ※引き戸等の新設:既存扉の変更のみでは、居室への移動が困難である等、福祉用具の導入に際し支障が生じるものに対して、認められる
洋式便器等への便器の取替え	和式便器を洋式便器に取り替えや、既存の便器の位置や向きを変更する場合が一般的に想定される。 ただし、購入告示第１項に掲げる「腰掛便座」の設置は除かれる。 また、和式便器から、暖房便座、洗浄機能等が付加されている洋式便器への取替えは含まれるが、既に洋式便器である場合のこれらの機能等の付加は含まれない。 さらに、非水洗和式便器から水洗洋式便器又は簡易水洗洋式便器に取り替える場合は、当該工事のうち水洗化または簡易水洗化の部分は含まれず、その費用相当額は法に基づく保険給付の対象とならないものである
上記の住宅改修に付帯して必要となる住宅改修	住宅改修に付帯して必要となる住宅改修としては、それぞれ以下のものが考えられる (1) 手すりの取付け 手すりの取付けのための壁の下地補強 (2) 段差の解消 浴室の床の段差解消（浴室の床のかさ上げ）に伴う給排水設備工事 転落防止柵の設置（スロープの設置に伴う転落や脱輪防止を目的とする柵や立ち上がりの設置） (3) 床または通路面の材料の変更 床材の変更のための下地の補修や根太の補強または通路面の材料の変更のための路盤の整備 (4) 扉の取替え 扉の取替えに伴う壁または柱の改修工事 (5) 便器の取替え 便器の取替えに伴う給排水設備工事（水洗化または簡易水洗化に係るものを除く）、便器の取替えに伴う床材の変更

介護サービス・介護予防サービス

Ⅱ
指定居宅介護支援介護給付費
指定介護予防支援介護給付費

1 居宅介護支援費

人員・設備基準等

○人員

管理者	常勤の主任ケアマネジャー
ケアマネジャー	利用者44人に対し1人

1級地	2級地	3級地	4級地	5級地	6級地	7級地	その他
11.40円	11.12円	11.05円	10.84円	10.70円	10.42円	10.21円	10.00円

1月につき（　　）内は旧単価	要介護1･2	要介護3･4･5
居宅介護支援費（Ⅰ）		
居宅介護支援費（ⅰ）取扱い件数45件未満	1086単位（1076）	1411単位（1398）
居宅介護支援費（ⅱ）取扱い件数45件以上60件未満	544単位（539）	704単位（698）
居宅介護支援費（ⅲ）取扱い件数60件以上	326単位（323）	422単位（418）
居宅介護支援費（Ⅱ）		
居宅介護支援費（ⅰ）取扱い件数50件未満	1086単位（1076）	1411単位（1398）
居宅介護支援費（ⅱ）取扱い件数50件以上60件未満	527単位（522）	683単位（677）
居宅介護支援費（ⅲ）取扱い件数60件以上	316単位（313）	410単位（406）

☆2021年3月31日時点で主任ケアマネジャーでない者が管理者である事業所は、当該管理者が管理者である限り、管理者を主任ケアマネジャーとする要件の適用を2027年3月31日まで猶予する
☆居宅介護支援費（Ⅱ）：国民健康保険中央会が運用・管理を行う「ケアプランデータ連携システム」の利用および事務職員の配置を行っている場合
☆ケアマネジャー1人あたりの取扱件数が45件（（Ⅱ）の場合50件）以上の場合、44件（49件）までは（ⅰ）を、45件（50件）以上59件までは（ⅱ）を算定。同様に、60件以上の場合は44件（49件）までは（ⅰ）、45件（50件）以上59件までは（ⅱ）、60件以上は（ⅲ）を算定。その際、介護予防支援は利用者1人につき3分の1人で計算する
☆事業所が周辺の中山間地域等の事業所の存在状況からやむを得ず利用者を受入れた場合は、例外的に件数に含めない
☆利用者が月を通じて特定施設入居者生活介護（短期利用を除く）、小規模多機能型居宅介護（短期利用を除く）認知症対応型共同生活介護、（短期利用を除く）、地域密着型特定施設入居者生活介護（短期利用を除く）、看護小規模多機能型居宅介護（短期利用を除く）を受けている場合、当該月の居宅介護支援費は算定しない

☆ケアプランに一定回数（要介護1：27回／要介護2：34回／要介護3：43回／要介護4：38回／要介護5：31回）の訪問介護（生活援助中心型）を位置づける場合には、市町村に当該ケアプランを届け出る
☆前6月間に当該事業所で作成されたケアプランの総数のうち、訪問介護、通所介護、福祉用具貸与、地域密着型通所介護（以下「訪問介護等」）がそれぞれ位置付けられたケアプランが占める割合、また訪問介護等ごとの回数のうち同一のサービス事業者により提供されたケアプラン数が占める割合等を利用者に説明するよう努める
☆利用者の退院時等にケアマネジメント業務を行ったものの、利用者の死亡によりサービス利用に至らなかった場合も、基本報酬の算定は可能。モニタリング等の必要なケアマネジメント業務を行い、給付管理票の（原案）作成など請求に必要な書類を整備すること。また、居宅介護支援費を算定した旨を適切に説明できるよう、個々のケアプラン等に記録で残し、事業所でそれら書類等を管理しておくこと
☆テレビ電話装置その他の情報通信機器を活用したモニタリング
【要件】（ア）利用者の同意を得る　（イ）サービス担当者会議等で以下（ⅰ）～（ⅲ）について主治医、担当者その他の関係者の合意を得ている（ⅰ）利用者の状態が安定している（ⅱ）利用者がテレビ電話装置等を介して意思疎通ができること（家族のサポートを含む）（ⅲ）テレビ電話装置等を活用したモニタリングでは収集できない情報について、他のサービス事業者との連携により収集する　（ウ）2月に1回（介護予防支援の場合は6月に1回）以上、利用者宅を訪問する

【加算】

◆初回加算　1月につき300単位（300）を加算

新規にケアプランを策定した場合、および要介護度区分の2段階以上の変更認定を受けた場合。運営基準減算に該当する場合は算定しない

◆特定事業所加算　（Ⅰ）1月につき519単位（505）を加算
（Ⅱ）1月につき421単位（407）を加算
（Ⅲ）1月につき323単位（309）を加算
（A）1月につき114単位（100）を加算

（Ⅰ）①常勤専従の主任ケアマネジャーを2人以上配置。サービスの提供に支障がない場合、事業所の他の職務、または同一敷地内の他事業所の職務と兼務してもよい　②常勤専従のケアマネジャーを3人配置。サービスの提供に支障がない場合は、事業所の他の職務、または同一敷地内の介護予防支援事業所の職務と兼務してもよい　③利用者情報等の伝達等のための会議を定期的に開催　④24時間の連絡体制と利用者等の相談対応体制の確保　⑤算定月の総利用者数のうち要介護3～5の割合が40％以上　⑥事業所のケアマネジャーへ計画的な研修を実施　⑦地域包括支援センターからの困難事例に対応している　⑧家族に対する介護等を日常的に行っている児童、障がい者、生活困窮者、難病患者などの支援に関する知識等に関する事例検討会、研修等に参加　⑨特定事業所集中減算を算定していない　⑩ケアマネジャー1人当たりの利用者数が45人未満（（Ⅱ）の場合50人未満）　⑪介護支援専門員実務研修の科目「ケアマネジメントの基礎技術に関する実習」等に協力または協力体制を確保　⑫他法人が運営する居宅介護支援事業者と共同で事例検討会、研修会等を実施　⑬必要に応じて多様な主体等が提供する生活支援サービス（インフォーマルサービス含む）が包括的に提供されるようなケアプランを作成

（Ⅱ）①（Ⅰ）②③④⑥⑦⑧⑨⑩⑪⑫⑬を満たす　②常勤専従の主任ケアマネジャーを1人配置。サービスの提供に支障がない場合、事業所の他の職務、または同一敷地内の他事業所の職務と兼務してもよい

（Ⅲ）①（Ⅰ）③④⑥⑦⑧⑨⑩⑪⑫⑬を満たす　②（Ⅱ）②を満たす　③常勤専従のケアマネジャーを2人以上配置。サービスの提供に支障がない場合は、事業所の他の職務、また

は同一敷地内の介護予防支援事業所の職務と兼務してもよい

（A）①（Ⅰ）③④⑥⑦⑧⑨⑩⑪⑫⑬を満たす。ただし④⑥⑪⑫は他事業所との連携でも可　②（Ⅱ）②を満たす　③常勤専従、非常勤専従のケアマネジャーをそれぞれ１人以上配置。サービスの提供に支障がない場合は、事業所の他の職務、または同一敷地内の介護予防支援事業所の職務と兼務してもよい

◆特定事業所医療介護連携加算　１月につき125単位（125）を加算

①前々年度の３月から前年度の２月までの間に退院・退所加算（Ⅰ）・（Ⅱ）または（Ⅲ）の算定に係る病院、診療所、地域密着型介護老人福祉施設または介護保険施設との連携の回数の合計が35回以上　②前々年度の３月～前年度の２月にターミナルケアマネジメント加算を15回以上算定　③特定事業所加算（Ⅰ）～（Ⅲ）のいずれかを算定

◆入院時情報連携加算　（Ⅰ）１月につき250単位（200）を加算（１回まで）
（Ⅱ）１月につき200単位（100）を加算（１回まで）
※（Ⅰ）・（Ⅱ）は併算定不可

（Ⅰ）利用者が病院・診療所に入院した日のうちに、病院・診療所の職員へ利用者に係る必要な情報を提供。入院日以前に利用者の情報を提供した場合は情報提供日を含み、営業時間終了後または営業日以外の日に入院した場合は入院日の翌日を含む

（Ⅱ）利用者が病院・診療所に入院した日の翌日または翌々日に、病院・診療所の職員へ利用者に係る必要な情報を提供。営業時間終了後に入院し、入院日から３日目が営業日以外の日の場合は、その翌日を含む

◆退院・退所加算　（Ⅰ）イ　450単位（450）を加算（入院・入所期間中１回まで）
（Ⅰ）ロ　600単位（600）を加算（入院・入所期間中１回まで）
（Ⅱ）イ　600単位（600）を加算（入院・入所期間中１回まで）
（Ⅱ）ロ　750単位（750）を加算（入院・入所期間中１回まで）
（Ⅲ）　900単位（900）を加算（入院・入所期間中１回まで）

病院・診療所の入院者または地域密着型介護福祉施設・介護保険施設の入所者が退院・退所し、その居宅・地域密着型サービスを利用する場合、当該病院・施設等の職員と面談を行い、利用者に関する必要な情報提供を受けた上で、ケアプランを作成し、居宅・地域密着型サービスの利用に関する調整を行った場合。同一の利用者について、居宅・地域密着型サービスの利用開始月に調整を行う場合に限る。退院・退所後に福祉用具の貸与が見込まれる場合は、必要に応じ、福祉用具専門相談員や居宅サービスを提供する作業療法士等が参加する（Ⅰ）イ　病院、診療所、地域密着型介護老人福祉施設または介護保険施設の職員から利用者に係る必要な情報提供をカンファレンス以外の方法により１回受ける

（Ⅰ）ロ　イにおける情報提供をカンファレンスにより１回受ける

（Ⅱ）イ（Ⅰ）イにおける情報提供を２回以上受ける

（Ⅱ）ロ（Ⅱ）イにおける情報提供のうち１回以上はカンファレンスにより受ける

（Ⅲ）（Ⅰ）イにおける情報提供を３回以上受け、うち１回以上はカンファレンスによる

※「初回加算」算定の場合は算定しない

◆通院時情報連携加算　１月につき50単位（50）を加算（１回まで）

利用者が病院・診療所において医師または歯科医師の診察を受けるときにケアマネジャーが同席し、医師または歯科医師に対して当該利用者の心身状況や生活環境等の情報の提供を行うとともに、医師または歯科医師から当該利用者に関する必要な情報の提供を受けた上で、ケアプランに記録する。

◆緊急時等居宅カンファレンス加算　１回につき200単位（200）を加算（１月２回まで）

利用者の状態の急変等に伴い、利用者に対する訪問診療実施の保険医療機関や利用者の在宅療養を担う医療機関の保険医の求めにより、利用者宅でのカンファレンスに参加し、必要に応じて居宅・地域密着型サービスの調整を行う

◆ターミナルケアマネジメント加算　1月につき400単位（400）を加算

①在宅で死亡した利用者に対し、終末期の医療やケアの方針に関する当該利用者または家族の意向を把握した上で死亡日および死亡日前14日以内に2日以上、利用者または家族の同意を得て、居宅を訪問し利用者の心身の状況等を記録し、その記録を主治医およびケアプランに位置付けたサービス事業者に提供　②ターミナルケアマネジメントを受けることに同意した利用者について、24時間連絡できる体制を確保、かつ必要に応じて居宅介護支援を行うことができる体制を整備

◆特別地域加算　所定単位数の15%（15%）を加算（（Ⅰ）（ⅰ）・（Ⅱ）（ⅰ）の場合）

◆中山間地域等における小規模事業所加算

所定単位数の10%（10%）を加算（訪問回数200回以下／月）（（Ⅰ）（ⅰ）・（Ⅱ）（ⅰ）の場合）

◆中山間地域等に居住する者へのサービス提供加算

所定単位数の5%（5%）を加算

【減算】

◆高齢者虐待防止措置未実施減算　所定単位数の99%で算定＜新設＞

◆業務継続計画未策定減算　所定単位数の99%で算定＜新設＞（2025年4月1日より）

◆事業所と同一建物の利用者、またはこれ以外の同一建物の利用者20人以上に提供する場合

所定単位数の95%で算定＜新設＞

◆運営基準減算　所定単位数の50%（50%）で算定

ケアマネジメントに係るサービス担当者会議やモニタリングの実施などの基本的業務を適切に実施していない場合、また利用者はケアプランに位置付ける居宅サービス事業所について複数の事業所の紹介を求めること、および当該事業所をケアプランに位置付けた理由を求めることが可能であることを、利用者や家族に対して説明を行わなかった場合。2月以上継続している場合、所定単位数は算定しない

◆特定事業所集中減算　1月につき200単位（200）を減算

前6月間に作成したケアプランに位置付けた訪問介護、通所介護、福祉用具貸与の提供回数のうち、同一事業者によって提供されたものの割合が80%以上

2　介護予防支援費

人員・設備基準等

○人員

管理者	常勤の者
担当職員	1人以上 （保健師、介護支援専門員、社会福祉士、経験ある看護師、高齢者保健福祉に関する相談援助業務に3年以上従事した社会福祉主事のいずれかの要件を満たす者）

1級地	2級地	3級地	4級地	5級地	6級地	7級地	その他
11.40円	11.12円	11.05円	10.84円	10.70円	10.42円	10.21円	10.00円

介護予防支援費

1月につき（　　）内は旧単価

介護予防支援費	要支援1・2
（1）地域包括支援センターが行う場合	442単位（438）
（2）指定居宅介護支援事業者が行う場合<新設>	472単位

☆居宅介護支援事業者が市町村から指定を受けて介護予防支援を実施する場合
（ⅰ）ケアマネジャーのみの配置で事業を実施できる（ⅱ）管理者は主任ケアマネジャーとし、介護予防支援事業所の管理に支障がない場合は他事業所の職務との兼務が可能

【加算】

◆初回加算　1月につき300単位（300）を加算

◆委託連携加算　1月につき300単位（300）を加算（1回まで）（(1) の場合）

介護予防支援を居宅介護支援事業所に委託する際、利用者に係る必要な情報を提供し、当該居宅介護支援事業所における予防ケアプランの作成等に協力する

◆特別地域加算　所定単位数の15%を加算<新設>（(2) の場合）

◆中山間地域等における小規模事業所加算
所定単位数の10%を加算<新設>（(2) の場合）

◆中山間地域等に居住する者へのサービス提供加算
所定単位数の5%を加算<新設>（(2) の場合）

【減算】

◆高齢者虐待防止措置未実施減算　所定単位数の99%で算定<新設>

◆業務継続計画未策定減算　所定単位数の99%で算定<新設>（2025年4月1日より）

介護サービス

III
指定施設サービス等介護給付費

1 介護福祉施設サービス

人員・設備基準等

○人員

医師	入所者に対し健康管理および療養上の指導を行うために必要な数
介護職員・看護職員	入所者の数が3またはその端数を増すごとに1以上
栄養士または管理栄養士	1以上
機能訓練指導員	
ケアマネジャー	1以上（入所者の数が100またはその端数を増すごとに1を標準とする）

○設備・備品

居室	原則定員1人、入所者1人当たりの床面積10.65㎡以上
医務室	医療法に規定する診療所とすること
食堂および機能訓練室	床面積入所定員×3㎡以上
廊下幅	原則1.8m以上
浴室	要介護者が入浴するのに適したものとすること

※ユニット型の場合、上記基準に加え以下が必要

・共同生活室
・居室を共同生活室に近接して一体的に設置
・1ユニットの定員は原則としておおむね10人以下とし、15人を超えない
・昼間は1ユニットごとに常時1人以上、夜間は2ユニットごとに1人以上の介護職員または看護職員を配置
・ユニットごとに常勤のユニットリーダーを配置等

1級地	2級地	3級地	4級地	5級地	6級地	7級地	その他
10.90円	10.72円	10.68円	10.54円	10.45円	10.27円	10.14円	10.00円

介護福祉施設サービス

1日につき（ ）内は旧単価	要介護1	要介護2	要介護3	要介護4	要介護5

イ　介護福祉施設サービス費

(1) 介護福祉施設サービス費

	要介護1	要介護2	要介護3	要介護4	要介護5
(Ⅰ)〈従来型個室〉	589単位 (573)	659単位 (641)	732単位 (712)	802単位 (780)	871単位 (847)
(Ⅱ)〈多床室〉	589単位 (573)	659単位 (641)	732単位 (712)	802単位 (780)	871単位 (847)

(2) 経過的小規模介護福祉施設サービス費

	要介護1	要介護2	要介護3	要介護4	要介護5
(Ⅰ)〈従来型個室〉	694単位 (675)	762単位 (741)	835単位 (812)	903単位 (878)	968単位 (942)
(Ⅱ)〈多床室〉	694単位 (675)	762単位 (741)	835単位 (812)	903単位 (878)	968単位 (942)

ロ　ユニット型介護福祉施設における介護福祉施設サービス費

(1) ユニット型介護福祉施設サービス費

	要介護1	要介護2	要介護3	要介護4	要介護5
(Ⅰ)〈ユニット型個室〉	670単位 (652)	740単位 (720)	815単位 (793)	886単位 (862)	955単位 (929)
(Ⅱ)〈ユニット型個室的多床室〉	670単位 (652)	740単位 (720)	815単位 (793)	886単位 (862)	955単位 (929)

(2) 経過的ユニット型小規模介護福祉施設サービス費

	要介護1	要介護2	要介護3	要介護4	要介護5
(Ⅰ)〈ユニット型個室〉	768単位 (747)	836単位 (813)	910単位 (885)	977単位 (950)	1043単位(1015)
(Ⅱ)〈ユニット型個室的多床室〉	768単位 (747)	836単位 (813)	910単位 (885)	977単位 (950)	1043単位(1015)

☆ユニット型個室的多床室は新たに設置することを禁止する
☆従来型・ユニット型を併設する場合、入所者の処遇に支障がない場合は介護・看護職員の兼務を認める。入所者の処遇や職員の負担に配慮する観点から、食事、健康管理、衛生管理、生活相談等における役務の提供や設備の供与が入所者の身体的、精神的特性を配慮して適切に行われること、労働関係法令に基づき、職員の休憩時間や有給休暇等が適切に確保されていること
☆広域型特養と小規模多機能型居宅介護が併設する場合、介護職員は入所者の処遇に支障がない場合に、管理者は管理上支障がない場合に兼務を可能とする。
☆離島・過疎地域以外の経過的小規模介護老人福祉施設（経過的地域密着型介護老人福祉施設入所者生活介護）であって、他の介護老人福祉施設と一体的に運営されている場合、（地域密着型）介護老人福祉施設の基本報酬に統合。1年間の経過措置期間を設ける
☆見守り機器等を導入した場合、夜間における人員配置（常勤換算）は以下の通り
・利用者の数が26～60人の場合1.6人以上
・利用者の数が61～80人の場合2.4人以上
・利用者の数が81～100人の場合3.2人以上
・利用者の数が101人以上の場合3.2に利用者の数が100を超えて25またはその端数を増すごとに0.8を加えて得た数以上
(要件)（ⅰ）利用者の動向を検知できる見守り機器を全利用者に設置　（ⅱ）夜勤時間帯を通じて、夜勤を行う全ての介護・看護職員が情報通信機器を使用し、職員同士の連携促進が図られている　（ⅲ）見守り機器等を活用する際の安全体制およびケアの質の確保、ならびに職員の負担軽減に関する以下（1）～（4）を実施し、かつ、見守り機器等を安全かつ有効に活用するための委員会を設置し、介護・看護職員、その他の職種と共同して当該委員会で必要な検討等を行い、（1）～（4）の実施を定期的に確認
　（1）夜勤職員による居室への訪問が個別に必要な利用者への訪問、および当該利用者に対する適切なケア等による安全・ケアの質の確保　（2）夜勤職員の負担軽減および勤務状況への配慮　（3）見守り機器等の定期的な点検　（4）見守り機器等を安全かつ有効に活用するための職員研修

【加算】

◆外泊時費用　所定単位数に代えて　1日につき246単位（246）を算定（月6日まで）

入所者が病院・診療所への入院を要した場合および入所者に居宅での外泊を認めた場合

※入院または外泊の初日および最終日は算定しない

◆外泊時在宅サービス利用費用

所定単位数に代えて　1日につき560単位（560）を算定（月6日まで）

入所者に対して居宅における外泊を認め、当該入所者が介護老人福祉施設により提供される在宅サービスを利用した場合

※外泊の初日および最終日は算定しない

※外泊時費用を算定している場合は算定しない

◆初期加算　1日につき30単位（30）を加算（入所日から30日以内）

※30日を超える病院・診療所への入院後に介護老人福祉施設に再び入所した場合も同様

◆退所時栄養情報連携加算　1回につき70単位を加算<新設>（月1回まで）

厚生労働大臣が定める特別食を必要とする入所者、または低栄養状態にあると医師が判断した入所者が退所する際、管理栄養士が入所者の同意を得て退所先へ栄養管理に関する情報を提供した場合。退所先が居宅の場合は主治医の病院または診療所およびケアマネジャーへ、退所先が医療機関または介護施設の場合は当該医療機関等へ提供する。栄養管理の基準を満たさない場合、または栄養マネジメント強化加算を算定している場合は算定しない

◆再入所時栄養連携加算　1回につき200単位（200）を加算（1回まで）

入所者が退所し病院または診療所に入院し、退院後に再度当該施設に入所する際、入所者が厚生労働大臣が定める特別食等を必要とし、施設の管理栄養士が病院・診療所の管理栄養士と連携し栄養ケア計画を策定した場合

※栄養管理の基準を満たさない場合は算定しない

◆退所時等相談援助加算（1回につき）

（1）退所前訪問相談援助加算　460単位（460）を加算（入所中1回または2回まで）
（2）退所後訪問相談援助加算　460単位（460）を加算（退所後1回まで）
（3）退所時相談援助加算　400単位（400）を加算（1回まで）
（4）退所前連携加算　500単位（500）を加算（1回まで）
（5）退所時情報提供加算　250単位を加算<新設>（1回まで）

（1）入所期間が1月を超える見込みの入所者の退所に先立ち、ケアマネジャー、生活相談員、看護職員、機能訓練指導員、医師のいずれかが、退所後の居宅を訪問し、入所者・家族等に退所後のサービスの相談援助を行う。入所後早期に退所前相談援助の必要が認められる入所者は2回まで算定可。入所者が退所後にその居宅ではなく、他の社会福祉施設等に入所する場合に、入所者の同意を得て同施設を訪問し、連絡調整・情報提供を行った場合も同様

（2）入所者の退所後30日以内に居宅を訪問し、入所者・家族等に相談援助を行う。入所者が退所後、他の施設等に入所する場合に、入所者の同意を得て同施設を訪問し、連絡調整・情報提供等を行った場合も同様

（3）入所期間が1月を超える入所者が退所し、居宅でサービスを利用する場合に、退所時に入所者・家族等に退所後の相談援助を行い、かつ退所日から2週間以内に市町村および老人介護支援センターに必要な情報を提供する。入所者が退所後、他の施設等に入所する場合に、入所者の同意を得て、同施設に介護状況の文書を添えて情報提供等を行った場合も同様

（4）入所期間が1月を超える入所者が退所し、居宅でサービスを利用する場合に、退所に先立ち、居宅介護支援事業者と退所前から連携し、入所者の同意を得て入所者の介護状況を示す文書を添えて情報提供とサービス調整を行う

（5）入所者が退所し医療機関に入院する場合に、入所者の同意を得て当該医療機関へ入所者の心身の状況、生活歴等の情報を提供した上で入所者の紹介を行う

介護福祉施設サービス

◆協力医療機関連携加算<新設>

(1) 相談・診療体制を常時確保し緊急時入院を受け入れる体制を確保している協力医療機関の場合　1月につき50単位を加算（2025年3月31日までは100単位）

(2) 上記以外の協力医療機関の場合　1月につき5単位を加算

協力医療機関との間で、利用者の同意を得て病歴等の情報を共有する会議を定期的に開催

◆栄養マネジメント強化加算　1日につき11単位（11）を加算

①管理栄養士を常勤換算で、入所者の数を50（常勤の栄養士を1人以上配置し、当該栄養士が給食管理を行っている場合は70）で除して得た数以上を配置する　②低栄養状態またはそのおそれがある入所者に対して、医師、歯科医師、管理栄養士、看護師、ケアマネジャー等の職種が共同して作成した栄養ケア計画に従い、栄養管理をするための食事の観察を週3回以上行い当該入所者ごとの栄養状態、心身の状況および嗜好を踏まえた食事の調整等を行う　③②に規定する以外の入所者に対しても、食事の観察の際に変化を把握し、問題がある場合は早期に対応する　④入所者ごとの栄養状態等の情報を厚生労働省に提出し、継続的な栄養管理の実施にあたり当該情報その他継続的な栄養管理の適切かつ有効な実施に必要な情報を活用する

※栄養管理の基準を満たさない場合は算定しない

◆経口移行加算　1日につき28単位（28）を加算（計画作成日から180日以内）

医師の指示で、医師、歯科医師、管理栄養士、看護師、ケアマネジャー等が共同して、現に経管で食事している入所者ごとに経口による食事摂取を進めるための経口移行計画を作成し、計画に従い医師の指示を受けた管理栄養士・栄養士が栄養管理および言語聴覚士・看護職員による支援を行う。180日を超えた場合でも、経口による食事摂取が一部可能な者で、医師の指示で継続して栄養管理および支援が必要な者には引き続き算定可

※栄養管理の運営基準を満たさない場合は算定しない

◆経口維持加算　（Ⅰ）1月につき400単位（400）を加算
（Ⅱ）1月につき100単位（100）を加算

（Ⅰ）①現に経口で食事摂取する者で、摂食機能障害を有し、誤嚥が認められる入所者に対し、医師・歯科医師の指示で、医師・歯科医師・管理栄養士・看護師・ケアマネジャー等が共同して、入所者の栄養管理のための食事の観察および会議等を行う　②入所者ごとに経口による継続的な食事摂取を進めるための経口維持計画を作成する　③計画に従い医師・歯科医師の指示を受けた管理栄養士または栄養士が栄養管理を実施する

※経口移行加算を算定している場合、または栄養管理の基準を満たさない場合は算定しない

（Ⅱ）協力歯科医療機関を定めている施設が、同加算（Ⅰ）を算定していて、（Ⅰ）①の会議等に医師・歯科医師・歯科衛生士・言語聴覚士が加わった場合

◆口腔衛生管理加算　（Ⅰ）1月につき90単位（90）を加算
（Ⅱ）1月につき110単位（110）を加算

（Ⅰ）①歯科医師の指示を受けた歯科衛生士が、入所者に口腔ケアを月2回以上行う　②歯科衛生士が介護職員に具体的な技術的助言および指導を行う　③必要に応じて、歯科衛生士が介護職員からの相談等へ対応する

（Ⅱ）入所者ごとの口腔衛生等の管理に係る計画の内容等の情報を厚生労働省に提出し、口腔衛生の管理の実施にあたり当該情報その他口腔衛生の管理の適切かつ有効な実施に必要な情報を活用する

◆療養食加算　1回につき6単位（6）を加算（1日3回まで）

①疾病治療の直接手段として、医師の発行する食事せんに基づき提供された適切な栄養量および内容を有する糖尿病食、腎臓病食、肝臓病食、胃潰瘍食、貧血食、膵臓病食、脂質異常症食、痛風食および特別な場合の検査食　②食事提供が管理栄養士または栄養士によって管理　③利用者の年齢・心身状況によって適切な栄養量・内容の食事を提供

◆特別通院送迎加算　1月につき594単位を加算＜新設＞

透析を要する入所者で、その家族や病院等による送迎が困難である等やむを得ない事情があるものに対し、月12回以上、通院のため送迎を行った場合

◆配置医師緊急時対応加算

(1)　配置医師の勤務時間外の場合　　1回につき325単位を加算＜新設＞
(2)　早朝・夜間の場合　　1回につき650単位（650）を加算
(3)　深夜の場合　　1回につき1300単位（1300）を加算

配置医師が施設の求めに応じ、早朝（午前6時～8時）、夜間（午後6時～10時）、深夜（午後10時～午前6時）、または配置医師の通常の勤務時間外（早朝、夜間、深夜を除く）に施設を訪問して入所者に対し診療を行い、かつ診療を行った理由を記録した場合
※看護体制加算（Ⅱ）を算定していない場合は算定しない

◆看取り介護加算

（Ⅰ）　(1)　死亡日以前31日以上45日以下　1日につき72単位（72）を加算
(2)　死亡日以前4日以上30日以下　1日につき144単位（144）を加算
(3)　死亡日以前2日または3日（前日および前々日）　1日につき680単位（680）を加算
(4)　死亡日　1日につき1280単位（1280）を加算
（Ⅱ）　(1)　死亡日以前31日以上45日以下　1日につき72単位（72）を加算
(2)　死亡日以前4日以上30日以下　1日につき144単位（144）を加算
(3)　死亡日以前2日または3日（前日および前々日）　1日につき780単位（780）を加算
(4)　死亡日　1日につき1580単位（1580）を加算

※（Ⅰ）・（Ⅱ）は併算定不可

（Ⅰ）①看取りの指針を定め、入所の際に利用者・家族等にその内容を説明し、同意を得る②医師、生活相談員、看護職員、介護職員、管理栄養士、ケアマネジャー等で協議の上、看取りの実績等を踏まえ、適宜、指針の見直しを行う　③看取りに関する職員研修を行う
【利用者要件】①医師が一般に認められている医学的知見に基づき回復の見込みがないと診断した者　②医師、看護職員、ケアマネジャー等が共同で作成した計画を、医師等から説明を受け、同意する者　③指針に基づき、利用者の状態または家族の求めに応じ、医師等の連携の下、介護記録等を活用した介護の説明を受け、同意した上で介護を受けている者
（Ⅱ）①（Ⅰ）を満たす　②入所者が施設内で死亡した場合
※「人生の最終段階における医療・ケアの決定プロセスに関するガイドライン」等の内容に沿った取組を行う
※施設サービス計画の作成にあたり、本人の意思を尊重した医療・ケアの方針決定に対する支援に努める
※退所日の翌日から死亡日までの間は算定しない

◆在宅復帰支援機能加算　1日につき10単位（10）を加算

①入所者の家族との連絡調整を行う　②入所者が希望する居宅介護支援事業所に対し、居宅サービスに必要な情報提供・サービス利用を調整する

◆在宅・入所相互利用加算　1日につき40単位（40）を加算

在宅生活を継続する観点から、複数の者であらかじめ在宅期間および入所期間（入所期間が3月を超えるときは、3月まで）を定めて、当該施設の居室を計画的に利用している

◆認知症専門ケア加算　（Ⅰ）1日につき3単位（3）を加算
（Ⅱ）1日につき4単位（4）を加算

（Ⅰ）①日常生活自立度Ⅲの入所者（以下「対象者」）が50％以上　②認知症介護に係る専門的な研修を修了している者（別に厚生労働大臣が定める者を含む）を、対象者が20人

介護福祉施設サービス

未満の場合は1以上、対象者の数が20人以上の場合は1に、当該対象者の数が19を超えて10またはその端数を増すごとに1を加えて得た数以上を配置し、チームとして専門的な認知症ケアを実施　③従業者に対して、認知症ケアに関する留意事項の伝達または技術的指導に係る会議を定期的に開催

（Ⅱ）①（Ⅰ）を満たす　②認知症介護の指導に係る専門的な研修を修了している者を1人以上配置し、事業所または施設全体の認知症ケアの指導等を実施　③介護職員、看護職員ごとの認知症ケアに関する研修計画を作成し、当該計画に従い、研修を実施（予定含む）

※認知症チームケア推進加算を算定している場合は算定しない

◆認知症チームケア推進加算＜新設＞　（Ⅰ）1月につき150単位を加算
（Ⅱ）1月につき120単位を加算

（Ⅰ）①日常生活自立度Ⅱ入所者の割合が50％以上　②認知症の行動・心理症状の予防および出現時の早期対応（以下「予防等」）に資する認知症介護の指導に係る専門的な研修を修了している者、または認知症介護に係る専門的な研修および認知症の行動・心理症状の予防等に資するケアプログラムを含んだ研修を修了した者を1人以上配置し、かつ複数人の介護職員から成る認知症の行動・心理症状に対応するチームを組む　③対象者個別に認知症の行動・心理症状の評価を計画的に行い、評価に基づく値を測定し、認知症の行動・心理症状の予防等に資するチームケアを実施　④認知症の行動・心理症状の予防等に資する認知症ケアについて、カンファレンスの開催、計画の作成、認知症の行動・心理症状の有無および程度についての定期的な評価、ケアの振り返り、計画の見直し等を行う

（Ⅱ）①（Ⅰ）①・③・④を満たす　②認知症の行動・心理症状の予防等に資する認知症介護に係る専門的な研修を修了している者を1人以上配置し、かつ、複数人の介護職員から成る認知症の行動・心理症状に対応するチームを組む

※認知症専門ケア加算を算定している場合は、算定しない

◆認知症行動・心理症状緊急対応加算　1日につき200単位（200）を加算（入所後7日まで）

医師が、認知症の行動・心理症状が認められるため在宅生活が困難であり、緊急に介護老人福祉施設を利用することが適当と判断した者

◆褥瘡マネジメント加算　（Ⅰ）1月につき3単位（3）を加算
（Ⅱ）1月につき13単位（13）を加算

※（Ⅰ）・（Ⅱ）は併算定不可

（Ⅰ）①入所者ごとに、入所時に褥瘡の有無の確認、褥瘡の発生と関連のあるリスクの評価を行い、その後3月に1回以上評価を行う。評価の結果等の情報を厚生労働省に提出し、褥瘡管理の実施にあたり当該情報その他褥瘡管理の適切かつ有効な実施に必要な情報を活用　②①の評価の結果、褥瘡が認められ、または褥瘡のリスクがある入所者ごとに医師、看護師、介護職員、管理栄養士、ケアマネジャーその他の職種の者が共同して、褥瘡管理に関する褥瘡ケア計画を作成する　③入所者ごとの褥瘡ケア計画に従い褥瘡管理を実施するとともに、その管理の内容や入所者の状態を定期的に記録している　④①の評価に基づき3月に1回以上、入所者ごとに褥瘡ケア計画を見直す

（Ⅱ）①（Ⅰ）を満たす　②（Ⅰ）①の評価の結果、入所時に褥瘡が認められた入所者の褥瘡が治癒、または褥瘡のリスクがある入所者に褥瘡の発生がない

◆排せつ支援加算（Ⅰ）1月につき10単位（10）を加算
（Ⅱ）1月につき15単位（15）を加算
（Ⅲ）1月につき20単位（20）を加算

※（Ⅰ）～（Ⅲ）は併算定不可

（Ⅰ）①入所者ごとに、要介護状態の軽減の見込みについて医師または医師と連携した看護師が入所時に評価するとともに、3月に1回以上、評価を行い、その結果等の情報を厚生労働省に提出し、排せつ支援の実施にあたり当該情報その他排せつ支援の適切かつ有効な実

施に必要な情報を活用する　②①の評価の結果、排せつに介護を要する入所者で、適切な対応を行うことで要介護状態の軽減が見込まれる者について医師、看護師、ケアマネジャー等が共同して、当該入所者が排せつに介護を要する原因を分析し、それに基づいた支援計画を作成し、支援を継続して実施する　③①の評価に基づき、3月に1回以上、入所者ごとに支援計画を見直す

（Ⅱ）①（Ⅰ）を満たす　②（Ⅰ）①の評価の結果、以下（ア）・（イ）・（ウ）のいずれかを満たす

（Ⅲ）①（Ⅰ）を満たす　②（Ⅰ）①の評価の結果、以下（ア）または（ウ）、かつ（イ）を満たす

※（ア）要介護状態の軽減が見込まれる者について、入所時と比較して排尿または排便の状態のいずれかが改善し、いずれも悪化していない（イ）要介護状態の軽減が見込まれる者について、入所時と比較しておむつ使用「あり」から使用「なし」に改善（ウ）入所時に尿道カテーテルが留置されていた者について、尿道カテーテルが抜去

◆自立支援促進加算　1月につき280単位（300）を加算

①医師が入所者ごとに、自立支援に係る医学的評価を入所時に行うとともに、少なくとも3月に1回以上、医学的評価の見直しを行い、その結果等の情報を厚生労働省に提出し、自立支援促進の実施にあたり当該情報その他自立支援促進の適切かつ有効な実施に必要な情報を活用する②①の医学的評価の結果、自立支援促進の対応が必要だとされた入所者ごとに医師、看護師、介護職員、ケアマネジャー等が共同して支援計画を策定しケアを実施する　③①の医学的評価に基づき3月に1回、入所者ごとに支援計画を見直す　④医師が自立支援に係る支援計画等の策定等に参加する

◆科学的介護推進体制加算　（Ⅰ）1月につき40単位（40）を加算
（Ⅱ）1月につき50単位（50）を加算

※（Ⅰ）・（Ⅱ）は併算定不可

（Ⅰ）①利用者ごとのADL値、栄養状態、口腔機能、認知症の状況その他心身の状況等に係る基本的な情報を厚生労働省に提出　②必要に応じて施設サービス計画を見直すなど、サービス提供にあたり①に規定する情報その他サービスを適切かつ有効に提供するために必要な情報を活用

（Ⅱ）（Ⅰ）に加え、利用者の疾病等の情報を厚生労働省に提出

◆安全対策体制加算　1回につき20単位（20）を加算（入所時に1回まで）

①事故の発生・再発を防止するための措置を適切に実施するための担当者を配置　②①の担当者が安全対策に係る外部研修を受けている　③施設内に安全管理部門を設置し、組織的に安全対策を実施する体制を整備

◆高齢者施設等感染対策向上加算<新設>　（Ⅰ）1月につき10単位を加算
（Ⅱ）1月につき5単位を加算

（Ⅰ）①第二種協定指定医療機関（感染症法第6条第17項）との間で、新興感染症の発生時等の対応を行う体制を確保　②協力医療機関等との間で新興感染症以外の一般的な感染症の発生時等の対応を取り決めるとともに、感染症の発生時等に協力医療機関等と連携し適切に対応　③診療報酬の感染対策向上加算または外来感染対策向上加算に係る届出を行った医療機関または地域の医師会が定期的に行う院内感染対策に関する研修または訓練に1年に1回以上参加

（Ⅱ）①診療報酬の感染対策向上加算に係る届出を行った医療機関から、施設内で感染者が発生した場合の感染制御等に係る実地指導を3年に1回以上受けている

◆新興感染症等施設療養費　1日につき240単位を加算<新設>（月1回、連続5日まで）

入所者等が別に厚生労働大臣が定める感染症（※）に感染した場合に相談対応、診療、入院調整等を行う医療機関を確保し、かつ当該感染症に感染した入所者等に対し、適切な感染

対策を行った場合（※）現時点で指定されている感染症はなし

◆生産性向上推進体制加算＜新設＞　（Ⅰ）1月につき100単位を加算
（Ⅱ）1月につき10単位を加算
※（Ⅰ）・（Ⅱ）は併算定不可

（Ⅰ）①利用者の安全、介護サービスの質の確保、職員の負担軽減に資する方策を検討する委員会にて、以下（一）～（四）について検討および実施の定期的な確認を行う（一）業務効率化、質向上、職員の負担軽減に資する機器（以下「介護機器」）を活用する場合の利用者の安全、ケアの質の確保（二）職員の負担軽減、勤務状況への配慮（三）介護機器の定期的な点検（四）業務効率化、質向上、職員の負担軽減をはかるための職員研修　②①の取組および介護機器の活用による業務効率化、質の確保、職員の負担軽減の実績がある　③介護機器を複数種類活用している　④①の委員会で職員の業務分担の明確化等による業務効率化、質の確保、負担軽減を検討・実施し、実施を定期的に確認　⑤事業年度ごとに①③④の取組による業務効率化、質の確保、職員の負担軽減の実績を厚生労働省へ報告

（Ⅱ）①（Ⅰ）①を満たす　②介護機器を活用している　③事業年度ごとに①②の取組による業務効率化、質の確保、職員の負担軽減の実績を厚生労働省へ報告

◆サービス提供体制強化加算　（Ⅰ）1日につき22単位（22）を加算
（Ⅱ）1日につき18単位（18）を加算
（Ⅲ）1日につき6単位（6）を加算

（Ⅰ）①介護職員の総数のうち介護福祉士の割合が80%以上、または介護職員の総数のうち勤続10年以上の介護福祉士の割合が35%以上　②質の向上に資する取組を実施している

（Ⅱ）介護職員の総数のうち介護福祉士の割合が60%以上

（Ⅲ）介護職員の総数のうち介護福祉士の割合が50%以上、または看護・介護職員の総数のうち常勤職員の割合が75%以上、もしくはサービスを直接提供する職員の総数のうち勤続7年以上の割合が30%以上

◆介護職員等処遇改善加算＜新設＞　（Ⅰ）所定単位数の14.0%を加算
（2024年6月1日より）　（Ⅱ）所定単位数の13.6%を加算
（Ⅲ）所定単位数の11.3%を加算
（Ⅳ）所定単位数の9.0%を加算
（Ⅴ）所定単位数の4.7～12.4%を加算（※）

（※）（Ⅴ）の加算率は改定前の介護職員処遇改善加算、介護職員等特定処遇改善加算、介護職員等ベースアップ等支援加算の組合わせにより14種類（2025年3月31日まで）

所定単位数は、基本報酬に各種加算減算を加えた総単位数

◆日常生活継続支援加算　（Ⅰ）1日につき36単位（36）を加算（イの場合）
（Ⅱ）1日につき46単位（46）を加算（ロの場合）

①算定月の前6月間または前12月間の新規入所者総数のうち、（イ）～（ハ）（※）のいずれかを満たす場合　②介護福祉士数が常勤換算で、入所者数が6またはその端数を増すごとに1以上（※）

※（イ）要介護4～5の割合が70%以上（ロ）日常生活に支障をきたすおそれのある症状または行動が認められ介護を必要とする認知症者の割合が65%以上（ハ）たん吸引等の医行為を必要とする者の割合が15%以上

※②について、以下（a）～（c）のいずれも満たす場合は「入所者の数が7またはその端数を増すごとに1以上」とする

（a）業務の効率化、質の向上、職員の負担の軽減に資する機器（以下「介護機器等」）を複数種類使用

（b）介護機器等の使用にあたり介護職員、看護職員、ケアマネジャー等が共同してアセスメント（入所者の心身の状況を勘案し、自立した日常生活を支援する上で解決すべき課題

を把握）および入所者の身体の状況等の評価を行い、職員の配置の状況等の見直しを行っている

（c）（ⅰ）入所者の安全、ケアの質の確保（ⅱ）職員の負担軽減、勤務状況への配慮（ⅲ）介護機器等の定期的な点検（ⅳ）介護機器等を安全かつ有効に活用するための職員研修——を実施し、かつ介護機器等を安全・有効に活用するための委員会を設置し、介護職員、看護職員、ケアマネジャー等と共同して、当該委員会において必要な検討等を行い、当該事項の実施を定期的に確認する

◆看護体制加算　（Ⅰ）定員30～50人　1日につき6単位（6）を加算
定員51人以上または経過的小規模　1日につき4単位（4）を加算
（Ⅱ）定員30～50人　1日につき13単位（13）を加算
定員51人以上または経過的小規模　1日につき8単位（8）を加算

（Ⅰ）常勤看護師を1人以上配置（Ⅱ）①看護職員を常勤換算方法で入所者数25またはその端数を増すごとに1人以上配置　②当該事業所か病院診療所・訪問看護ステーションの看護職員と24時間の連絡体制を確保

◆夜勤職員配置加算
（Ⅰ）（イの場合）定員30～50人　1日につき22単位（22）を加算
定員51人以上または経過的小規模　1日につき13単位（13）を加算
（Ⅱ）（ロの場合）定員30～50人　1日につき27単位（27）を加算
定員51人以上または経過的小規模　1日につき18単位（18）を加算
（Ⅲ）（イの場合）定員30～50人　1日につき28単位（28）を加算
定員51人以上または経過的小規模　1日につき16単位（16）を加算
（Ⅳ）（ロの場合）定員30～50人　1日につき33単位（33）を加算
定員51人以上または経過的小規模　1日につき21単位（21）を加算

（Ⅰ）・（Ⅱ）夜勤介護職員・看護職員数が、最低基準を1人以上上回っている

（Ⅲ）・（Ⅳ）夜勤時間帯を通じて、看護職員または喀痰吸引等の実施ができる介護職員が、最低基準を1人以上上回っている。登録喀痰吸引等事業者として都道府県へ登録していること

※以下（ⅰ）・（ⅱ）を満たす場合、最低基準を0.9人以上上回る場合に算定可

（ⅰ）利用者の動向を検知できる見守り機器を利用者数の10%以上に設置　（ⅱ）施設内に見守り機器を安全かつ有効に活用するための委員会を設置し、必要な検討等が行われている※以下（ⅰ）～（ⅲ）を満たす場合、最低基準を0.6人（人員配置基準の緩和を適用する場合は0.8人）以上上回る場合に算定可

（ⅰ）利用者の動向を検知できる見守り機器を全利用者に設置　（ⅱ）夜勤時間帯を通じて、夜勤を行う全ての介護・看護職員が情報通信機器を使用し、職員同士の連携促進が図られている　（ⅲ）見守り機器等を活用する際の安全体制およびケアの質の確保、ならびに職員の負担軽減に関する以下（1）～（4）を実施し、かつ、見守り機器等を安全かつ有効に活用するための委員会を設置し、介護・看護職員、その他の職種と共同して当該委員会で必要な検討等を行い、（1）～（4）の実施を定期的に確認

（1）夜勤職員による居室への訪問が個別に必要な利用者への訪問、および当該利用者に対する適切なケア等による安全・ケアの質の確保　（2）夜勤職員の負担軽減および勤務状況への配慮　（3）見守り機器等の定期的な点検　（4）見守り機器等を安全かつ有効に活用するための職員研修

◆準ユニットケア加算　1日につき5単位（5）を加算（イの場合）

①12人を標準とする単位（以下「準ユニット」）で、介護老人福祉施設サービスを提供する②入所者のプライバシー確保に配慮した個室的なしつらえの整備とともに、準ユニットごとに共同生活室（利用者が交流し、共同で日常生活を営むための場所）を設置する　③以下

介護福祉施設サービス

(1) ～ (3) に従い人員を配置

(1) 日中は準ユニットごとに常時1人以上の介護職員または看護職員を配置 (2) 夜間・深夜は、2ユニットごとに1人以上の介護職員または看護職員を、夜間・深夜の勤務に従事する職員として配置 (3) 準ユニットごとに、常勤のユニットリーダーを配置

◆生活機能向上連携加算　(Ⅰ) 1月につき100単位 (100) を加算 (3月に1回まで)
(Ⅱ) 1月につき200単位 (200) を加算

※ (Ⅰ)・(Ⅱ) は併算定不可

(Ⅰ) ①訪問・通所リハビリテーション事業所、もしくは医療提供施設 (許可病床200床未満または半径4km以内に診療所が存在しないもの) の理学療法士、作業療法士、言語聴覚士または医師 (以下「理学療法士等」) の助言に基づき、介護福祉施設の機能訓練指導員等が共同して利用者の身体状況等の評価および個別機能訓練計画の作成を行う　②個別機能訓練計画に基づき、利用者の身体機能または生活機能向上を目的とする機能訓練の項目を準備し、機能訓練指導員等が、利用者の心身の状況に応じた機能訓練を適切に提供　③機能訓練指導員等が理学療法士等と連携し、個別機能訓練計画の進捗状況等を3月に1回以上評価し、利用者またはその家族に対して機能訓練の内容と個別機能訓練計画の進捗状況等を説明し、必要に応じて訓練内容の見直し等を行う

(Ⅱ) ①理学療法士等が介護福祉施設を訪問し、機能訓練指導員等と共同してアセスメント、利用者の身体の状況等の評価および個別機能訓練計画の作成を行う　② (Ⅰ) ②・③を満たす

※個別機能訓練加算を算定している場合は (Ⅰ) は算定せず、(Ⅱ) は1月につき100単位を加算

◆個別機能訓練加算　(Ⅰ) 1日につき12単位 (12) を加算
(Ⅱ) 1月につき20単位 (20) を加算
(Ⅲ) 1月につき20単位を加算<新設>

(Ⅰ) ①専ら機能訓練指導員の職務に従事する常勤の理学療法士、作業療法士、言語聴覚士、看護職員、柔道整復師またはあん摩マッサージ指圧師、一定の実務経験を有するはり師またはきゅう師 (以下「理学療法士等」) を1人以上配置　②機能訓練指導員、看護職員、介護職員、生活相談員等が共同して、利用者ごとに個別機能訓練計画を作成し、それに基づき計画的に機能訓練を行う

(Ⅱ) ① (Ⅰ) を算定　②利用者ごとの個別機能訓練計画書の内容等の情報を厚生労働省に提出し、機能訓練の実施にあたり当該情報その他機能訓練の適切かつ有効な実施に必要な情報を活用

(Ⅲ) ① (Ⅱ) を算定　②口腔衛生管理加算 (Ⅱ)、栄養マネジメント強化加算を算定　③入所者ごとに、理学療法士等が個別機能訓練計画の内容、その他個別機能訓練の適切・有効な実施に必要な情報、入所者の口腔の健康状態、栄養状態に関する情報を相互に共有　④③で共有した情報を踏まえ、必要に応じて個別機能訓練計画の見直しを行い、その内容について理学療法士等の関係職種間で共有

◆ ADL維持等加算　(Ⅰ) 1月につき30単位 (30) を加算
(Ⅱ) 1月につき60単位 (60) を加算

※ (Ⅰ)・(Ⅱ) は併算定不可

(Ⅰ) ①利用者 (評価対象利用期間が6月超) の総数が10人以上　②利用者全員について、評価対象利用期間の初月 (評価対象利用開始月) と、その翌月から起算して6月目 (6月目にサービス利用がない場合は利用最終月) のADLを評価し、その値 (ADL値) を測定し、測定月ごとに厚生労働省に提出　③評価対象利用者の評価対象利用開始月の翌月から起算し6月目に測定したADL値から評価対象開始月に測定したADL値を控除し得た値を用いて一定の基準に基づき算出した値 (ADL利得) の平均値が1以上

（Ⅱ）①（Ⅰ）①・②を満たす　②（Ⅰ）③についてADL利得の平均値が3以上

◆若年性認知症入所者受入加算　1日につき120単位（120）を加算

※認知症行動・心理症状緊急対応加算を算定している場合は算定しない

◆専従の常勤医師を配置している場合　1日につき25単位（25）を加算

◆精神科医師による療養指導　1日につき5単位（5）を加算

認知症の入所者が3分の1以上を占める施設で、精神科医師による定期的な療養指導が月2回以上行われている

◆障害者生活支援体制加算　（Ⅰ）1日につき26単位（26）を加算
（Ⅱ）1日につき41単位（41）を加算

※（Ⅰ）・（Ⅱ）は併算定不可

（Ⅰ）視覚、聴覚、言語機能に障がいのある者、知的障がい者･精神障がい者数（以下「視覚障がい者等」）が15以上または視覚障がい者等の入所者が30％以上の施設で、常勤の障害者生活支援員を1人以上配置する

（Ⅱ）視覚障がい者等の入所者が50％以上の施設で常勤・専従の障害者生活支援員を2人以上配置する。かつ、障害者生活支援員を常勤換算で障がい入所者の数を50で除した数に1を加えた数以上配置する

※障害者生活支援員：①視覚障がい・点字の指導、点訳歩行支援等を行うことができる者　②聴覚障がいまたは言語機能障がい・手話通話等を行うことができる者　③知的障害・知的障害者福祉法（昭和35年法律第37号）第14条各号に掲げる者、またはこれらに準ずる者　④精神障害・精神保健福祉または精神保健および精神障害者福祉に関する法律施行令第12条各号に掲げる者

【減算】

◆夜勤を行う職員の勤務条件基準を満たさない場合　所定単位数の97％（97％）で算定

◆入所者の数が入所定員を超える場合、または介護・看護職員またはケアマネジャーの員数が基準に満たない場合　所定単位数の70％（70％）で算定

◆常勤のユニットリーダーをユニット毎に配置していない等ユニットケアにおける体制が未整備である場合（ロの場合）　所定単位数の97％（97％）で算定

◆身体拘束廃止未実施減算　1日につき所定単位数の90％（90％）で算定

◆安全管理体制未実施減算　1日につき5単位（5）を減算

運営基準における、事故の発生・再発を防止するための措置が講じられていない場合

◆高齢者虐待防止措置未実施減算　所定単位数の99％で算定＜新設＞

◆業務継続計画未策定減算　所定単位数の97％で算定＜新設＞

「感染症の予防及びまん延の防止のための指針」の整備、および非常災害に関する具体的計画の策定を行っている場合、2025年3月31日まで減算しない

◆栄養管理の基準を満たさない場合　1日につき14単位（14）を減算

運営基準における、各入所者の状態に応じた栄養管理を計画的に行っていない場合

2　介護保健施設サービス

人員・設備基準等

○人員

医師	常勤1以上、100対1以上
薬剤師	実情に応じた適当数（300対1を標準とする）
介護職員・看護職員	3対1以上、うち看護職員は2/7程度
支援相談員	1以上、100対1以上
理学療法士、作業療法士、言語聴覚士	100対1以上
栄養士または管理栄養士	入所定員100以上の場合、1以上
ケアマネジャー	1以上（100対１を標準とする）
調理員、事務員その他の従業者	実情に応じた適当数

○設備・備品

療養室	1室当たり定員4人以下、入所者1人当たり8㎡以上
機能訓練室	1㎡×入所定員数以上
食堂	2㎡×入所定員数以上
廊下幅	1.8m以上（中廊下は2.7m以上）
浴室	身体の不自由な者が入浴するのに適したもの等

ユニット型介護老人保健施設の場合、上記基準に加え、以下が必要

・共同生活室
・療養室を共同生活室に近接して一体的に設置
・1ユニットの定員は原則としておおむね10人以下とし、15人を超えない
・昼間は1ユニットごとに常時1人以上、夜間は2ユニットごとに1人以上の介護職員または看護職員を配置
・ユニットごとに常勤のユニットリーダーを配置等

1級地	2級地	3級地	4級地	5級地	6級地	7級地	その他
10.90円	10.72円	10.68円	10.54円	10.45円	10.27円	10.14円	10.00円

イ　介護保健施設サービス費

1日につき（　）内は旧単価	要介護1	要介護2	要介護3	要介護4	要介護5
（Ⅰ）					
（ⅰ）〈従来型個室〉【基本型】	717単位（714）	763単位（759）	828単位（821）	883単位（874）	932単位（925）
（ⅱ）〈従来型個室〉【在宅強化型】	788単位（756）	863単位（828）	928単位（890）	985単位（946）	1040単位（1003）
（ⅲ）〈多床室〉【基本型】	793単位（788）	843単位（836）	908単位（898）	961単位（949）	1012単位（1003）
（ⅳ）〈多床室〉【在宅強化型】	871単位（836）	947単位（910）	1014単位（974）	1072単位（1030）	1125単位（1085）
（Ⅱ）〈療養型老健：看護職員を配置〉					
（ⅰ）〈従来型個室〉【療養型】	758単位（739）	843単位（822）	960単位（935）	1041単位（1013）	1117単位（1087）
（ⅱ）〈多床室〉【療養型】	839単位（818）	924単位（900）	1044単位（1016）	1121単位（1091）	1197単位（1165）

1日につき（　）内は旧単価	要介護1	要介護2	要介護3	要介護4	要介護5
（Ⅲ）〈療養型老健：看護オンコール体制〉					
（ⅰ）〈従来型個室〉【療養型】	758単位（739）	837単位（816）	933単位（909）	1013単位（986）	1089単位（1060）
（ⅱ）〈多床室〉【療養型】	839単位（818）	918単位（894）	1016単位（989）	1092単位（1063）	1170単位（1138）
（Ⅳ）＜特別介護保健施設サービス費＞					
（ⅰ）＜従来型個室＞	703単位（700）	748単位（744）	812単位（805）	865単位（856）	913単位（907）
（ⅱ）＜多床室＞	777単位（772）	826単位（820）	889単位（880）	941単位（930）	991単位（982）

ロ　ユニット型介護保健施設サービス費

（Ⅰ）	要介護1	要介護2	要介護3	要介護4	要介護5
（ⅰ）〈ユニット型個室〉【基本型】	802単位（796）	848単位（841）	913単位（903）	968単位（956）	1018単位（1009）
（ⅱ）〈ユニット型個室〉【在宅強化型】	876単位（841）	952単位（915）	1018単位（978）	1077単位（1035）	1130単位（1090）
（ⅲ）〈ユニット型個室的多床室〉【基本型】	802単位（796）	848単位（841）	913単位（903）	968単位（956）	1018単位（1009）
（ⅳ）〈ユニット型個室的多床室〉【在宅強化型】	876単位（841）	952単位（915）	1018単位（978）	1077単位（1035）	1130単位（1090）
（Ⅱ）〈療養型老健：看護職員を配置〉					
（ⅰ）〈ユニット型個室〉【療養型】	928単位（904）	1014単位（987）	1130単位（1100）	1209単位（1176）	1287単位（1252）
（ⅱ）〈ユニット型個室的多床室〉【療養型】	928単位（904）	1014単位（987）	1130単位（1100）	1209単位（1176）	1287単位（1252）
（Ⅲ）〈療養型老健：看護オンコール体制〉					
（ⅰ）〈ユニット型個室〉【療養型】	928単位（904）	1007単位（980）	1104単位（1074）	1181単位（1149）	1259単位（1225）
（ⅱ）〈ユニット型個室的多床室〉【療養型】	928単位（904）	1007単位（980）	1104単位（1074）	1181単位（1149）	1259単位（1225）
（Ⅳ）〈ユニット型特別介護保健施設サービス費〉					
（ⅰ）〈ユニット型個室〉	784単位（779）	832単位（825）	894単位（885）	948単位（937）	997単位（988）
（ⅱ）〈ユニット型個室的多床室〉	784単位（779）	832単位（825）	894単位（885）	948単位（937）	997単位（988）

☆ユニット型個室的多床室は新たに設置することを禁止する

☆従来型・ユニット型を併設する場合、入所者の処遇に支障がない場合は、介護・看護職員の兼務を認める

☆老健と小規模多機能型居宅介護が併設する場合、介護職員は入所者の処遇に支障がない場合に、管理者は管理上支障がない場合に兼務を可能とする。

☆イ（Ⅳ）・ロ（Ⅳ）の場合、再入所時栄養連携加算、入所前後訪問指導加算、退所時等支援等加算、経口移行加算、経口維持加算、口腔衛生管理加算、かかりつけ医連携薬剤調整加算、所定疾患施設療養費、リハビリテーションマネジメント計画書情報加算、自立支援促進加算、科学的介護推進体制加算、排せつ支援加算、短期集中リハビリテーション実施加算、認知症短期集中リハビリテーション実施加算は算定しない

イ（Ⅰ）（ⅰ）・（ⅲ）、ロ（Ⅰ）（ⅰ）・（ⅲ）（基本型）の基準
　在宅復帰・在宅療養支援等指標（※）が20以上

イ（Ⅰ）（ⅱ）・（ⅳ）、ロ（Ⅰ）（ⅱ）・（ⅳ）（在宅強化型）の基準
　在宅復帰・在宅療養支援等指標（※）が60以上

介護保健施設サービス

※別表　在宅復帰・在宅療養支援等指標

	要件	点数	要件	点数	要件	点数
A　在宅復帰率	50%超	20	30%超	10	−	
B　ベッド回転率	10%以上	20	5%以上	10	−	
C　入所前後訪問指導割合	35%以上	10	15%以上	5	−	
D　退所前後訪問指導割合	35%以上	10	15%以上	5	−	
E　居宅サービス実施数	3	5	2（※1）	3	2	1
F　リハ専門職配置割合	5以上（※2）	5	5以上	3	3以上	2
G　支援相談員配置割合	3以上（社会福祉士有り）	5	＜新設＞3以上（社会福祉士無し）	3	2以上	1
H　要介護4〜5割合	50%超以上	5	35%以上	3	−	
I　たん吸引実施割合	10%以上	5	5%以上	3	−	
J　経管栄養実施割合	10%以上	5	5%以上	3	−	

（※1）訪問リハビリテーションを1サービス以上含む
（※2）理学療法士、作業療法士、言語聴覚士をそれぞれ1人以上配置
A　算定月の前6月の退所者のうち在宅で介護を受けることになった者の割合
B　30.4を平均在所日数で除して得た数
C　算定月の前3月間の入所者のうち、入所期間が1月を超えると見込まれる者の入所予定日前30日以内、または入所後7日以内に退所後生活が見込まれる居宅を訪問し退所を目的とした施設サービス計画の策定・診療方針の決定を行った者の割合
D　算定月の前3月間の入所者のうち、入所期間が1月を超えると見込まれる者の退所前30日以内または退所後30日以内に退所後生活が見込まれる居宅を訪問し、当該者・家族等に対して退所後の療養上の指導を行った者の割合
E　訪問リハビリ、通所リハビリ、短期入所療養介護のうち実施しているサービスの数
F　常勤換算でリハビリを担当する理学療法士、作業療法士、言語聴覚士の数を入所者数で除した数に100を乗じた数
G　常勤換算で支援相談員数を入所者数で除した数に100を乗じた数
H　算定月の前3月間の入所者のうち要介護4〜5の割合
I　算定月の前3月間の入所者のうち喀痰吸引が実施された者の割合
J　算定月の前3月間の入所者のうち経管栄養が実施された者の割合

【加算】

◆外泊時費用　所定単位数に代えて　1日につき362単位（362）を算定（月6日まで）

入所者が病院・診療所への入院を要した場合および入所者に居宅での外泊を認めた場合。

※入院または外泊の初日および最終日は算定しない

さらに施設が在宅サービスを提供した場合

1日につき　所定単位数に代えて800単位（800）を算定（月6日まで）

※外泊時費用を算定する場合は算定しない

※外泊初日、最終日は算定しない

◆ターミナルケア加算

(1)　死亡日以前31日以上45日以下
【療養型老健以外の場合】　1日につき72単位（80）を加算
【療養型老健の場合】　1日につき80単位（80）を加算

(2)　死亡日以前4日以上30日以下
【療養型老健以外の場合】　1日につき160単位（160）を加算
【療養型老健の場合】　1日につき160単位（160）を加算

(3)　死亡日以前2日または3日（前日および前々日）
【療養型老健以外の場合】　1日につき910単位（820）を加算
【療養型老健の場合】　1日につき850単位（850）を加算

(4)　死亡日

【療養型老健以外の場合】　1日につき1900単位（1650）を加算
【療養型老健の場合】　1日につき1700単位（1700）を加算

①ターミナルケアの指針を定め、入所の際に利用者・家族等にその内容を説明し、同意を得る②医師、生活相談員、看護職員、介護職員、管理栄養士、ケアマネジャー等で協議の上、ターミナルケアの実績等を踏まえ、適宜、指針の見直しを行う　③ターミナルケアに関する職員研修を行う

【利用者要件】①医師が一般に認められている医学的知見に基づき回復の見込みがないと診断した者　②医師、看護職員、ケアマネジャー等が共同で作成した計画を、医師等から説明を受け、同意する者　③指針に基づき、利用者の状態または家族の求めに応じ、医師等の連携の下、介護記録等を活用した介護の説明を受け、同意した上で介護を受けている者

※「人生の最終段階における医療・ケアの決定プロセスに関するガイドライン」等の内容に沿った取組を行う

※施設サービス計画の作成にあたり、本人の意思を尊重した医療・ケアの方針決定に対する支援に努める

※退所日の翌日から死亡日までの間は算定しない

◆特別療養費　厚生労働大臣が定める単位数に10円を乗じた額を加算

◆療養体制維持特別加算　（Ⅰ）1日につき27単位（27）を加算
（Ⅱ）1日につき57単位（57）を加算

（Ⅰ）①転換を行う直前に介護療養施設などの施設を有する病院であった介護老人保健施設　②転換を行う直前に療養病床を有する病院であった介護老人保健施設　③看護職員または介護職員の数のうち、介護職員の数が常勤換算で、短期入所療養介護の利用者の数および介護老人保健施設の入所者の数の合計数が4またはその端数を増すごとに1以上

（Ⅱ）①算定月の前3月間における入所者等のうち、喀痰吸引または経管栄養が実施された者の割合が20％以上　②算定月の前3月間における入所者等のうち、著しい精神症状、周辺症状または重篤な身体疾患または日常生活に支障をきたすような症状・行動や意志疎通の困難さが頻繁に見られ、専門医療を必要とする認知症高齢者の割合が50％以上

◆初期加算　（Ⅰ）1日につき60単位を加算<新設>
（Ⅱ）1日につき30単位（30）を加算

※（Ⅰ）・（Ⅱ）は併算定不可

（Ⅰ）①または②に適合し、急性期医療を担う医療機関の一般病棟への入院後30日以内に退院し、介護老人保健施設に入所した場合。入所日から30日以内の期間に算定　①当該老健の空床情報について、地域医療情報連携ネットワーク等を通じ、地域の医療機関に定期的に情報を共有　②空床情報について当該老健のウェブサイトに定期的に公表するとともに、急性期医療を担う複数医療機関の入退院支援部門と定期的に情報共有を行っている

（Ⅱ）入所日から30日以内の期間に算定

◆退所時栄養情報連携加算　1回につき70単位を加算<新設>（月1回まで）

厚生労働大臣が定める特別食を必要とする入所者、または低栄養状態にあると医師が判断した入所者が退所する際、管理栄養士が入所者の同意を得て退所先へ栄養管理に関する情報を提供した場合。退所先が居宅の場合は主治医の病院または診療所およびケアマネジャーへ、退所先が医療機関または介護施設の場合は当該医療機関等へ提供する。栄養管理の基準を満たさない場合、または栄養マネジメント強化加算を算定している場合は算定しない

◆再入所時栄養連携加算　1回につき200単位（200）を加算（1回まで）

入所者が退所し病院または診療所に入院し、退院後に再度当該施設に入所する際、入所者が厚生労働大臣が定める特別食等を必要とし、施設の管理栄養士が病院・診療所の管理栄養士と連携し栄養ケア計画を策定した場合

※栄養管理の基準を満たさない場合は算定しない

介護保健施設サービス

◆入所前後訪問指導加算（入所中１回まで）

（Ⅰ）【在宅強化型の場合】１回につき 450 単位（450）を加算
【在宅強化型以外の場合】１回につき 450 単位（450）を加算
（Ⅱ）【在宅強化型の場合】１回につき 480 単位（480）を加算
【在宅強化型以外】１回につき 480 単位（480）を加算

（Ⅰ）①入所期間が１月を超えると見込まれる者の入所予定日前 30 日以内または入所後７日以内に、退所後生活する居宅を訪問し、退所を目的とした施設サービス計画を策定し診療方針を決定する。退所後他の社会福祉施設等に入所する場合、入所者の同意を得て同施設を訪問し、退所目的の施設サービス計画の策定・診療方針の決定を行った場合も同様

（Ⅱ）①（Ⅰ）を満たす　②退所を目的とした施設サービス計画の策定及び診療方針の決定にあたり、生活機能の具体的な改善目標を定めるとともに、退所後の生活に係る支援計画を策定する

◆退所時等支援等加算

(1) 退所時等支援加算

(一) 試行的退所時指導加算　１回につき 400 単位（400）を加算（月１回、３月まで）
(二) 退所時情報提供加算　（Ⅰ）１回につき 500 単位（500）を加算（１回まで）
（Ⅱ）１回につき 250 単位を加算<新設>（１回まで）
(三) 入退所前連携加算（Ⅰ）１回につき 600 単位（600）を加算（１回まで）
(四) 入退所前連携加算（Ⅱ）１回につき 400 単位（400）を加算（１回まで）

(2) 訪問看護指示加算　１回につき 300 単位（300）を算定（１回まで）

(1)（一）入所期間が１月を超える入所者を居宅で試行的に退所させる場合に、入所者・家族等に対して退所後の療養上の指導を行う

※入所前後訪問指導加算を算定している場合は算定しない

(1)（二）（Ⅰ）入所者が退所し、居宅で療養を継続する場合に、退所後の主治医に対し、入所者の同意を得て、診療状況、心身の状況、生活歴等の情報を提供した上で、当該入所者の紹介を行った場合。入所者が退所後に他の社会福祉施設等に入所する場合で、入所者の同意を得て、社会福祉施設等へ診療状況、心身の状況、生活歴など処遇に必要な情報を提供した場合も同様

(1)（二）（Ⅱ）入所者が退所し医療機関に入院する場合、当該医療機関に対し、入所者の同意を得て、心身の状況、生活歴等の情報を提供した上で、当該入所者の紹介を行った場合

(1)（三）①入所予定日前 30 日以内または入所後 30 日以内に、入所者が退所後に利用を希望する居宅介護支援事業者と連携し、入所者の同意を得て、退所後の居宅･地域密着型サービスの利用方針を定める　②入所期間が１月を超える入所者が退所し、その居宅で居宅・地域密着型サービスを利用する場合に、退所に先立って当該入所者が利用を希望する居宅介護支援事業者に対して、入所者の同意を得て、診療状況を示す文書を添えて当該入所者に係る居宅・地域密着型サービスに必要な情報を提供し、かつ、当該居宅介護支援事業者と連携して退所後の居宅・地域密着型サービスの利用に関する調整を行う

(1)（四）（三）②を満たす

(2) 入所者の退所時に、介護老人保健施設の医師が診療に基づき訪問看護、定期巡回・随時対応型訪問介護看護（訪問看護を行う場合に限る）、看護小規模多機能型居宅介護の利用の必要を認め、入所者の選定する訪問看護ステーション、定期巡回・随時対応型訪問介護看護事業所、看護小規模多機能型居宅介護事業所に対し、入所者の同意を得て、訪問看護指示書を交付する

◆協力医療機関連携加算<新設>

(1) 相談・診療体制を常時確保し緊急時入院を受け入れる体制を確保している協力医療機関の場合　１月につき 50 単位を加算（2025 年３月 31 日までは 100 単位）

(2) 上記以外の協力医療機関の場合　1月につき5単位を加算
協力医療機関との間で、利用者の同意を得て病歴等の情報を共有する会議を定期的に開催

◆栄養マネジメント強化加算　1日につき11単位（11）を加算
①管理栄養士を常勤換算で、入所者の数を50（常勤の栄養士を1人以上配置し、当該栄養士が給食管理を行っている場合は70）で除して得た数以上を配置する　②低栄養状態またはそのおそれがある入所者に対して、医師、歯科医師、管理栄養士、看護師、ケアマネジャー等の職種が共同して作成した栄養ケア計画に従い、栄養管理をするための食事の観察を週3回以上行い当該入所者ごとの栄養状態、心身の状況および嗜好を踏まえた食事の調整等を行う　③②に規定する以外の入所者に対しても、食事の観察の際に変化を把握し、問題がある場合は早期に対応する　④入所者ごとの栄養状態等の情報を厚生労働省に提出し、継続的な栄養管理の実施にあたり当該情報その他継続的な栄養管理の適切かつ有効な実施に必要な情報を活用する
※栄養管理の基準を満たさない場合は算定しない

◆経口移行加算　1日につき28単位（28）を加算（計画作成日から180日以内）
医師の指示で、医師、歯科医師、管理栄養士、看護師、ケアマネジャー等が共同して、現に経管で食事している入所者ごとに経口による食事摂取を進めるための経口移行計画を作成し、計画に従い医師の指示を受けた管理栄養士・栄養士が栄養管理および言語聴覚士・看護職員による支援を行う。180日を超えた場合でも、経口による食事摂取が一部可能な者で、医師の指示で継続して栄養管理および支援が必要な者には引き続き算定可
※栄養管理の運営基準を満たさない場合は算定しない

◆経口維持加算　（Ⅰ）1月につき400単位（400）を加算
（Ⅱ）1月につき100単位（100）を加算
（Ⅰ）①現に経口で食事摂取する者で、摂食機能障害を有し、誤嚥が認められる入所者に対し、医師・歯科医師の指示で、医師・歯科医師・管理栄養士・看護師・ケアマネジャー等が共同して、入所者の栄養管理のための食事の観察および会議等を行う　②入所者ごとに経口による継続的な食事摂取を進めるための経口維持計画を作成する　③計画に従い医師・歯科医師の指示を受けた管理栄養士または栄養士が栄養管理を実施する
※経口移行加算を算定している場合、または栄養管理の基準を満たさない場合は算定しない
（Ⅱ）協力歯科医療機関を定めている施設が、同加算（Ⅰ）を算定していて、（Ⅰ）①の会議等に医師・歯科医師・歯科衛生士・言語聴覚士が加わった場合
※経口移行加算を算定している場合は算定しない

◆口腔衛生管理加算　（Ⅰ）1月につき90単位（90）を加算
（Ⅱ）1月につき110単位（110）を加算
（Ⅰ）①歯科医師の指示を受けた歯科衛生士が、入所者に口腔ケアを月2回以上行う　②歯科衛生士が介護職員に具体的な技術的助言および指導を行う　③必要に応じて、歯科衛生士が介護職員からの相談等へ対応する
（Ⅱ）入所者ごとの口腔衛生等の管理に係る計画の内容等の情報を厚生労働省に提出し、口腔衛生の管理の実施にあたり当該情報その他口腔衛生の管理の適切かつ有効な実施に必要な情報を活用する

◆療養食加算　1回につき6単位（6）を加算（1日3回まで）
①疾病治療の直接手段として、医師の発行する食事せんに基づき提供された適切な栄養量および内容を有する糖尿病食、腎臓病食、肝臓病食、胃潰瘍食、貧血食、膵臓病食、脂質異常症食、痛風食および特別な場合の検査食　②食事提供が管理栄養士または栄養士によって管理　③利用者の年齢・心身状況によって適切な栄養量・内容の食事を提供

◆在宅復帰支援機能加算
1日につき10単位（10）を加算（イ（Ⅱ）（Ⅲ）・ロ（Ⅱ）（Ⅲ）の場合）

介護保健施設サービス

①算定月の前６月の退所者のうち在宅復帰をした者の割合が30％以上　②退所後30日以内に介護老人保健施設の従業者が居宅を訪問し、または居宅介護支援事業所から情報提供を受けることで、在宅生活が１月以上継続の見込みであることを確認し記録する

◆かかりつけ医連携薬剤調整加算（Ⅰ）イ　1回につき140単位（100）を加算（1回まで）
（Ⅰ）ロ　1回につき70単位を加算<新設>（1回まで）
（Ⅱ）1回につき240単位（240）を加算（1回まで）
（Ⅲ）1回につき100単位（100）を加算（1回まで）
※（Ⅰ）イ・ロは併算定不可

（Ⅰ）イ①老健の医師または薬剤師が高齢者の薬物療法に関する研修を受講している　②入所後１月以内に、状況に応じて当該入所者の処方内容を変更する可能性があることを主治医に説明し、合意を得ている　③入所前に６種類以上の内服薬が処方されており、老健の医師と入所者の主治医が共同し入所中に処方内容を総合的に評価・調整し、かつ療養上必要な指導を行う　④入所中に処方内容に変更があった場合は医師、薬剤師、看護師等の関係職種間で情報共有し、変更後の入所者の状態等について関係職種間で確認を行う　⑤入所時と退所時の処方内容に変更がある場合は変更の経緯、変更後の状態等について、退所時または退所後１月以内に主治医に情報提供し、その内容を診療録に記載している

（Ⅰ）ロ①（Ⅰ）イ①・④・⑤を満たす　②入所前に６種類以上の内服薬が処方されていた入所者について、老健にて入所中に服用薬剤の総合的な評価・調整を行い、かつ療養上必要な指導を行う

（Ⅱ）①（Ⅰ）イまたはロを算定　②当該入所者の服薬情報等を厚生労働省に提出し、処方にあたり当該情報その他薬物療法の適切かつ有効な実施に必要な情報を活用する

（Ⅲ）①（Ⅱ）を算定　②当該入所者に６種類以上の内服薬が処方されており、入所中に処方内容を介護老人保健施設の医師と主治医が共同し、総合的に評価・調整し、介護老人保健施設の医師が、処方する内服薬について、入所時に処方されていた内服薬の種類に比べ１種類以上減少させる　③退所時において処方されている内服薬の種類が、入所時に比べ１種類以上減少している

◆緊急時施設療養費

(1) 緊急時治療管理（1月に1回、連続3日まで）
【療養型老健以外の場合】1日につき518単位（518）を算定
【療養型老健の場合】1日につき518単位（518）を算定

(2) 特定治療　診療報酬点数に10円を乗じた額を算定

①入所者の病状が重篤となり救命救急医療が必要となり、緊急的な治療管理としての投薬・検査・注射・処置等を行う　②リハビリテーション・処置・手術・麻酔・放射線治療を行う

◆所定疾患施設療養費

（Ⅰ）1日につき239単位（239）を算定（月1回、連続7日まで）
（Ⅱ）1日につき480単位（480）を算定（月1回、連続10日まで）

（Ⅰ）①肺炎、尿路感染症、帯状疱疹、蜂窩織炎、慢性心不全の増悪の入所者に対し投薬・検査・注射・処置等（肺炎、または尿路感染症の者については検査を実施した場合に限る）を行う　②診断・診断日・投薬・検査・注射・処置の内容等（近隣の医療機関と連携し実施した検査等を含む）を診療録に記載する　③算定開始年度の翌年度以降、前年度の当該入所者への投薬・検査・注射・処置等の実施状況を公表する

（Ⅱ）①（Ⅰ）を満たす　②当該施設の医師が感染症対策に関する研修を受講している

※（Ⅱ）について、診療内容等の給付費明細書の摘要欄への記載は求めない

※緊急時施設療養費を算定した日は算定しない

◆認知症専門ケア加算　（Ⅰ）1日につき3単位（3）を加算
（Ⅱ）1日につき4単位（4）を加算

（Ⅰ）①日常生活自立度Ⅲの入所者（以下「対象者」）が50％以上　②認知症介護に係る専門的な研修を修了している者（別に厚生労働大臣が定める者を含む）を、対象者が20人未満の場合は1以上、対象者の数が20人以上の場合は1に、当該対象者の数が19を超えて10またはその端数を増すごとに1を加えて得た数以上を配置し、チームとして専門的な認知症ケアを実施　③従業者に対して、認知症ケアに関する留意事項の伝達または技術的指導に係る会議を定期的に開催

（Ⅱ）①（Ⅰ）を満たす　②認知症介護の指導に係る専門的な研修を修了している者を1人以上配置し、事業所または施設全体の認知症ケアの指導等を実施　③介護職員、看護職員ごとの認知症ケアに関する研修計画を作成し、当該計画に従い、研修を実施または実施を予定

※認知症チームケア推進加算を算定している場合は算定しない

◆認知症チームケア推進加算<新設>　（Ⅰ）1月につき150単位を加算
（Ⅱ）1月につき120単位を加算

（Ⅰ）①日常生活自立度Ⅱの入所者の割合が50％以上　②認知症の行動・心理症状の予防および出現時の早期対応（以下「予防等」）に資する認知症介護の指導に係る専門的な研修を修了している者、または認知症介護に係る専門的な研修および認知症の行動・心理症状の予防等に資するケアプログラムを含んだ研修を修了した者を1人以上配置し、かつ複数人の介護職員から成る認知症の行動・心理症状に対応するチームを組む　③対象者個別に認知症の行動・心理症状の評価を計画的に行い、評価に基づく値を測定し、認知症の行動・心理症状の予防等に資するチームケアを実施　④認知症の行動・心理症状の予防等に資する認知症ケアについて、カンファレンスの開催、計画の作成、認知症の行動・心理症状の有無および程度についての定期的な評価、ケアの振り返り、計画の見直し等を行う

（Ⅱ）①（Ⅰ）①・③・④を満たす　②認知症の行動・心理症状の予防等に資する認知症介護に係る専門的な研修を修了している者を1人以上配置し、かつ、複数人の介護職員から成る認知症の行動・心理症状に対応するチームを組む

※認知症専門ケア加算を算定している場合は、算定しない

◆認知症行動・心理症状緊急対応加算

【療養型老健以外の場合】1日につき200単位（200）を加算（入所後7日まで）

【療養型老健の場合】1日につき200単位（200）を加算（入所後7日まで）

医師が、認知症の行動・心理症状が認められるため在宅生活が困難であり、緊急に介護保健施設を利用することが適当と判断した者

◆リハビリテーションマネジメント計画書情報加算（Ⅰ）1月につき53単位を加算<新設>
（Ⅱ）1月につき33単位（33）を加算
※（Ⅰ）・（Ⅱ）は併算定不可

（Ⅰ）①入所者ごとのリハビリテーション実施計画書の内容等の情報を厚生労働省に提出　②必要に応じてリハビリテーション実施計画の内容を見直すなど、リハビリテーションの実施にあたり当該情報その他リハビリの適切かつ有効な実施に必要な情報を活用　③口腔衛生管理加算（Ⅱ）および栄養マネジメント強化加算を算定　④入所者ごとに、医師、管理栄養士、理学療法士、作業療法士、言語聴覚士、歯科衛生士、看護職員、介護職員その他の職種（以下「関係職種」）がリハビリ計画の内容、その他リハビリの適切・有効な実施に必要な情報、入所者の口腔の健康状態、栄養状態に関する情報を相互に共有　⑤④で共有した情報を踏まえ、必要に応じてリハビリ計画の見直しを行い、その内容を関係職種間で共有

（Ⅱ）（Ⅰ）①・②を満たす

◆褥瘡マネジメント加算（イ（Ⅰ）・ロ（Ⅰ）の場合）（Ⅰ）1月につき3単位（3）を加算
（Ⅱ）1月につき13単位（13）を加算
※（Ⅰ）・（Ⅱ）は併算定不可

介護保健施設サービス

（Ⅰ）①入所者ごとに、入所時に褥瘡の有無の確認、褥瘡の発生と関連のあるリスクの評価を行い、その後3月に1回以上評価を行う。評価の結果等の情報を厚生労働省に提出し、褥瘡管理の実施にあたり当該情報その他褥瘡管理の適切かつ有効な実施に必要な情報を活用　②①の評価の結果、褥瘡が認められ、または褥瘡のリスクがある入所者ごとに医師、看護師、介護職員、管理栄養士、ケアマネジャーその他の職種の者が共同して、褥瘡管理に関する褥瘡ケア計画を作成する　③入所者ごとの褥瘡ケア計画に従い褥瘡管理を実施するとともに、その管理の内容や入所者の状態を定期的に記録している　④①の評価に基づき3月に1回以上、入所者ごとに褥瘡ケア計画を見直す

（Ⅱ）①（Ⅰ）を満たす　②（Ⅰ）①の評価の結果、入所時に褥瘡が認められた入所者の褥瘡が治癒、または褥瘡のリスクがある入所者に褥瘡の発生がない

◆排せつ支援加算　（Ⅰ）1月につき10単位（10）を加算
（Ⅱ）1月につき15単位（15）を加算
（Ⅲ）1月につき20単位（20）を加算

※（Ⅰ）～（Ⅲ）は併算定不可

（Ⅰ）①入所者ごとに、要介護状態の軽減の見込みについて医師または医師と連携した看護師が入所時に評価するとともに、3月に1回以上、評価を行い、その結果等の情報を厚生労働省に提出し、排せつ支援の実施にあたり当該情報その他排せつ支援の適切かつ有効な実施に必要な情報を活用する　②①の評価の結果、排せつに介護を要する入所者で、適切な対応を行うことで要介護状態の軽減が見込まれる者について医師、看護師、ケアマネジャー等が共同して、当該入所者が排せつに介護を要する原因を分析し、それに基づいた支援計画を作成し、支援を継続して実施する　③①の評価に基づき、3月に1回以上、入所者ごとに支援計画を見直す

（Ⅱ）①（Ⅰ）を満たす　②（Ⅰ）①の評価の結果、以下（ア）・（イ）・（ウ）のいずれかを満たす

（Ⅲ）①（Ⅰ）を満たす　②（Ⅰ）①の評価の結果、以下（ア）または（ウ）、かつ（イ）を満たす

※（ア）要介護状態の軽減が見込まれる者について、入所時と比較して排尿または排便の状態のいずれかが改善し、いずれも悪化していない　（イ）要介護状態の軽減が見込まれる者について、入所時と比較しておむつ使用「あり」から使用「なし」に改善　（ウ）入所時に尿道カテーテルが留置されていた者について、尿道カテーテルが抜去

◆自立支援促進加算　1月につき280単位（300）を加算

①医師が入所者ごとに、自立支援に係る医学的評価を入所時に行うとともに、少なくとも3月に1回以上、医学的評価の見直しを行い、その結果等の情報を厚生労働省に提出し、自立支援促進の実施にあたり当該情報その他自立支援促進の適切かつ有効な実施に必要な情報を活用する　②①の医学的評価の結果、自立支援促進の対応が必要だとされた入所者ごとに医師、看護師、介護職員、ケアマネジャー等が共同して支援計画を策定しケアを実施する　③①の医学的評価に基づき3月に1回、入所者ごとに支援計画を見直す　④医師が自立支援に係る支援計画等の策定等に参加する

◆科学的介護推進体制加算　（Ⅰ）1月につき40単位（40）を加算
（Ⅱ）1月につき60単位（60）を加算

※（Ⅰ）・（Ⅱ）は併算定不可

（Ⅰ）①利用者ごとのADL値、栄養状態、口腔機能、認知症の状況その他心身の状況等に係る基本的な情報を厚生労働省に提出　②必要に応じて施設サービス計画を見直すなど、サービス提供にあたり①に規定する情報その他サービスを適切かつ有効に提供するために必要な情報を活用

（Ⅱ）（Ⅰ）に加え、利用者の疾病、服薬の状況等の情報を厚生労働省に提出

◆安全対策体制加算　1回につき20単位（20）を加算（入所時に1回まで）

①事故の発生・再発を防止するための措置を適切に実施するための担当者を配置　②①の担当者が安全対策に係る外部研修を受けている　③施設内に安全管理部門を設置し、組織的に安全対策を実施する体制を整備

◆高齢者施設等感染対策向上加算＜新設＞　（Ⅰ）1月につき10単位を加算
（Ⅱ）1月につき5単位を加算

（Ⅰ）①第二種協定指定医療機関（感染症法第6条第17項）との間で、新興感染症の発生時等の対応を行う体制を確保　②協力医療機関等との間で新興感染症以外の一般的な感染症の発生時等の対応を取り決めるとともに、感染症の発生時等に協力医療機関等と連携し適切に対応　③診療報酬の感染対策向上加算または外来感染対策向上加算に係る届出を行った医療機関または地域の医師会が定期的に行う院内感染対策に関する研修または訓練に1年に1回以上参加

（Ⅱ）①診療報酬の感染対策向上加算に係る届出を行った医療機関から、施設内で感染者が発生した場合の感染制御等に係る実地指導を3年に1回以上受けている

◆新興感染症等施設療養費　1日につき240単位を加算＜新設＞（月1回、連続5日まで）

入所者等が別に厚生労働大臣が定める感染症（※）に感染した場合に相談対応、診療、入院調整等を行う医療機関を確保し、かつ当該感染症に感染した入所者等に対し、適切な感染対策を行った場合（※）現時点で指定されている感染症はなし

◆生産性向上推進体制加算＜新設＞　（Ⅰ）1月につき100単位を加算
（Ⅱ）1月につき10単位を加算
※（Ⅰ）・（Ⅱ）は併算定不可

（Ⅰ）①利用者の安全、介護サービスの質の確保、職員の負担軽減に資する方策を検討する委員会にて、以下（一）～（四）について検討および実施の定期的な確認を行う（一）業務効率化、質向上、職員の負担軽減に資する機器（以下「介護機器」）を活用する場合の利用者の安全、ケアの質の確保（二）職員の負担軽減、勤務状況への配慮（三）介護機器の定期的な点検（四）業務効率化、質向上、職員の負担軽減をはかるための職員研修　②①の取組および介護機器の活用による業務効率化、質の確保、職員の負担軽減の実績がある　③介護機器を複数種類活用している　④①の委員会で職員の業務分担の明確化等による業務効率化、質の確保、負担軽減を検討・実施し、実施を定期的に確認　⑤事業年度ごとに①③④の取組による業務効率化、質の確保、職員の負担軽減の実績を厚生労働省へ報告

（Ⅱ）①（Ⅰ）①を満たす　②介護機器を活用している　③事業年度ごとに①②の取組による業務効率化、質の確保、職員の負担軽減の実績を厚生労働省へ報告

◆サービス提供体制強化加算　（Ⅰ）1日につき22単位（22）を加算
（Ⅱ）1日につき18単位（18）を加算
（Ⅲ）1日につき6単位（6）を加算

（Ⅰ）①介護職員の総数のうち介護福祉士の割合が80％以上、または介護職員の総数のうち勤続10年以上の介護福祉士の割合が35％以上　②質の向上に資する取組を実施している

（Ⅱ）介護職員の総数のうち介護福祉士の割合が60％以上

（Ⅲ）介護職員の総数のうち介護福祉士の割合が50％以上、または看護・介護職員の総数のうち常勤職員の割合が75％以上、もしくはサービスを直接提供する職員の総数のうち勤続7年以上の割合が30％以上

◆介護職員等処遇改善加算＜新設＞　（Ⅰ）所定単位数の7.5％を加算
（2024年6月1日より）　（Ⅱ）所定単位数の7.1％を加算
（Ⅲ）所定単位数の5.4％を加算
（Ⅳ）所定単位数の4.4％を加算
（Ⅴ）所定単位数の2.3～6.7％を加算（※）

介護保健施設サービス

（※）（Ⅴ）の加算率は改定前の介護職員処遇改善加算、介護職員等特定処遇改善加算、介護職員等ベースアップ等支援加算の組合わせにより14種類（2025年3月31日まで）

所定単位数は、基本報酬に各種加算減算を加えた総単位数

◆夜勤職員配置加算　1日につき24単位（24）を加算

（41床以上の場合）①入所者数20またはその端数を増すごとに1以上の夜勤介護・看護職員を配置　②2人を超えて配置

（41床未満の場合）①入所者数20またはその端数を増すごとに1以上の夜勤介護・看護職員を配置　②1人を超えて配置

◆短期集中リハビリテーション実施加算　（Ⅰ）1日につき258単位を加算<新設>
（Ⅱ）1日につき200単位（240）を加算
※（Ⅰ）・（Ⅱ）は併算定不可

（Ⅰ）医師または医師の指示を受けた理学療法士、作業療法士、言語聴覚士（以下「医師等」）が、入所日から3月以内に集中的にリハビリテーションを行い、かつ原則として入所時および月1回以上ADL等の評価を行うとともに、その評価結果等の情報を厚生労働省に提出し、必要に応じてリハビリテーション計画を見直す

（Ⅱ）医師等が入所日から3月以内の期間に集中的にリハビリテーションを行う

◆認知症短期集中リハビリテーション実施加算

（Ⅰ）1日につき240単位を加算<新設>（週3日、入所日から3月以内まで）
（Ⅱ）1日につき120単位（240）を加算（週3日、入所日から3月以内まで）
※（Ⅰ）・（Ⅱ）は併算定不可

（Ⅰ）①リハビリを担当する理学療法士、作業療法士、言語聴覚士（以下「理学療法士等」）が適切に配置　②リハビリを行うにあたり、入所者数が理学療法士等の数に対して適切　③入所者が退所後生活する居宅又は社会福祉施設等を訪問し、把握した生活環境を踏まえリハビリ計画を作成

（Ⅱ）（Ⅰ）①・②を満たす

◆認知症ケア加算　1日につき76単位（76）を加算（イの場合）

日常生活に支障のおそれのある症状・行動があり、介護を必要とする認知症の入所者に介護保健施設サービスを行う

◆若年性認知症入所者受入加算　1日につき120単位（120）を加算

※認知症行動・心理症状緊急対応加算を算定している場合は算定しない

※（イ）認知症疾患医療センター（ロ）認知症の鑑別診断等に係る専門医療機関

◆在宅復帰・在宅療養支援機能加算

（Ⅰ）1日につき51単位（34）を加算（イ（Ⅰ）（ⅰ）（ⅲ）・ロ（Ⅰ）（ⅰ）（ⅲ））
（Ⅱ）1日につき51単位（46）を加算（イ（Ⅰ）（ⅱ）（ⅳ）・ロ（Ⅰ）（ⅱ）（ⅳ））

（Ⅰ）①在宅復帰・在宅療養支援等指標が40以上　②地域に貢献する活動を行っている

（Ⅱ）在宅復帰・在宅療養支援等指標が70以上

【減算】

◆夜勤を行う職員の勤務条件基準を満たさない場合　所定単位数の97%（97%）で算定

◆入所者の数が入所定員を超える場合、または医師、介護・看護職員、理学療法士、作業療法士、言語聴覚士またはケアマネジャーの員数が基準に満たない場合
所定単位数の70%（70%）で算定

◆常勤のユニットリーダーをユニット毎に配置していない等ユニットケアにおける体制が未整備である場合（ロの場合）　所定単位数の97%（97%）で算定

◆身体拘束廃止未実施減算　1日につき所定単位数の90%（90%）で算定

◆安全管理体制未実施減算　1日につき5単位（5）を減算

運営基準における、事故の発生・再発を防止するための措置が講じられていない場合

◆高齢者虐待防止措置未実施減算　所定単位数の 99%で算定＜新設＞

◆業務継続計画未策定減算　所定単位数の 97%で算定＜新設＞

「感染症の予防及びまん延の防止のための指針」の整備、および非常災害に関する具体的計画の策定を行っている場合、2025 年 3 月 31 日まで減算しない

◆栄養管理の基準を満たさない場合　1 日につき 14 単位（14）を減算

運営基準における、各入所者の状態に応じた栄養管理を計画的に行っていない場合

◆療養室の面積が 8㎡／人以上の場合　1 日につき 26 単位を減算＜新設＞

((Ⅰ)（ⅲ）（ⅳ）・(Ⅱ)（ⅱ）・(Ⅲ)（ⅱ）・(Ⅳ)（ⅱ）の場合)（2025 年 8 月 1 日より）

「その他型」「療養型」介護老人保健施設の多床室の室料負担導入に伴い見直し

【廃止】

◆認知症情報提供加算　1 回につき 350 単位を加算

◆地域連携診療計画情報提供加算　1 回につき 300 単位を加算（1 回まで）

3　介護医療院サービス

人員・設備基準等

○人員

	（Ⅰ）型	（Ⅱ）型
医師	48対1	100対1
薬剤師	150対1	300対1
看護職員	6対1	6対1
介護職員	5対1	6対1
支援相談員		
理学療法士、作業療法士、言語聴覚士	適当数	
栄養士または管理栄養士	定員100以上で1以上	
ケアマネジャー	100対1（1以上）	
放射線技師	適当数	
他の従業者	適当数	
医師の宿直	あり	なし

介護医療院サービス

○設備・備品

診療室	医師が診療を行うのに適切なもの
病室・療養室	1室当たり定員4人以下、入所者1人当たり8.0㎡以上 ※転換の場合、大規模改修まで1人当たり6.4㎡以上で可
機能訓練室	40㎡以上
談話室	談話を楽しめる広さ
食堂	1㎡×入院患者数以上
浴室	身体の不自由なものが入浴するのに適したもの
レクリエーションルーム	十分な広さ
その他の医療設備	処置室、臨床検査施設、エックス線装置、調剤所
他設備	洗面所、便所、サービスステーション、調理室、 洗濯室または洗濯場、汚物処理室
医療の構造設備	診療の用に供する電気、光線、熱、蒸気または ガスに関する構造設備、放射線に関する構造設備
廊下	廊下幅:1.8m、中廊下の場合は2.7m ※転換の場合　廊下幅:1.2m、中廊下1.6m
耐火構造	原則、耐火建築物（2階建てまたは平屋建てのうち特別な場合は 準耐火建築物）※転換の場合、特例あり

ユニット型介護医療院の場合、上記基準に加え、以下が必要

- 共同生活室
- 病室を共同生活室に近接して一体的に設置
- 1ユニットの定員は原則としておおむね10人以下とし、15人を超えない
- 昼間は1ユニットごとに常時1人以上、夜間は2ユニットごとに1人以上の介護職員または看護職員を配置
- ユニットごとに常勤のユニットリーダーを配置等

1級地	2級地	3級地	4級地	5級地	6級地	7級地	その他
10.90円	10.72円	10.68円	10.54円	10.45円	10.27円	10.14円	10.00円

1日につき（　）内は旧単価

(1) Ⅰ型介護医療院サービス費

	要介護1	要介護2	要介護3	要介護4	要介護5
（Ⅰ）					
（ⅰ）〈従来型個室〉	721単位（714）	832単位（824）	1070単位（1060）	1172単位（1161）	1263単位（1251）
（ⅱ）〈多床室〉	833単位（825）	943単位（934）	1182単位（1171）	1283単位（1271）	1375単位（1362）
（Ⅱ）					
（ⅰ）〈従来型個室〉	711単位（704）	820単位（812）	1055単位（1045）	1155単位（1144）	1245単位（1233）
（ⅱ）〈多床室〉	821単位（813）	930単位（921）	1165単位（1154）	1264単位（1252）	1355単位（1342）
（Ⅲ）					
（ⅰ）〈従来型個室〉	694単位（688）	804単位（796）	1039単位（1029）	1138単位（1127）	1228単位（1217）
（ⅱ）〈多床室〉	805単位（797）	914単位（905）	1148単位（1137）	1248単位（1236）	1338単位（1326）

1日につき（　）内は旧単価	要介護1	要介護2	要介護3	要介護4	要介護5
(2) Ⅱ型介護医療院サービス費					
（Ⅰ）					
（ⅰ）〈従来型個室〉	675単位（669）	771単位（764）	981単位（972）	1069単位（1059）	1149単位（1138）
（ⅱ）〈多床室〉	786単位（779）	883単位（875）	1092単位（1082）	1181単位（1170）	1261単位（1249）
（Ⅱ）					
（ⅰ）〈従来型個室〉	659単位（653）	755単位（748）	963単位（954）	1053単位（1043）	1133単位（1122）
（ⅱ）〈多床室〉	770単位（763）	867単位（859）	1075単位（1065）	1165単位（1154）	1245単位（1233）
（Ⅲ）					
（ⅰ）〈従来型個室〉	648単位（642）	743単位（736）	952単位（943）	1042単位（1032）	1121単位（1111）
（ⅱ）〈多床室〉	759単位（752）	855単位（847）	1064単位（1054）	1154単位（1143）	1234単位（1222）
(3) 特別介護医療院サービス費					
（Ⅰ）Ⅰ型特別介護医療院					
（ⅰ）〈従来型個室〉	661単位（655）	763単位（756）	988単位（979）	1081単位（1071）	1168単位（1157）
（ⅱ）〈多床室〉	764単位（757）	869単位（861）	1091単位（1081）	1186単位（1175）	1271単位（1259）
（Ⅱ）Ⅱ型特別医療院費					
（ⅰ）〈従来型個室〉	614単位（608）	707単位（700）	905単位（897）	991単位（982）	1066単位（1056）
（ⅱ）〈多床室〉	721単位（714）	814単位（806）	1012単位（1003）	1096単位（1086）	1172単位（1161）
(4) ユニット型Ⅰ型介護医療院サービス費					
（Ⅰ）					
（ⅰ）〈ユニット型個室〉	850単位（842）	960単位（951）	1199単位（1188）	1300単位（1288）	1392単位（1379）
（ⅱ）〈ユニット型個室的多床室〉	850単位（842）	960単位（951）	1199単位（1188）	1300単位（1288）	1392単位（1379）
（Ⅱ）					
（ⅰ）〈ユニット型個室〉	840単位（832）	948単位（939）	1184単位（1173）	1283単位（1271）	1374単位（1361）
（ⅱ）〈ユニット型個室的多床室〉	840単位（832）	948単位（939）	1184単位（1173）	1283単位（1271）	1374単位（1361）
(5) ユニット型Ⅱ型介護医療院サービス費					
（ⅰ）〈ユニット型個室〉	849単位（841）	951単位（942）	1173単位（1162）	1267単位（1255）	1353単位（1340）
（ⅱ）〈ユニット型個室的多床室〉	849単位（841）	951単位（942）	1173単位（1162）	1267単位（1255）	1353単位（1340）
(6) ユニット型特別介護医療院サービス費					
（Ⅰ）ユニット型Ⅰ型特別介護医療院					
（ⅰ）〈ユニット型個室〉	798単位（791）	901単位（893）	1126単位（1115）	1220単位（1209）	1304単位（1292）
（ⅱ）〈ユニット型個室的多床室〉	798単位（791）	901単位（893）	1126単位（1115）	1220単位（1209）	1304単位（1292）
（Ⅱ）ユニット型Ⅱ型特別介護医療院					
（ⅰ）〈ユニット型個室〉	808単位（800）	904単位（896）	1114単位（1104）	1205単位（1194）	1284単位（1272）
（ⅱ）〈ユニット型個室的多床室〉	808単位（800）	904単位（896）	1114単位（1104）	1205単位（1194）	1284単位（1272）

☆（3）・（6）の場合、再入所時栄養連携加算、退所時指導等加算、経口移行加算、経口維持加算、口腔衛生管理加算、在宅復帰支援機能加算、特別診療費、排せつ支援加算、自立支援促進加算、科学的介護推進体制加算、長期療養生活移行加算は算定しない

☆ユニット型個室的多床室は新たに設置することを禁止する

☆従来型・ユニット型を併設する場合、入所者の処遇に支障がない場合は、介護・看護職員の兼務を認める

☆有床診療所から移行して介護医療院を開設する場合、入浴用リフトやリクライニングシャワーチェア等により、身体の不自由な者が適切に入浴できる場合は、一般浴槽以外の浴槽の設置は求めない

介護医療院サービス

【加算】

◆外泊時費用　所定単位数に代えて　1日につき362単位（362）を算定（月6日まで）

入所者が病院・診療所への入院を要した場合および入所者に居宅での外泊を認めた場合。

※入院または外泊の初日および最終日は算定しない

◆試行的退院サービス費

1日につき　所定単位数に代えて800単位（800）を算定（月6日まで）

退所が見込まれる入所者に試行的退所を認めた場合

※外泊時費用を算定する場合、および入院・外泊の初日、最終日は算定しない

◆他科受診時費用

1日につき　所定単位数に代えて362単位（362）を算定（月4日まで）

入所者に対し専門的な診療が必要になり、他医療機関で診療が行われた場合

◆初期加算　1日につき30単位（30）を加算

◆退所時栄養情報連携加算　1回につき70単位を加算＜新設＞（月1回まで）

厚生労働大臣が定める特別食を必要とする入所者、または低栄養状態にあると医師が判断した入所者が退所する際、管理栄養士が入所者の同意を得て退所先へ栄養管理に関する情報を提供した場合。退所先が居宅の場合は主治医の病院または診療所およびケアマネジャーへ、退所先が医療機関または介護施設の場合は当該医療機関等へ提供する。栄養管理の基準を満たさない場合、または栄養マネジメント強化加算を算定している場合は算定しない

◆再入所時栄養連携加算　1回につき200単位（200）を加算（1回まで）

入所者が退所し病院または診療所に入院し、退院後に再度当該施設に入所する際、入所者が厚生労働大臣が定める特別食等を必要とし、施設の管理栄養士が病院・診療所の管理栄養士と連携し栄養ケア計画を策定した場合

※栄養管理の基準を満たさない場合は算定しない

◆退所時指導等加算

（一）退所時等指導加算

a 退所前訪問指導加算　1回につき460単位（460）を加算（入所中1回、または2回まで）

b 退所後訪問指導加算　1回につき460単位（460）を加算（退所後1回まで）

c 退所時指導加算　1回につき400単位（400）を加算（1回まで）

d 退所時情報提供加算　（Ⅰ）1回につき500単位（500）を加算（1回まで）

（Ⅱ）1回につき250単位を加算＜新設＞（1回まで）

e 退所前連携加算500単位（500）を加算（1回まで）

（二）訪問看護指示加算300単位（300）を加算（1回まで）

（一）a　入所期間が1月を超えると見込まれる入所者の退院に先立ち、退所後生活する居宅を訪問し、入所者・家族等に退所後の療養上の指導を行う。他の社会福祉施設等に入所する場合でも、入所者の同意を得て同施設を訪問し、連絡調整・情報提供を行った場合も同様。入所後早期に退所前相談援助の必要が認められる場合は2回まで算定できる

（一）b　入所者の退所後30日以内に居宅訪問し、入所者・家族等に療養上の指導を行う。他の社会福祉施設に入所する場合でも、入所者の同意を得て同施設を訪問し、連絡調整・情報提供を行った場合も同様

（一）c　入所期間が1月を超える入所者が退院し、居宅で療養継続する場合、退所時に入所者・家族等に退所後の療養上の指導を行う

（一）d（Ⅰ）入所者が退所し、居宅で療養を継続する場合に、退所後の主治医に対し、入所者の同意を得て、診療状況、心身の状況、生活歴等の情報を提供した上で、当該入所者の紹介を行った場合。入所者が退所後に他の社会福祉施設等に入所する場合で、入所者の同意を得て、社会福祉施設等へ診療状況、心身の状況、生活歴など処遇に必要な情報を提供した場合も同様

（一）d（Ⅱ）入所者が退所し医療機関に入院する場合、当該医療機関に対し、入所者の同意を得て、心身の状況、生活歴等の情報を提供した上で、当該入所者の紹介を行った場合

（一）e　入所期間が１月を超える入所者が退院し､居宅で居宅サービス等を利用する場合、退所に先立ち、利用を希望する居宅介護支援事業者に対し、入所者の同意を得て、診療状況の文書を添えてサービスに必要な情報を提供し、サービス利用に関する調整を行う

（二）退所時に、介護医療院の医師が診療に基づき、訪問看護、定期巡回・随時対応型訪問介護看護、看護小規模多機能型居宅介護の利用の必要を認め、入所者の選定する訪問看護ステーション、定期巡回・随時対応型訪問介護看護事業所、看護小規模多機能型居宅介護事業所に対し、入所者の同意を得て、訪問看護指示書を交付する

◆協力医療機関連携加算＜新設＞

（1）相談・診療体制を常時確保し緊急時入院を受け入れる体制を確保している協力医療機関の場合　1月につき50単位を加算（2025年3月31日までは100単位）

（2）上記以外の協力医療機関の場合　1月につき5単位を加算

協力医療機関との間で、利用者の同意を得て病歴等の情報を共有する会議を定期的に開催

◆栄養マネジメント強化加算　1日につき11単位（11）を加算

①管理栄養士を常勤換算で、入所者の数を50（常勤の栄養士を１人以上配置し、当該栄養士が給食管理を行っている場合は70）で除して得た数以上を配置する　②低栄養状態またはそのおそれがある入所者に対して､医師､歯科医師､管理栄養士､看護師､ケアマネジャー等の職種が共同して作成した栄養ケア計画に従い、栄養管理をするための食事の観察を週３回以上行い当該入所者ごとの栄養状態、心身の状況および嗜好を踏まえた食事の調整等を行う　③②に規定する以外の入所者に対しても、食事の観察の際に変化を把握し、問題がある場合は早期に対応する　④入所者ごとの栄養状態等の情報を厚生労働省に提出し、継続的な栄養管理の実施にあたり当該情報その他継続的な栄養管理の適切かつ有効な実施に必要な情報を活用する

※栄養管理の基準を満たさない場合は算定しない

◆経口移行加算　1日につき28単位（28）を加算（計画作成日から180日まで）

医師の指示で、医師、歯科医師、管理栄養士、看護師、ケアマネジャー等が共同して、現に経管で食事している入所者ごとに経口による食事摂取を進めるための経口移行計画を作成し、計画に従い医師の指示を受けた管理栄養士・栄養士が栄養管理および言語聴覚士・看護職員による支援を行う。180日を超えた場合でも、経口による食事摂取が一部可能な者で、医師の指示で継続して栄養管理および支援が必要な者には引き続き算定可

※栄養管理の運営基準を満たさない場合は算定しない

◆経口維持加算　（Ⅰ）1月につき400単位（400）を加算
（Ⅱ）1月につき100単位（100）を加算

（Ⅰ）①現に経口で食事摂取する者で、摂食機能障害を有し、誤嚥が認められる入所者に対し、医師・歯科医師の指示で、医師・歯科医師・管理栄養士・看護師・ケアマネジャー等が共同して、入所者の栄養管理のための食事の観察および会議等を行う　②入所者ごとに経口による継続的な食事摂取を進めるための経口維持計画を作成する　③計画に従い医師・歯科医師の指示を受けた管理栄養士または栄養士が栄養管理を実施する

※経口移行加算を算定している場合、または栄養管理の基準を満たさない場合は算定しない

（Ⅱ）協力歯科医療機関を定めている施設が、同加算（Ⅰ）を算定していて、（Ⅰ）①の会議等に医師・歯科医師・歯科衛生士・言語聴覚士が加わった場合

※経口移行加算を算定している場合は算定しない

◆口腔衛生管理加算　（Ⅰ）1月につき90単位（90）を加算
（Ⅱ）1月につき110単位（110）を加算

（Ⅰ）①歯科医師の指示を受けた歯科衛生士が、入所者に口腔ケアを月２回以上行う　②

歯科衛生士が介護職員に具体的な技術的助言および指導を行う　③必要に応じて、歯科衛生士が介護職員からの相談等へ対応する

（Ⅱ）入所者ごとの口腔衛生等の管理に係る計画の内容等の情報を厚生労働省に提出し、口腔衛生の管理の実施にあたり当該情報その他口腔衛生の管理の適切かつ有効な実施に必要な情報を活用する

◆療養食加算　1回につき6単位（6）を加算（1日3回まで）

①疾病治療の直接手段として、医師の発行する食事せんに基づき提供された適切な栄養量および内容を有する糖尿病食、腎臓病食、肝臓病食、胃潰瘍食、貧血食、膵臓病食、脂質異常症食、痛風食および特別な場合の検査食　②食事提供が管理栄養士または栄養士によって管理　③利用者の年齢・心身状況によって適切な栄養量・内容の食事を提供

◆在宅復帰支援機能加算　1日につき10単位（10）を加算

①算定月の前6月の退所者のうち在宅復帰をした者の割合が30％以上　②退所後30日以内に介護医療院の従業者が居宅を訪問し、または居宅介護支援事業所から情報提供を受けることで、在宅生活が1月以上継続の見込みであることを確認し記録する

◆特別診療費　厚生労働大臣が定める単位数に10円を乗じた額を加算

※薬剤管理指導について　1回につき350単位（350）を加算

入所者ごとの服薬情報等の情報を厚生労働省に提出し、処方の実施にあたり当該情報その他薬物療法の適切かつ有効な実施に必要な情報を活用した場合、1月につき20単位を加算

※褥瘡対策指導管理（1日につき6単位）について

入所者ごとの褥瘡対策等に係る情報を厚生労働省に提出し、褥瘡対策の実施にあたり、当該情報その他褥瘡対策の適切かつ有効な実施に必要な情報を活用し、かつ入所時に褥瘡が認められた入所者の褥瘡が治癒、または褥瘡のリスクがある入所者に褥瘡の発生がない場合、1月につき10単位を加算

※理学療法（（Ⅰ）1回につき123単位、（Ⅱ）1回につき73単位）、作業療法（1回につき123単位）、言語聴覚療法（1回につき203単位）について

理学療法注6、作業療法注6、言語聴覚療法注4　1月につき33単位（33）を加算

入所者ごとのリハビリテーション実施計画書の内容等を厚生労働省に提出し、必要に応じて計画内容を見直すなど、リハビリテーションの実施にあたり当該情報その他リハビリテーションの適切かつ有効な実施に必要な情報を活用

理学療法注7、作業療法注7、言語聴覚療法注5　1月につき20単位を加算<新設>

①理学療法注6、作業療法注6、または言語聴覚療法注4を算定　②口腔衛生管理加算（Ⅱ）、栄養マネジメント強化加算を算定　③入所者ごとに、医師、管理栄養士、理学療法士、作業療法士、言語聴覚士、歯科衛生士、看護職員、介護職員その他の職種（以下「関係職種」）がリハビリ計画の内容、その他リハビリの適切・有効な実施に必要な情報、入所者の口腔の健康状態、栄養状態に関する情報を相互に共有　④③で共有した情報を踏まえ、必要に応じてリハビリ計画の見直しを行い、その内容を関係職種間で共有

◆緊急時施設診療費

ア　緊急時治療管理　1日につき518単位（518）を算定（1月に1回、3日まで）

イ　特定治療　診療報酬点数に10円を乗じた額を算定

①入所者の病状が重篤となり救命救急医療が必要となり、緊急的な治療管理としての投薬・検査・注射・処置等を行う　②リハビリテーション・処置・手術・麻酔・放射線治療を行う

◆認知症専門ケア加算　（Ⅰ）1日につき3単位（3）を加算
（Ⅱ）1日につき4単位（4）を加算

（Ⅰ）①日常生活自立度Ⅲの入所者（以下「対象者」）が50％以上　②認知症介護に係る専門的な研修を修了している者（別に厚生労働大臣が定める者を含む）を、対象者が20人未満の場合は1以上、対象者の数が20人以上の場合は1に、当該対象者の数が19を超えて

10またはその端数を増すごとに1を加えて得た数以上を配置し、チームとして専門的な認知症ケアを実施　③従業者に対して、認知症ケアに関する留意事項の伝達または技術的指導に係る会議を定期的に開催

（Ⅱ）①（Ⅰ）を満たす　②認知症介護の指導に係る専門的な研修を修了している者を1人以上配置し、事業所または施設全体の認知症ケアの指導等を実施　③介護職員、看護職員ごとの認知症ケアに関する研修計画を作成し、当該計画に従い、研修を実施または実施を予定

※認知症チームケア推進加算を算定している場合は算定しない

◆認知症チームケア推進加算＜新設＞　（Ⅰ）1月につき150単位を加算
（Ⅱ）1月につき120単位を加算

（Ⅰ）①日常生活自立度Ⅱの入所者の割合が50％以上　②認知症の行動・心理症状の予防および出現時の早期対応（以下「予防等」）に資する認知症介護の指導に係る専門的な研修を修了している者、または認知症介護に係る専門的な研修および認知症の行動・心理症状の予防等に資するケアプログラムを含んだ研修を修了した者を1人以上配置し、かつ複数人の介護職員から成る認知症の行動・心理症状に対応するチームを組む　③対象者個別に認知症の行動・心理症状の評価を計画的に行い、評価に基づく値を測定し、認知症の行動・心理症状の予防等に資するチームケアを実施　④認知症の行動・心理症状の予防等に資する認知症ケアについて、カンファレンスの開催、計画の作成、認知症の行動・心理症状の有無および程度についての定期的な評価、ケアの振り返り、計画の見直し等を行う

（Ⅱ）①（Ⅰ）①・③・④を満たす　②認知症の行動・心理症状の予防等に資する認知症介護に係る専門的な研修を修了している者を1人以上配置し、かつ、複数人の介護職員から成る認知症の行動・心理症状に対応するチームを組む

※認知症専門ケア加算を算定している場合は、算定しない

◆認知症行動・心理症状緊急対応加算　1日につき200単位（200）を加算（入所後7日まで）

医師が、認知症の行動・心理症状が認められるため在宅生活が困難であり、緊急に介護医療院を利用することが適当と判断した者

◆重度認知症疾患療養体制加算

（Ⅰ）要介護1～2　1日につき140単位（140）を加算
要介護3～5　1日につき40単位（40）を加算
（Ⅱ）要介護1～2　1日につき200単位（200）を加算
要介護3～5　1日につき100単位（100）を加算

（Ⅰ）①看護職員の数が常勤換算で、当該介護医療院の短期入所療養介護の入所者等の数の合計数が4またはその端数を増すごとに1以上。うち入所者等の数を4で除した数（その数が1に満たないときは1とし、その数に1に満たない端数が生じるときはこれを切り上げる）から入所者等の数を6で除した数（その数が1に満たない端数が生じるときはこれを切り上げる）を減じた数の範囲内で介護職員とすることができる　②専任の精神保健福祉士および理学療法士、作業療法士または言語聴覚士を各1人以上配置し、各職種が共同して入所者等に対し短期入所療養介護を提供する　③入所者等が全て認知症の者であり、届出月の前3月において日常生活に支障をきたすおそれのある症状または行動が認められることから介護を必要とする認知症の者の割合が50％以上　④近隣の精神科病院と連携し、当該精神科病院が、必要に応じ入所者等を入院させる体制を確保し、当該精神科病院に勤務する医師の入所者等に対する診察を週4回以上実施する　⑤届出月の前3月間に、身体拘束廃止未実施減算を算定していない

（Ⅱ）①看護職員の数が常勤換算で、入所者等の数が4またはその端数を増すごとに1以上　②当該介護医療院に専ら従事する精神保健福祉士および作業療法士をそれぞれ1人以上配置し、各職種が共同して入所者等に対し短期入所療養介護を提供する　③60㎡以上の床

面積を有し､専用の器械および器具を備えた生活機能回復訓練室を有している　④（Ⅰ）③・④・⑤を満たす

◆排せつ支援加算　（Ⅰ）1月につき10単位（10）を加算
（Ⅱ）1月につき15単位（15）を加算
（Ⅲ）1月につき20単位（20）を加算

※（Ⅰ）～（Ⅲ）は併算定不可

（Ⅰ）①入所者ごとに、要介護状態の軽減の見込みについて医師または医師と連携した看護師が入所時に評価するとともに、3月に1回以上、評価を行い、その結果等の情報を厚生労働省に提出し、排せつ支援の実施にあたり当該情報その他排せつ支援の適切かつ有効な実施に必要な情報を活用する　②①の評価の結果、排せつに介護を要する入所者で、適切な対応を行うことで要介護状態の軽減が見込まれる者について医師、看護師、ケアマネジャー等が共同して、当該入所者が排せつに介護を要する原因を分析し、それに基づいた支援計画を作成し、支援を継続して実施する　③①の評価に基づき、3月に1回以上、入所者ごとに支援計画を見直す

（Ⅱ）①（Ⅰ）を満たす　②（Ⅰ）①の評価の結果、以下（ア）・（イ）・（ウ）のいずれかを満たす

（Ⅲ）①（Ⅰ）を満たす　②（Ⅰ）①の評価の結果、以下（ア）または（ウ）、かつ（イ）を満たす

※（ア）要介護状態の軽減が見込まれる者について、入所時と比較して排尿または排便の状態のいずれかが改善し、いずれも悪化していない（イ）要介護状態の軽減が見込まれる者について、入所時と比較しておむつ使用「あり」から使用「なし」に改善（ウ）入所時に尿道カテーテルが留置されていた者について、尿道カテーテルが抜去

◆自立支援促進加算　1月につき280単位（300）を加算

①医師が入所者ごとに、自立支援に係る医学的評価を入所時に行うとともに、少なくとも3月に1回以上、医学的評価の見直しを行い、その結果等の情報を厚生労働省に提出し、自立支援促進の実施にあたり当該情報その他自立支援促進の適切かつ有効な実施に必要な情報を活用する　②①の医学的評価の結果、自立支援促進の対応が必要だとされた入所者ごとに医師、看護師、介護職員、ケアマネジャー等が共同して支援計画を策定しケアを実施する　③①の医学的評価に基づき3月に1回、入所者ごとに支援計画を見直す　④医師が自立支援に係る支援計画等の策定等に参加する

◆科学的介護推進体制加算　（Ⅰ）1月につき40単位（40）を加算
（Ⅱ）1月につき60単位（60）を加算

※（Ⅰ）・（Ⅱ）は併算定不可

（Ⅰ）①利用者ごとのADL値、栄養状態、口腔機能、認知症の状況その他心身の状況等に係る基本的な情報を厚生労働省に提出　②必要に応じて施設サービス計画を見直すなど、サービス提供にあたり①に規定する情報その他サービスを適切かつ有効に提供するために必要な情報を活用

（Ⅱ）（Ⅰ）に加え、利用者の疾病、服薬の状況等の情報を厚生労働省に提出

◆安全対策体制加算　1回につき20単位（20）を加算（入所時に1回まで）

①事故の発生・再発を防止するための措置を適切に実施するための担当者を配置　②①の担当者が安全対策に係る外部研修を受けている　③施設内に安全管理部門を設置し、組織的に安全対策を実施する体制を整備

◆高齢者施設等感染対策向上加算<新設>　（Ⅰ）1月につき10単位を加算
（Ⅱ）1月につき5単位を加算

（Ⅰ）①第二種協定指定医療機関（感染症法第6条第17項）との間で、新興感染症の発生時等の対応を行う体制を確保　②協力医療機関等との間で新興感染症以外の一般的な感染症

の発生時等の対応を取り決めるとともに、感染症の発生時等に協力医療機関等と連携し適切に対応　③診療報酬の感染対策向上加算または外来感染対策向上加算に係る届出を行った医療機関または地域の医師会が定期的に行う院内感染対策に関する研修または訓練に１年に１回以上参加

（Ⅱ）①診療報酬の感染対策向上加算に係る届出を行った医療機関から、施設内で感染者が発生した場合の感染制御等に係る実地指導を３年に１回以上受けている

◆新興感染症等施設療養費　１日につき 240 単位を加算＜新設＞（月１回、連続５日まで）

入所者等が別に厚生労働大臣が定める感染症（※）に感染した場合に相談対応、診療、入院調整等を行う医療機関を確保し、かつ当該感染症に感染した入所者等に対し、適切な感染対策を行った場合（※）現時点で指定されている感染症はなし

◆生産性向上推進体制加算＜新設＞　（Ⅰ）１月につき 100 単位を加算
（Ⅱ）１月につき 10 単位を加算
※（Ⅰ）・（Ⅱ）は併算定不可

（Ⅰ）①利用者の安全、介護サービスの質の確保、職員の負担軽減に資する方策を検討する委員会にて、以下（一）～（四）について検討および実施の定期的な確認を行う（一）業務効率化、質向上、職員の負担軽減に資する機器（以下「介護機器」）を活用する場合の利用者の安全、ケアの質の確保（二）職員の負担軽減、勤務状況への配慮（三）介護機器の定期的な点検（四）業務効率化、質向上、職員の負担軽減をはかるための職員研修　②①の取組および介護機器の活用による業務効率化、質の確保、職員の負担軽減の実績がある　③介護機器を複数種類活用している　④①の委員会で職員の業務分担の明確化等による業務効率化、質の確保、負担軽減を検討・実施し、実施を定期的に確認　⑤事業年度ごとに①③④の取組による業務効率化、質の確保、職員の負担軽減の実績を厚生労働省へ報告

（Ⅱ）①（Ⅰ）①を満たす　②介護機器を活用している　③事業年度ごとに①②の取組による業務効率化、質の確保、職員の負担軽減の実績を厚生労働省へ報告

◆サービス提供体制強化加算　（Ⅰ）１日につき 22 単位（22）を加算
（Ⅱ）１日につき 18 単位（18）を加算
（Ⅲ）１日につき６単位（6）を加算

（Ⅰ）介護職員の総数のうち介護福祉士の割合が 80％以上、または介護職員の総数のうち勤続 10 年以上の介護福祉士の割合が 35％以上

（Ⅱ）介護職員の総数のうち介護福祉士の割合が 60％以上

（Ⅲ）介護職員の総数のうち介護福祉士の割合が 50％以上、または看護・介護職員の総数のうち常勤職員の割合が 75％以上、もしくはサービスを直接提供する職員の総数のうち勤続７年以上の割合が 30％以上≪支給限度額管理の対象外≫

◆介護職員等処遇改善加算＜新設＞　（Ⅰ）所定単位数の 5.1％を加算
（2024 年６月１日より）　（Ⅱ）所定単位数の 4.7％を加算
（Ⅲ）所定単位数の 3.6％を加算
（Ⅳ）所定単位数の 2.9％を加算
（Ⅴ）所定単位数の 1.5 ～ 4.6％を加算（※）

（※）（Ⅴ）の加算率は改定前の介護職員処遇改善加算、介護職員等特定処遇改善加算、介護職員等ベースアップ等支援加算の組合わせにより 14 種類（2025 年３月 31 日まで）

所定単位数は、基本報酬に各種加算減算を加えた総単位数

◆夜間勤務等看護　（Ⅰ）１日につき 23 単位（23）を加算
（Ⅱ）１日につき 14 単位（14）を加算
（Ⅲ）１日につき 14 単位（14）を加算
（Ⅳ）１日につき７単位（7）を加算

（Ⅰ）①夜勤看護職員数が利用者数および入所者数の合計数が 15 またはその端数を増すご

とに1以上で、かつ2以上　②夜勤を行う看護職員の1人あたりの月平均夜勤時間数が72時間以下

（Ⅱ）①夜勤看護職員数が利用者数および入所者数の合計数が20またはその端数を増すごとに1以上で、かつ2以上　②（Ⅰ）②に該当

（Ⅲ）①夜勤看護・介護職員数が利用者数および入所者数の合計数が15またはその端数を増すごとに1以上で、かつ2以上　②夜勤看護職員数が1以上　③夜勤看護・介護職員の1人あたりの月平均夜勤時間数が72時間以下

（Ⅳ）①夜勤看護職員・介護職員数が利用者数および入所者数の合計数が20またはその端数を増すごとに1以上で、かつ2以上　②（Ⅲ）②・③に該当

◆若年性認知症患者受入加算　1日につき120単位（120）を加算

受け入れた若年性認知症患者ごとに個別の担当者を定めている

※認知症行動・心理症状緊急対応加算を算定している場合は算定しない

【減算】

◆夜勤を行う職員の勤務条件基準を満たさない場合　1日につき25単位（25）を減算

◆入所者の数が入所定員を超える場合、または医師、薬剤師、介護・看護職員、ケアマネジャーの員数が基準に満たない場合　所定単位数の70%（70%）で算定

◆または、看護師の数が基準の20%未満の場合

所定単位数の90%（90%）で算定（(1)（Ⅲ)、(3)（Ⅰ)、(4)（Ⅱ)、(6)（Ⅰ）の場合)

◆常勤のユニットリーダーをユニット毎に配置していない等ユニットケアにおける体制が未整備である場合　所定単位数の97%（97%）で算定（(4)・(5)・(6）の場合)

◆身体拘束廃止未実施減算　1日につき所定単位数の90%（90%）で算定

◆安全管理体制未実施減算　1日につき5単位（5）を減算

運営基準における、事故の発生・再発を防止するための措置が講じられていない場合

◆高齢者虐待防止措置未実施減算　所定単位数の99%で算定＜新設＞

◆業務継続計画未策定減算　所定単位数の97%で算定＜新設＞

「感染症の予防及びまん延の防止のための指針」の整備、および非常災害に関する具体的計画の策定を行っている場合、2025年3月31日まで減算しない

◆栄養管理の基準を満たさない場合　1日につき14単位（14）を減算

運営基準における、各入所者の状態に応じた栄養管理を計画的に行っていない場合

◆療養環境減算　（Ⅰ）1日につき25単位（25）を減算
（Ⅱ）1日につき25単位（25）を減算

（Ⅰ）療養室に隣接する廊下の幅が、内法測定で1.8m未満

※両側に療養室がある廊下の場合、内法測定で2.7m未満

（Ⅱ）療養室に係る床面積の合計を入所定員で除した数が8未満

◆療養室の面積が8㎡／人以上の場合　1日につき26単位を減算＜新設＞

((2)（Ⅰ)（ⅱ)・(Ⅱ)（ⅱ)・(Ⅲ)（ⅱ)、(3)（Ⅱ)（ⅱ）の場合)（2025年8月1日より)

Ⅱ型介護医療院の多床室の室料負担導入に伴い見直し

【廃止】

◆長期療養生活移行加算　1日につき60単位を加算（入所日から90日まで）

地域密着型サービス

算定の留意事項、Q&Aは「ケアニュース」内に順次掲載します

地域密着型サービス

I
指定地域密着型（介護予防）サービス介護給付費

1 定期巡回・随時対応型訪問介護看護費

人員・設備基準等

○人員

<table>
<tr><th colspan="2">職種</th><th>資格等</th><th>必要な員数等</th></tr>
<tr><td rowspan="2">訪問介護員等</td><td>定期巡回サービスを行う訪問介護員等</td><td rowspan="2">介護福祉士、
実務者研修修了者
介護職員基礎研修、
訪問介護員１級、
訪問介護員２級</td><td>・交通事情、訪問頻度等を勘案し適切に定期巡回サービスを提供するために必要な数以上</td></tr>
<tr><td>随時訪問サービスを行う訪問介護員等</td><td>・常時、専ら随時訪問サービスの提供に当たる訪問介護因果1以上確保されるための必要数（利用者の処遇に支障がない場合、定期巡回サービスに従事することができる）・夜間･深夜･早朝の時間帯（午後6時から午前8時まで）についてはオペレーターが随時訪問サービスを行う訪問介護員等を兼務可能。</td></tr>
<tr><td>看護職員</td><td rowspan="2">うち１名以上は、常勤の保健師または看護師</td><td>保健師、看護師、准看護師、理学療法士、作業療法士、言語聴覚士</td><td>・2.5以上（併設訪問看護事業者と合算可能）
・常時オンコール体制を確保</td></tr>
<tr><td>オペレーター</td><td>看護師、介護福祉士等（※）のうち、常勤１人以上
＋
１年以上訪問介護のサービス提供責任者として従事した者（初任者研修課程修了者および旧２級課程修了者は３年以上）</td><td>利用者の処遇に支障がない範囲で、当該事業所の多職種、随時訪問サービスを行う訪問介護員、および同一敷地内の事業所･施設等との兼務可能</td></tr>
<tr><td colspan="2">上記の従業者のうち、１人以上を計画作成責任者とする</td><td>看護師、介護福祉士等（※）のうち、１人以上</td><td></td></tr>
<tr><td colspan="3">管理者</td><td>・常勤・専従（当該事業所の職務や併設事業所の職務や併設事業所の管理者等との兼務可能）</td></tr>
</table>

（※）看護師、介護福祉士、医師、保健師、准看護師、社会福祉士、ケアマネジャー
・訪問介護員等は利用者の処遇に支障がない範囲で、他の施設等の夜勤職員（加配されている者に限る）と兼務可
・オペレーションセンターは設備基準としては求めず、地域を巡回しながら適切に随時コールに対応する形態も可
・利用者がコールを行う、オペレーターがコールを受ける際の機器は、一般に流通している通信機器等の活用が可能
・管理者はオペレーター、定期巡回サービスを行う訪問介護員等、随時訪問サービスを行う訪問介護員等、訪問看護サービスを行う看護師等に、計画作成責任者と兼務可
・オペレーターはICT等の活用により、事業所外でも利用者情報（具体的サービスの内容、心身状況や家族の状況等）の確認ができるとともに、電話の転送機能等を活用することで利用者からのコールに即時に対応できる体制を構築することで、夜間・早朝（18時～8時）に必ずしも事業所内にいる必要はない
・随時訪問サービスを行う訪問介護員は利用者からの連絡を受けた後、事業所から利用者宅へ訪問するのと同程度の対応ができるなど、随時訪問サービスの提供に支障がない体制を整備することで、夜間・早朝（18時～8時）に必ずしも事業所内にいる必要はない

1級地	2級地	3級地	4級地	5級地	6級地	7級地	その他
11.40円	11.12円	11.05円	10.84円	10.70円	10.42円	10.21円	10.00円

1月につき（　）内は旧単価	要介護1	要介護2	要介護3	要介護4	要介護5

イ　定期巡回・随時対応型訪問介護看護費（Ⅰ）【一体型】

	要介護1	要介護2	要介護3	要介護4	要介護5
(1) 訪問看護サービスを行わない場合	5446単位 (5697)	9720単位 (10168)	16140単位 (16883)	20417単位 (21357)	24692単位 (25829)
(2) 訪問看護サービスを行う場合	7946単位 (8312)	12413単位 (12985)	18948単位 (19821)	23358単位 (24434)	28298単位 (29601)

ロ　定期巡回・随時対応型訪問介護看護費（Ⅱ）【連携型】

要介護1	要介護2	要介護3	要介護4	要介護5
5446単位 (5697)	9720単位 (10168)	16140単位 (16883)	20417単位 (21357)	24692単位 (25829)

ハ　定期巡回・随時対応型訪問介護看護費（Ⅲ）<新設>

基本夜間訪問サービス費（1月につき）	989単位
定期巡回サービス費（1回につき）	372単位
随時対応サービス費（Ⅰ）（1回につき）	567単位
随時対応サービス費（Ⅱ）（1回につき）	764単位

☆連携型事業所の利用者が定期巡回・随時対応サービス事業所が連携する訪問看護事業所から訪問看護を受ける場合、別に訪問看護事業所で訪問看護費（要介護1～4は1月につき2961単位（2954）、要介護5は1月につき3761単位（3754））を算定する
☆短期入所サービスを利用する場合は、短期入所サービスの利用日数に応じて日割り計算し算定する
☆イ（2）について、急性増悪等により主治医が一時的に頻回の訪問看護を行う必要がある旨の特別の指示をした場合、指示日から14日間に限り、イ（1）の所定単位数を算定
☆利用者が短期入所生活介護、短期入所療養介護、特別施設入居者生活介護、夜間対応型訪

問介護、小規模多機能型居宅介護、認知症対応型共同生活介護、地域密着型特定施設入居者生活介護、地域密着型介護老人福祉施設入所者生活介護、看護小規模多機能型居宅介護を受けている間は算定しない

☆随時対応サービスについて、適切な訪問体制が確実に確保されており、利用者へのサービス提供に支障がない場合、事業所所在地の都道府県を越えて事業所間連携が可能

☆ハは夜間にのみサービスを必要とする利用者の場合

☆１つの事業所で当該サービスを受けている間は、他の事業所が行った当該サービスは算定しない

【加算】

◆初期加算　1日につき30単位（30）を加算（利用初日から30日まで）（イ・ロの場合）

30日を超える病院・診療所への入院後に利用を再び開始した場合も算定可能

◆退院時共同指導加算　1回につき600単位（600）を加算（1回まで）（イ（2）の場合）

病院・診療所または介護老人保健施設もしくは介護医療院に入院（所）中の者へ、主治医等と連携して在宅生活で必要な指導を行い､その内容を提供した場合､退院･退所後の初回(介護予防）訪問看護時に１回（特別な管理を要する者の場合２回）に限り算定。医療保険で算定する場合や初回加算を算定の場合は算定しない

◆総合マネジメント体制強化加算　（Ⅰ）1月につき1200単位を加算<新設>
（イ・ロの場合）　（Ⅱ）1月につき800単位（1000）を加算

※（Ⅰ）・（Ⅱ）は併算定不可

（Ⅰ）①利用者の心身状況・家族等を取り巻く環境の変化に応じ、随時、計画作成責任者、看護師、准看護師、介護職員などが共同し、計画の見直しを行う　②地域の病院、診療所、老健などの関係施設に対し、事業所のサービスの具体的な内容の情報提供を行う③日常的に利用者と関わりのある地域住民等の相談に対応する体制を確保　④地域住民等との連携により、地域資源を効果的に活用し、利用者の状態に応じた支援を行う　⑤以下（一）～（四）のいずれかに適合（一）障害福祉サービス事業所、児童福祉施設等と協働し、地域において世代間の交流を行う　（二）地域住民等、他の居宅サービス、地域密着型サービス事業所等と共同で事例検討会、研修会等を実施　（三）市町村が実施する通いの場や在宅医療・介護連携推進事業等の地域支援事業等に参加　（四）地域住民および利用者の住まいに関する相談に応じ、必要な支援を行う

（Ⅱ）（Ⅰ）①・②を満たす　≪支給限度額管理の対象外≫

◆生活機能向上連携加算　（Ⅰ）1月につき100単位（100）を加算（初回実施月のみ）
（イ・ロの場合）　（Ⅱ）1月につき200単位（200）を加算（3月まで）

※（Ⅰ）・（Ⅱ）は併算定不可

（Ⅰ）計画作成責任者が訪問・通所リハビリテーション事業所、またはリハビリテーションを実施している医療提供施設（許可病床数200床未満または半径4km以内に診療所が存在しないものに限る）の医師、理学療法士、作業療法士または言語聴覚士（以下「医師等」）の助言に基づき、生活機能の向上を目的とした定期巡回・随時対応型訪問介護看護計画を作成し、当該計画に基づく定期巡回・随時対応型訪問介護看護を行う。

（Ⅱ）利用者に対して、訪問・通所リハビリテーション事業所、またはリハビリテーションを実施している医療提供施設の医師等が訪問・通所リハビリテーション等の一環として利用者の居宅を訪問する際に、計画作成責任者が同行する等により、医師等と利用者の身体の状況等の評価を共同して行い、かつ生活機能の向上を目的とした定期巡回・随時対応型訪問介護看護計画を作成した場合であって、医師等と連携し当該計画に基づく定期巡回・随時対応型訪問介護看護を行う。計画作成責任者とリハビリテーション専門職等との共同カンファレンスは、利用者・家族も参加するサービス担当者会議の前後に時間を明確に区分した上で実施しても差し支えない

◆認知症専門ケア加算

イ・ロの場合　（Ⅰ）1月につき90単位（90）を加算
（Ⅱ）1月につき120単位（120）を加算

ハ（基本夜間訪問サービス費を除く）の場合　（Ⅰ）1日につき3単位を加算<新設>
（Ⅱ）1日につき4単位を加算<新設>

※（Ⅰ）・（Ⅱ）は併算定不可

（Ⅰ）①日常生活自立度Ⅱ以上の利用者（以下「対象者」）が50％以上　②認知症介護に係る専門的な研修を修了している者を、対象者が20人未満の場合は1以上、20人以上の場合は1に対象者の数が19を超えて10またはその端数を増すごとに1を加えた数以上を配置し、チームとして専門的な認知症ケアを実施　③職員に対し、認知症ケアに関する留意事項の伝達または技術的指導に係る会議を定期的に開催

（Ⅱ）①（Ⅰ）②・③を満たす　②利用者総数のうち認知症高齢者の日常生活自立度Ⅲ以上が20％以上　③認知症介護の指導に係る専門的な研修を修了している者を1人以上配置し、事業所または施設全体の認知症ケアの指導等を実施　③介護職員、看護職員ごとの認知症ケアに関する研修計画を作成し、研修を実施（予定含む）

◆口腔連携強化加算　1回につき50単位を加算<新設>（月1回まで）（イ・ロの場合）

事業所の職員が口腔の健康状態の評価を実施し、利用者の同意を得て歯科医療機関およびケアマネジャーへ評価結果の情報提供を行う。評価にあたっては、診療報酬の歯科訪問診療料（C000）の算定実績がある歯科医療機関の歯科医師または歯科医師の指示を受けた歯科衛生士が、当該職員からの相談等に対応する体制を確保し、その旨を文書等で取り決めていること

※以下のいずれかの場合は算定しない

・他サービスで口腔連携強化加算または口腔・栄養スクリーニング加算を算定（栄養状態のスクリーニングによる口腔・栄養スクリーニング加算（Ⅱ）の場合を除く）

・口腔状態の評価の結果、歯科医師または歯科衛生士が（介護予防）居宅療養管理指導を実施（初回の実施月を除く）

◆サービス提供体制強化加算

（イ・ロ、ハ基本夜間訪問サービス費の場合）（Ⅰ）1月につき750単位（750）を加算
（Ⅱ）1月につき640単位（640）を加算
（Ⅲ）1月につき350単位（350）を加算

（ハ（基本夜間訪問サービス費を除く）の場合）（Ⅰ）1回につき22単位を加算<新設>
（Ⅱ）1回につき18単位を加算<新設>
（Ⅲ）1回につき6単位を加算<新設>

（Ⅰ）①サービス従事者ごとに研修計画を作成し実施、または実施予定　②利用者の情報、サービス提供の留意事項の伝達または従事者の技術指導を目的とした会議を定期的に開催　③従事者に対し健康診断等を定期的に実施　④訪問介護員等の総数のうち介護福祉士の割合が60％以上、または勤続10年以上の介護福祉士の割合が25％以上

（Ⅱ）①（Ⅰ）①～③を満たす　②訪問介護員等の総数のうち介護福祉士が40％以上、または介護福祉士、実務者研修修了者および介護職員基礎研修課程修了者＊の合計が60％以上

（Ⅲ）①（Ⅰ）①～③を満たす　②次の（ア）～（ウ）のいずれかを満たす（ア）訪問介護員等の総数のうち介護福祉士が30％以上または介護福祉士、実務者研修修了者および介護職員基礎研修課程修了者＊の合計が50％以上　（イ）従業者総数のうち常勤職員の割合が60％以上　（ウ）従業者総数のうち勤続7年以上の者が30％以上

＊2013年4月以降「旧介護職員基礎研修課程修了者」　≪支給限度額管理の対象外≫

定期巡回・随時対応型訪問介護看護費

◆**介護職員等処遇改善加算＜新設＞　（Ⅰ）所定単位数の 24.5%を加算**
（2024 年 6 月 1 日より）　（Ⅱ）所定単位数の 22.4%を加算
（Ⅲ）所定単位数の 18.2%を加算
（Ⅳ）所定単位数の 14.5%を加算
（Ⅴ）所定単位数の 7.6 ～ 22.1%を加算（※）

（※）（Ⅴ）の加算率は改定前の介護職員処遇改善加算、介護職員等特定処遇改善加算、介護職員等ベースアップ等支援加算の組合わせにより 14 種類（2025 年 3 月 31 日まで）
所定単位数は、基本報酬に各種加算減算を加えた総単位数　≪支給限度額管理の対象外≫

◆**特別地域加算　所定単位数の 15%（15%）を加算**
（ハ基本夜間訪問サービス費を除く）　≪支給限度額管理の対象外≫

◆**中山間地域等における小規模事業所加算　所定単位数の 10%（10%）を加算**
（ハ基本夜間訪問サービス費を除く）　≪支給限度額管理の対象外≫

◆**中山間地域等に居住する者へのサービス提供加算　所定単位数の 5%（5%）を加算**
（ハ基本夜間訪問サービス費を除く）　≪支給限度額管理の対象外≫

◆**緊急時訪問看護加算（イ（2）の場合）　（Ⅰ）1 月につき 325 単位を加算＜新設＞**
（Ⅱ）1 月につき 315 単位（315）を加算

（Ⅰ）①利用者または家族から電話等により看護に関する意見を求められた場合に常時対応できる体制にある　②緊急時訪問における看護業務の負担軽減に資する十分な業務管理等の体制を整備
（Ⅱ）（Ⅰ）①を満たす　≪支給限度額管理の対象外≫

◆**特別管理加算（イ（2）の場合）　（Ⅰ）1 月につき 500 単位（500）を加算**
（Ⅱ）1 月につき 250 単位（250）を加算

訪問看護サービスに関し特別な管理が必要な利用者に、訪問看護サービス実施の計画的管理を行う
（Ⅰ）在宅悪性腫瘍患者指導管理・在宅気管切開患者指導管理を受けている状態、気管カニューレ・留置カテーテル等を使用している状態（Ⅱ）在宅自己腹膜潅流指導管理、在宅血液透析指導管理、在宅酸素療法指導管理等を受けている状態、人工肛門・人工膀胱設置の状態、真皮を越える褥瘡の状態、週 3 回以上点滴注射の必要な状態等。
※医療保険で算定する場合は算定しない≪支給限度額管理の対象外≫

◆**ターミナルケア加算　1 月につき 2500 単位（2000）を加算（イ（2）の場合）**

①死亡日および死亡日前 14 日以内に 2 日（死亡日および死亡日前 14 日以内に訪問看護を行っている場合は 1 日）以上ターミナルケアを実施する（ターミナルケア実施後 24 時間以内に在宅以外で死亡した場合を含む）②必要に応じて訪問看護サービスを行う体制を確保する　②主治医と連携してターミナルケアの計画・支援体制を利用者・家族等に説明し、同意の上でターミナルケアを実施　③ターミナルケア提供について利用者の身体状況の変化等必要な事項を適切に記録する≪支給限度額管理の対象外≫

【減算】

◆**高齢者虐待防止措置未実施減算　所定単位数の 99%で算定＜新設＞**

◆**業務継続計画未策定減算　所定単位数の 99%で算定＜新設＞（2025 年 4 月 1 日より）**

◆**准看護師によりサービス提供が行われる場合**
所定単位数の 98%（98%）で算定（イ（2）の場合）

◆**通所サービスを受けている利用者に提供した場合　1 日につき以下の単位数を減算**
（イ（1）・ロの場合）要介護 1：62 単位（62）、要介護 2：111 単位（111）、要介護 3：184 単位（184）、要介護 4：233 単位（233）、要介護 5：281 単位（281）
（イ（2）の場合）要介護 1:91 単位（91）、要介護 2:141 単位（141）、要介護 3:216 単位（216）、要介護 4：266 単位（266）、要介護 5：322 単位（322）

定期巡回・随時対応型訪問介護看護費／夜間対応型訪問介護費

◆事業所と同一建物の利用者にサービスを行う場合
1月につき600単位（600）を減算（イ・ロの場合）
◆事業所と同一建物の利用者50人以上にサービスを行う場合
イ・ロの場合　1月につき900単位（900）を減算
ハ（基本夜間訪問サービス費を除く）の場合　所定単位数の85％で算定<新設>
◆事業所と同一建物の利用者、またはこれ以外の同一建物の利用者20人以上にサービスを行う場合　所定単位数の90％で算定<新設>（ハの場合（基本夜間訪問サービス費を除く））
区分支給限度基準額の算定の際は、当該減算前の単位数を算入

2 夜間対応型訪問介護費

人員・設備基準等

○人員

定期巡回サービスを行う訪問介護員等	・必要な数以上
随時訪問サービスを行う訪問介護員	・提供時間帯を通じて１以上 ・定期巡回サービスまたは同一敷地内にある訪問介護事業所もしくは定期巡回・随時対応型訪問介護看護の職務に従事することができる
オペレーター	・提供時間帯を通じて１以上 ・１年以上訪問介護のサービス提供責任者として従事した者（初任者研修課程修了者および旧２級課程修了者は３年以上） ・定期巡回サービスおよび同一敷地内の訪問介護事業所並びに定期巡回・随時対応型訪問介護看護事業所の職務への従事可能 ※オペレーションセンターを設置しない場合は配置不要
面接相談員	・１以上（オペレーターまたは訪問介護員等との兼務可） ※オペレーションセンターを設置しない場合は配置不要
オペレーションセンター	・ 通常の事業の実施地域内に１カ所以上設置（設置しなくても可）
計画の作成	・オペレーターまたは面接相談員が作成 ※オペレーションセンターを設置しない場合は訪問介護員等が作成

・管理者はオペレーションセンター従業者（面接相談員含む）、訪問介護員等と兼務可
・オペレーターはICT等の活用により、事業所外でも利用者情報（具体的サービスの内容、心身状況や家族の状況等）の確認ができるとともに、電話の転送機能等を活用することで利用者からのコールに即時に対応できる体制を構築することで、夜間・早朝（18時～８時）に必ずしも事業所内にいる必要はない
・随時訪問サービスを行う訪問介護員は利用者からの連絡を受けた後、事業所から利用者宅へ訪問するのと同程度の対応ができるなど、随時訪問サービスの提供に支障がない体制を整備することで、夜間・早朝（18時～８時）に必ずしも事業所内にいる必要はない
・オペレーターは併設施設等（短期入所生活介護、短期入所療養介護、（地域密着型）特定施設入居者生活介護、認知症対応型共同生活介護、小規模多機能型居宅介護、看護小規模多機能型居宅介護、介護老人福祉施設、地域密着型介護老人福祉施設、介護老人保健施設、介護医療院）の職員、および随時訪問サービスを行う訪問介護員等と兼務可
・オペレーターは他の訪問介護事業所、定期巡回・随時対応型訪問介護看護事業所に事業を一部委託することが可能
・オペレーターは複数の事業所間で随時対応サービス（通報の受付）の集約化が可能

夜間対応型訪問介護費

1級地	2級地	3級地	4級地	5級地	6級地	7級地	その他
11.40円	11.12円	11.05円	10.84円	10.70円	10.42円	10.21円	10.00円

（　）内は旧単価

イ　夜間対応型訪問介護費（Ⅰ）

基本夜間対応型訪問介護費（1 月につき）	989 単位（1025）
定期巡回サービス費（1 回につき）	372 単位（386）
随時訪問サービス費（Ⅰ）（1 回につき）	567 単位（588）
随時訪問サービス費（Ⅱ）（1 回につき）	764 単位（792）

ロ　夜間対応型訪問介護費（Ⅱ）

夜間対応型訪問介護費（Ⅱ）（1 月につき）	2702 単位（2800）

☆短期入所生活介護、短期入所療養介護、特定施設入居者生活介護、小規模多機能型居宅介護、認知症対応型共同生活介護、地域密着型特定施設入居者生活介護、地域密着型介護老人福祉施設入所者生活介護、看護小規模多機能型居宅介護を受けている間は算定しない

【加算】

◆認知症専門ケア加算　（Ⅰ）イの場合　1日につき 3 単位（3）を加算（※）
（Ⅰ）ロの場合　1月につき 90 単位（90）を加算
（Ⅱ）イの場合　1日につき 4 単位（4）を加算（※）
（Ⅱ）ロの場合　1月につき 120 単位（120）を加算
（※）基本夜間対応型訪問介護費を除く

（Ⅰ）①日常生活自立度Ⅱ以上の利用者（以下「対象者」）が 50％以上　②認知症介護に係る専門的な研修を修了している者を、対象者が 20 人未満の場合は 1 以上、20 人以上の場合は 1 に対象者の数が 19 を超えて 10 またはその端数を増すごとに 1 を加えた数以上を配置し、チームとして専門的な認知症ケアを実施　③職員に対し、認知症ケアに関する留意事項の伝達または技術的指導に係る会議を定期的に開催

（Ⅱ）①（Ⅰ）②・③を満たす　②日常生活自立度Ⅲ以上の利用者が 20％以上　③認知症介護の指導に係る専門的な研修を修了している者を 1 人以上配置し、事業所または施設全体の認知症ケアの指導等を実施　③介護職員、看護職員ごとの認知症ケアに関する研修計画を作成し、研修を実施（予定含む）

◆サービス提供体制強化加算　（Ⅰ）イの場合　1 回につき 22 単位（22）を加算（※）
（Ⅰ）ロの場合　1 月につき 154 単位（154）を加算
（Ⅱ）イの場合　1 回につき 18 単位（18）を加算（※）
（Ⅱ）ロの場合　1 月につき 126 単位（126）を加算
（Ⅲ）イの場合　1 回につき 6 単位（12）を加算（※）
（Ⅲ）ロの場合　1 月につき 42 単位（84）を加算
（※）基本夜間対応型訪問介護費を除く

（Ⅰ）①全ての訪問介護員等ごとに研修計画を作成し実施、または実施予定　②利用者の情報、サービス提供の留意事項の伝達または従事者の技術指導を目的とした会議を定期的に開催　③従事者に対し健康診断等を定期的に実施　④訪問介護員等の総数のうち介護福祉士の割合が 60％以上、または勤続 10 年以上の介護福祉士の割合が 25％以上

（Ⅱ）①（Ⅰ）①～③を満たす　②訪問介護員等の総数のうち介護福祉士が 40％以上、または介護福祉士、実務者研修修了者、介護職員基礎研修課程修了者＊の合計が 60％以上

（Ⅲ）①（Ⅰ）①～③を満たす　②次の（ア）～（イ）のいずれかを満たす（ア）訪問介護員等の総数のうち介護福祉士が30％以上または介護福祉士、実務者研修修了者および介護職員基礎研修課程修了者＊の合計が50％以上　（イ）従業者総数のうち勤続7年以上の者が30％以上
＊ 2013年4月以降「旧介護職員基礎研修課程修了者」≪支給限度額管理の対象外≫

◆介護職員等処遇改善加算＜新設＞（2024年6月1日より）
（Ⅰ）所定単位数の24.5％を加算
（Ⅱ）所定単位数の22.4％を加算
（Ⅲ）所定単位数の18.2％を加算
（Ⅳ）所定単位数の14.5％を加算
（Ⅴ）所定単位数の7.6～22.1％を加算（※）

（※）（Ⅴ）の加算率は改定前の介護職員処遇改善加算、介護職員等特定処遇改善加算、介護職員等ベースアップ等支援加算の組合わせにより14種類（2025年3月31日まで）
所定単位数は、基本報酬に各種加算減算を加えた総単位数　≪支給限度額管理の対象外≫

◆ 24時間通報対応加算　1月につき610単位（610）を加算（イの場合）
日中においてオペレーションセンターサービスを行う場合に算定
①日中の必要な人員を確保　②利用者からの通報を受け、緊急の対応が必要と認められる場合に連携する訪問介護事業所に速やかに連絡する体制を確保し、必要に応じて訪問介護を実施する　③利用者の日中の居宅サービスの利用状況を把握　④利用者からの通報について、通報日時、通報内容、具体的対応の内容について記録する

◆特別地域加算　所定単位数の15％（15％）を加算
（イ基本夜間対応型訪問介護費を除く）　≪支給限度額管理の対象外≫

◆中山間地域等における小規模事業所加算　所定単位数の10％（10％）を加算
（イ基本夜間対応型訪問介護費を除く）　≪支給限度額管理の対象外≫

◆中山間地域等に居住する者へのサービス提供加算　所定単位数の5％（5％）を加算
（イ基本夜間対応型訪問介護費を除く）　≪支給限度額管理の対象外≫

【減算】

◆高齢者虐待防止措置未実施減算　所定単位数の99％で算定＜新設＞

◆業務継続計画未策定減算　所定単位数の99％で算定＜新設＞（2025年4月1日より）

◆事業所と同一建物の利用者、またはこれ以外の同一建物の利用者20人以上にサービスを行う場合　所定単位数の90％（90％）で算定（イ基本夜間対応型訪問介護費を除く）
区分支給限度基準額の算定の際は、当該減算前の単位数を算入

◆事業所と同一建物の利用者50人以上にサービスを行う場合
所定単位数の85％（85％）で算定（イ基本夜間対応型訪問介護費を除く）

3 地域密着型通所介護費

人員・設備基準等

○人員

生活相談員	事業所ごとにサービス提供時間に応じて専従で１以上（常勤換算方式）（※生活相談員の勤務時間数としてサービス担当者会議、地域ケア会議等も含めることが可能）
看護職員	単位ごとに専従で１以上（※通所介護の提供時間帯を通じて専従する必要はなく、訪問看護ステーション等との連携も可能）
介護職員	①　単位ごとにサービス提供時間に応じて専従で次の数以上(常勤換算方式) （ア）利用者が15人以下：1以上 （イ）利用者が15人を超す場合：（ア）の数に利用者の数が１増すごとに0.2を加えた数以上 ②　単位ごとに常時１人 ③　①・②を満たす場合、当該事業所の他の単位における介護職員として従事が可能
機能訓練指導員	１以上

※生活相談員または介護職員のうち１人以上は常勤
※定員10人以下の場合は看護職員または介護職員のいずれか１人の配置で可（常勤換算方式）

○設備・備品等

食堂	それぞれ必要な面積を有するものとし、その合計した面積が利用定員×3.0㎡以上
機能訓練室	
相談室	相談の内容が漏えいしないよう配慮されている

療養通所介護

○人員

看護職員または介護職員	・利用者の数が1.5に対し、提供時間帯を通じて療養通所介護に専従する者が１以上確保されるために必要と認められる数以上 ・うち１人以上は常勤の看護師であって、療養通所介護に専従

○設備・備品等

専用の部屋	・利用者１人につき6.4㎡以上であって、明確に区分され、他の部屋等から完全に遮断されていること

1級地	2級地	3級地	4級地	5級地	6級地	7級地	その他
10.90円	10.72円	10.68円	10.54円	10.45円	10.27円	10.14円	10.00円

（　）内は旧単価

イ　地域密着型通所介護費（1日につき）

	要介護1	要介護2	要介護3	要介護4	要介護5
3～4時間未満	416単位(415)	478単位(476)	540単位(538)	600単位(598)	663単位(661)
4～5時間未満	436単位(435)	501単位(499)	566単位(564)	629単位(627)	695単位(693)
5～6時間未満	657単位(655)	776単位(773)	896単位(893)	1013単位(1010)	1134単位(1130)
6～7時間未満	678単位(676)	801単位(798)	925単位(922)	1049単位(1045)	1172単位(1168)
7～8時間未満	753単位(750)	890単位(887)	1032単位(1028)	1172単位(1168)	1312単位(1308)
8～9時間未満	783単位(780)	925単位(922)	1072単位(1068)	1220単位(1216)	1365単位(1360)

ロ　療養通所介護費（1月につき）	12785単位（12691）
ハ　短期利用療養通所介護費（1日につき）<新設>	1335単位

☆短期入所生活介護、短期入所療養介護、特定施設入居者生活介護、小規模多機能型居宅介護、認知症対応型共同生活介護、地域密着型特定施設入居者生活介護、地域密着型介護老人福祉施設入所者生活介護、看護小規模多機能型居宅介護を受けている間は算定しない
☆療養通所介護について、長期間・定期的に事業所を利用し、ICTによる状態確認が可能であり、利用者・家族の同意が得られている場合、看護職員は介護職員と連携しICTを活用し、通所できる状態であることや、居宅に戻った時の状態の安定等を確認することが可能。サービスの初回利用時は、ICTの活用は不可とする
☆ハを算定する場合：①利用者の状態や家族等の事情により、緊急に利用することが必要とケアマネジャーが認める　②利用開始にあたり、あらかじめ7日以内（利用者の日常生活上の世話を行う家族等の疾病等やむを得ない事情がある場合は14日以内）の利用期間を定める　③療養通所介護の人員基準を満たす　④入浴介助を行わない場合の減算、および過少サービスの場合の減算を算定していない

【加算】

◆サービス提供体制強化加算（イの場合）（Ⅰ）1回につき22単位（22）を加算
（Ⅱ）1回につき18単位（18）を加算
（Ⅲ）1回につき6単位（6）を加算
（ロの場合）（Ⅲ）イ　1月につき48単位（48）を加算
（Ⅲ）ロ　1月につき24単位（24）を加算
（ハの場合）<新設>（Ⅲ）イ　1日につき12単位を加算
（Ⅲ）ロ　1日につき6単位を加算

（イの場合）通所介護費と同様
（ロ・ハの場合）（Ⅲ）イ①利用者に直接サービスを提供する職員総数のうち勤続年数7年以上の割合が30％以上　②利用者に直接サービスを提供する職員総数のうち勤続年数3年以上の割合が30％以上
≪支給限度額管理の対象外≫

◆介護職員等処遇改善加算<新設>（2024年6月1日より）
（Ⅰ）所定単位数の9.2％を加算
（Ⅱ）所定単位数の9.0％を加算
（Ⅲ）所定単位数の8.0％を加算
（Ⅳ）所定単位数の6.4％を加算
（Ⅴ）所定単位数の3.3～8.1％を加算（※）

（※）（Ⅴ）の加算率は改定前の介護職員処遇改善加算、介護職員等特定処遇改善加算、介護職員等ベースアップ等支援加算の組合わせにより14種類（2025年3月31日まで）

地域密着型通所介護費

所定単位数は、基本報酬に各種加算減算を加えた総単位数　≪支給限度額管理の対象外≫

◆感染症または災害の発生を理由とする利用者数の減少が一定以上生じている場合
所定単位数の3%（3%）を加算（イの場合）
通所介護費と同様　≪支給限度額管理の対象外≫

◆8～9時間未満の地域密着型通所介護の前後に日常生活上の世話を行う場合（イの場合）
・9時間以上10時間未満の場合　50単位（50）を加算
・10時間以上11時間未満の場合　100単位（100）を加算
・11時間以上12時間未満の場合　150単位（150）を加算
・12時間以上13時間未満の場合　200単位（200）を加算
・13時間以上14時間未満の場合　250単位（250）を加算

◆生活相談員配置等加算　1日につき13単位（13）を加算（イの場合）
通所介護費と同様

◆中山間地域等に居住する者へのサービス提供加算　所定単位数の5%（5%）を加算
≪支給限度額管理の対象外≫

◆入浴介助加算（イの場合）（Ⅰ）1日につき40単位（40）を加算
（Ⅱ）1日につき55単位（55）を加算
※（Ⅰ）・（Ⅱ）は併算定不可
通所介護費と同様

◆中重度者ケア体制加算　1日につき45単位（45）を加算（イの場合）
通所介護費と同様

◆生活機能向上連携加算（イの場合）
（Ⅰ）1月につき100単位（100）を加算（3月に1回まで）
（Ⅱ）1月につき200単位（200）を加算　※（Ⅰ）・（Ⅱ）は併算定不可
通所介護費と同様

◆個別機能訓練加算（イの場合）（Ⅰ）イ　1日につき56単位（56）を加算
ロ　1日につき76単位（85）を加算
（Ⅱ）1月につき20単位（20）を加算
※（Ⅰ）イ・ロは併算定不可
通所介護費と同様

◆ADL維持等加算（イの場合）（Ⅰ）1月につき30単位（30）を加算
（Ⅱ）1月につき60単位（60）を加算
※（Ⅰ）・（Ⅱ）は併算定不可
通所介護費と同様

◆認知症加算　1日につき60単位（60）を加算（イの場合）
通所介護費と同様

◆若年性認知症利用者受入加算　1日につき60単位（60）を加算（イの場合）
通所介護費と同様

◆栄養アセスメント加算　1月につき50単位（50）を加算（イの場合）
通所介護費と同様

◆栄養改善加算　1回につき200単位（200）を加算（3月以内・月2回まで）（イの場合）
通所介護費と同様

◆口腔・栄養スクリーニング加算
（Ⅰ）1回につき20単位（20）を加算（6月に1回まで）
（Ⅱ）1回につき5単位（5）を加算（6月に1回まで）　※（Ⅰ）・（Ⅱ）は併算定不可
通所介護費と同様

◆口腔機能向上加算（イの場合）

（Ⅰ）1回につき150単位（150）を加算（3月以内・月2回まで）
（Ⅱ）1回につき160単位（160）を加算（3月以内・月2回まで）
※（Ⅰ）・（Ⅱ）は併算定不可

通所介護費と同様

◆科学的介護推進体制加算　1月につき40単位（40）を加算（イの場合）

通所介護費と同様

◆重度者ケア体制加算　1月につき150単位を加算＜新設＞（ロの場合）

①人員基準で規定する看護師の員数に加え、看護職員を常勤換算で3人以上確保　②職員のうち認定看護師教育課程、専門看護師教育課程、特定行為に係る看護師の研修制度により厚生労働大臣が指定する指定研修機関の研修を修了した看護師を1人以上確保　③訪問看護の指定を受け、かつ一体的に事業を実施

【減算】

◆高齢者虐待防止措置未実施減算　所定単位数の99%で算定＜新設＞

◆業務継続計画未策定減算　所定単位数の99%で算定＜新設＞

「感染症の予防及びまん延の防止のための指針」の整備、および非常災害に関する具体的計画の策定を行っている場合、2025年3月31日まで減算しない

◆利用者数が利用定員を超える場合、または看護・介護職員の員数が基準に満たない場合
所定単位数の70%（70%）で算定

◆入浴介助を行わない場合　所定単位数の95%（95%）で算定（ロの場合）

◆過少サービスに対する減算　所定単位数の70%（70%）で算定（ロの場合）

サービス提供回数が月4回以下の場合

◆2時間以上3時間未満の通所介護を行う場合（イの場合）
4時間以上5時間未満の所定単位数の70%（70%）で算定

心身の状況その他利用者のやむを得ない事情により、長時間のサービス利用が困難な場合

◆共生型地域密着型通所介護を行う場合（イの場合）

- 生活介護事業所が行う場合　所定単位数の93%（93%）で算定
- 自立訓練（機能訓練）事業所が行う場合　所定単位数の95%（95%）で算定
- 児童発達支援事業所が行う場合　所定単位数の90%（90%）で算定
- 放課後等デイサービス事業所が行う場合　所定単位数の90%（90%）で算定

◆事業所と同一建物に居住する者または同一建物からサービスを利用する者の場合
1日につき94単位（94）を減算（イの場合）

通所介護費と同様

◆利用者宅と事業所との間の送迎を行わない場合
片道につき47単位（47）を減算（イの場合）

4 （介護予防）認知症対応型通所介護費

人員・設備基準等

○人員

単独型・併設型	・生活相談員１人（事業所のサービス提供時間に応じて１以上配置） ・看護職員または介護職員２人（１人＋単位のサービス提供時間に応じて１以上） ・機能訓練指導員　１人 ・管理者　厚生労働大臣が定める研修を修了している者が、常勤専従
共用型	・従業者の員数　（認知症対応型共同生活介護事業所等の）各事業ごとに規定する職員の数以上 ※管理上支障がない場合は、当該事業所の他の職務に従事し、かつ、同一敷地内にある他の本体事業所等の職務に従事してもよい ・管理者　厚生労働大臣が定める研修を修了している者で常勤専従

○設備・備品等

単独型・併設型	・食堂、機能訓練室、静養室、相談室および事務室のほか、消火設備その他の非常災害に際して必要な設備等 ・食堂および機能訓練室　3㎡×利用定員以上の面積

1級地	2級地	3級地	4級地	5級地	6級地	7級地	その他
11.10円	10.88円	10.83円	10.66円	10.55円	10.33円	10.17円	10.00円

1日につき
（　）内は旧単価

イ　（介護予防）認知症対応型通所介護費（Ⅰ）

（1）認知症対応型通所介護費（ⅰ）

	要支援１	要支援２	要介護１	要介護２	要介護３	要介護４	要介護５
3～4時間未満	475単位（474）	526単位（525）	543単位（542）	597単位（596）	653単位（652）	708単位（707）	762単位（761）
4～5時間未満	497単位（496）	551単位（550）	569単位（568）	626単位（625）	684単位（683）	741単位（740）	799単位（797）
5～6時間未満	741単位（740）	828単位（826）	858単位（856）	950単位（948）	1040単位（1038）	1132単位（1130）	1225単位（1223）
6～7時間未満	760単位（759）	851単位（849）	880単位（878）	974単位（972）	1066単位（1064）	1161単位（1159）	1256単位（1254）
7～8時間未満	861単位（859）	961単位（959）	994単位（992）	1102単位（1100）	1210単位（1208）	1319単位（1316）	1427単位（1424）
8～9時間未満	888単位（886）	991単位（989）	1026単位（1024）	1137単位（1135）	1248単位（1246）	1362単位（1359）	1472単位（1469）

（2）認知症対応型通所介護費（ⅱ）

	要支援１	要支援２	要介護１	要介護２	要介護３	要介護４	要介護５
3～4時間未満	429単位（428）	476単位（475）	491単位（490）	541単位（540）	589単位（588）	639単位（638）	688単位（687）
4～5時間未満	449単位（448）	498単位（497）	515単位（514）	566単位（565）	618単位（617）	669単位（668）	720単位（719）
5～6時間未満	667単位（666）	743単位（742）	771単位（769）	854単位（852）	936単位（934）	1016単位（1014）	1099単位（1097）
6～7時間未満	684単位（683）	762単位（761）	790単位（788）	876単位（874）	960単位（958）	1042単位（1040）	1127単位（1125）
7～8時間未満	773単位（771）	864単位（862）	894単位（892）	989単位（987）	1086単位（1084）	1183単位（1181）	1278単位（1276）
8～9時間未満	798単位（796）	891単位（889）	922単位（920）	1020単位（1018）	1120単位（1118）	1221単位（1219）	1321単位（1318）

1日につき （ ）内は旧単価	要支援1	要支援2	要介護1	要介護2	要介護3	要介護4	要介護5

ロ （介護予防）認知症対応型通所介護費（Ⅱ）

	要支援1	要支援2	要介護1	要介護2	要介護3	要介護4	要介護5
3～4時間未満	248単位 (247)	262単位 (261)	267単位 (266)	277単位 (276)	286単位 (285)	295単位 (294)	305単位 (304)
4～5時間未満	260単位 (259)	274単位 (273)	279単位 (278)	290単位 (289)	299単位 (298)	309単位 (308)	319単位 (318)
5～6時間未満	413単位 (412)	436単位 (435)	445単位 (444)	460単位 (459)	477単位 (476)	493単位 (492)	510単位 (509)
6～7時間未満	424単位 (423)	447単位 (446)	457単位 (456)	472単位 (471)	489単位 (488)	506単位 (505)	522単位 (521)
7～8時間未満	484単位 (483)	513単位 (512)	523単位 (522)	542単位 (541)	560単位 (559)	578単位 (577)	598単位 (597)
8～9時間未満	500単位 (499)	529単位 (528)	540単位 (539)	559単位 (558)	578単位 (577)	597単位 (596)	618単位 (617)

☆介護予防）短期入所生活介護、（介護予防）短期入所療養介護、（介護予防）特定施設入居者生活介護、（介護予防）小規模多機能型居宅介護、（介護予防）認知症対応型共同生活介護、地域密着型特定施設入居者生活介護、地域密着型介護老人福祉施設入所者生活介護、看護小規模多機能型居宅介護を受けている間は算定しない

【加算】

◆サービス提供体制強化加算　（Ⅰ）1回につき22単位（22）を加算
（Ⅱ）1回につき18単位（18）を加算
（Ⅲ）1回につき6単位（6）を加算
通所介護費と同様　≪支給限度額管理の対象外≫

◆介護職員等処遇改善加算＜新設＞（2024年6月1日より）
（Ⅰ）所定単位数の18.1%を加算
（Ⅱ）所定単位数の17.4%を加算
（Ⅲ）所定単位数の15.0%を加算
（Ⅳ）所定単位数の12.2%を加算
（Ⅴ）所定単位数の6.5～15.8%を加算（※）
（※）（Ⅴ）の加算率は改定前の介護職員処遇改善加算、介護職員等特定処遇改善加算、介護職員等ベースアップ等支援加算の組合わせにより14種類（2025年3月31日まで）
所定単位数は、基本報酬に各種加算減算を加えた総単位数　≪支給限度額管理の対象外≫

◆感染症または災害の発生を理由とする利用者数の減少が一定以上生じている場合
所定単位数の3%（3%）を加算
通所介護費と同様　≪支給限度額管理の対象外≫

◆8～9時間未満の認知症対応型通所介護の前後に日常生活上の世話を行う場合
・9時間以上10時間未満の場合　50単位（50）を加算
・10時間以上11時間未満の場合　100単位（100）を加算
・11時間以上12時間未満の場合　150単位（150）を加算
・12時間以上13時間未満の場合　200単位（200）を加算
・13時間以上14時間未満の場合　250単位（250）を加算

◆中山間地域等に居住する者へのサービス提供加算　所定単位数の5%（5%）を加算
≪支給限度額管理の対象外≫

◆入浴介助加算　（Ⅰ）1日につき40単位（40）を加算
（Ⅱ）1日につき55単位（55）を加算　※（Ⅰ）・（Ⅱ）は併算定不可
通所介護費と同様

◆生活機能向上連携加算　（Ⅰ）1月につき100単位（100）を加算（3月に1回まで）
（Ⅱ）1月につき200単位（200）を加算
※（Ⅰ）・（Ⅱ）は併算定不可

認知症対応型通所介護費

通所介護費と同様

◆個別機能訓練加算　（Ⅰ）1日につき27単位（27）を加算
（Ⅱ）1月につき20単位（20）を加算

（Ⅰ）サービス提供時間帯に1日120分以上、専ら機能訓練指導員の職務に従事する理学療法士、作業療法士、言語聴覚士、看護職員、柔道整復師またはあん摩マッサージ指圧師、一定の実務経験を有するはり師またはきゅう師を1人以上配置し、共同して利用者ごとに個別機能訓練計画を作成し、それに基づき計画的に機能訓練を行う

（Ⅱ）①（Ⅰ）を算定　②利用者ごとの個別機能訓練計画書の内容等の情報を厚生労働省に提出し、機能訓練の実施にあたり当該情報その他機能訓練の適切かつ有効な実施に必要な情報を活用

介護◆ADL維持等加算（Ⅰ）1月につき30単位（30）を加算
（Ⅱ）1月につき60単位（60）を加算

※（Ⅰ）・（Ⅱ）は併算定不可

通所介護費と同様

◆若年性認知症利用者受入加算　1日につき60単位（60）を加算

通所介護費と同様

※認知症加算を算定している場合は算定しない

◆栄養アセスメント加算　1月につき50単位（50）を加算

通所介護費と同様

◆栄養改善加算　1回につき200単位（200）を加算（3月以内・月2回まで）

通所介護費と同様

◆口腔・栄養スクリーニング加算
（Ⅰ）1回につき20単位（20）を加算（6月に1回まで）
（Ⅱ）1回につき5単位（5）を加算（6月に1回まで）　※（Ⅰ）・（Ⅱ）は併算定不可

通所介護費と同様

◆口腔機能向上加算　（Ⅰ）1回につき150単位（150）を加算（3月以内・月2回まで）
（Ⅱ）1回につき160単位（160）を加算（3月以内・月2回まで）

※（Ⅰ）・（Ⅱ）は併算定不可

通所介護費と同様

◆科学的介護推進体制加算　1月につき40単位（40）を加算

通所介護費と同様

【減算】

◆高齢者虐待防止措置未実施減算　所定単位数の99%で算定<新設>

◆業務継続計画未策定減算　所定単位数の99%で算定<新設>

「感染症の予防及びまん延の防止のための指針」の整備、および非常災害に関する具体的計画の策定を行っている場合、2025年3月31日まで減算しない

◆利用者数が利用定員を超える場合、または看護・介護職員の員数が基準に満たない場合
所定単位数の70%（70%）で算定

◆2時間以上3時間未満の（介護予防）認知症対応型通所介護を行う場合
4時間以上5時間未満の所定単位数の63%（63%）で算定

心身の状況その他利用者のやむを得ない事情により、長時間のサービス利用が困難な場合

◆事業所と同一建物に居住する者または同一建物からサービスを利用する者の場合
1日につき94単位（94）を減算

通所介護費と同様

◆利用者宅と事業所との間の送迎を行わない場合　片道につき47単位（47）を減算

5 （介護予防）小規模多機能型居宅介護費

人員・設備基準等

○人員

		本体事業所	サテライト型事業所
代表者		認知症対応型サービス事業開設者研修を修了した者	本体の代表者
管理者		常勤専従で、認知症対応型サービス事業管理者研修を修了した者	本体の管理者が兼務可能
日中	通いサービス	常勤換算3：1以上	常勤換算3：1以上
	訪問サービス	常勤換算1以上 ※他のサテライト型事業所の利用者へサービス提供可	常勤換算1以上 ※本体事業所または他のサテライト型事業所の利用者へサービス提供可
夜間	夜勤職員	時間帯を通じて1以上 ※宿泊利用者がいない場合、置かないことができる	時間帯を通じて1以上 ※宿泊利用者がいない場合、置かないことができる
	宿直職員	時間帯を通じて1以上	※本体事業所から適切な支援を受けられる場合、置かないことができる。
看護職員		小規模多機能型居宅介護従業者のうち1以上	本体事業所から適切な支援を受けられる場合、置かないことができる
ケアマネジャー		ケアマネジャーであって、小規模多機能型サービス等計画作成担当者研修を修了した者1以上	小規模多機能型サービス等計画作成担当者研修を修了した者1以上

※代表者、管理者、看護職員、ケアマネジャー、夜間の宿直者(緊急時の訪問対応要員)は、本体との兼務等によりサテライト型事業所に配置しないことができる

※管理者について、他の事業所の管理者および従事者との兼務可能なサービス類型を限定しない

○設備・備品

宿泊室	・個室の定員：1人（利用者の処遇上必要と認められる場合は2人） ・個室の床面積：7.43㎡以上（病院または診療所の場合は6.4㎡以上（定員1人の場合に限る）） ・個室以外の宿泊室：合計面積が1人当たり概ね7.43㎡以上で、プライバシーが確保された構造
その他	居間および食堂は機能を十分に発揮しうる適当な広さ

1級地	2級地	3級地	4級地	5級地	6級地	7級地	その他
11.10円	10.88円	10.83円	10.66円	10.55円	10.33円	10.17円	10.00円

小規模多機能型居宅介護費

（　）内は旧単価	要支援1	要支援2	要介護1	要介護2	要介護3	要介護4	要介護5
イ （介護予防）小規模多機能型居宅介護費（1月につき）							
(1) 同一の建物に居住する者以外の者に対して行う場合	3450単位 (3438)	6972単位 (6948)	10458単位 (10423)	15370単位 (15318)	22359単位 (22283)	24677単位 (24593)	27209単位 (27117)
(2) 同一の建物に居住する者に対して行う場合	3109単位 (3098)	6281単位 (6260)	9423単位 (9391)	13849単位 (13802)	20144単位 (20076)	22233単位 (22158)	24516単位 (24433)
ロ （介護予防）短期利用居宅介護費（1日につき）	424単位 (423)	531単位 (529)	572単位 (570)	640単位 (638)	709単位 (707)	777単位 (774)	843単位 (840)

☆月途中で登録または解除した場合には日割りで算定する
☆市町村が独自に設定した指定基準において市町村の通常の報酬よりも高い報酬を算定する
☆登録者が（介護予防）短期入所生活介護、（介護予防）短期入所療養介護、（介護予防）特定施設入居者生活介護、（介護予防）認知症対応型共同生活介護、地域密着型特定施設入居者生活介護、地域密着型介護老人福祉施設入所者生活介護、看護小規模多機能型居宅介護を受けている間は算定しない
☆１つの事業所で当該サービスを受けている間は、他の事業所が行った当該サービスは算定しない
☆通所困難な利用者の場合、併算定が認められていない（介護予防）訪問入浴介護について、（介護予防）小規模多機能型居宅介護事業者の負担により利用してもよい
☆広域型特養または老健と（介護予防）小規模多機能型居宅介護が併設する場合、介護職員は入所者の処遇に支障がない場合に、管理者は管理上支障がない場合に兼務が可能
☆イ（2）の場合、区分支給限度基準額はイ（1）の単位数を算入する

【加算】

◆初期加算　1日につき30単位（30）を加算（イの場合）（登録日から30日まで）

30日を超える病院・診療所への入院後に利用を再開した場合も算定可

介護 ◆認知症加算（イの場合）（Ⅰ）1月につき920単位を加算<新設>
（Ⅱ）1月につき890単位を加算<新設>
（Ⅲ）1月につき760単位（800）を加算
（Ⅳ）1月につき460単位（500）を加算
※（Ⅰ）～（Ⅳ）は併算定不可

（Ⅰ）①認知症介護に係る専門的な研修を修了している者を、日常生活自立度Ⅲ以上の認知症高齢者が20人未満の場合は1以上、20人以上の場合は1に対象者の数が19を超えて10またはその端数を増すごとに1を加えた数以上を配置し、チームとして専門的な認知症ケアを実施　②職員に対する認知症ケアに関する留意事項の伝達または技術的指導に係る会議を定期的に開催　③認知症介護の指導に係る専門的な研修を修了している者を1人以上配置し、事業所全体の認知症ケアの指導等を実施　④事業所における介護職員、看護職員ごとの認知症ケアに関する研修計画を作成し、実施（予定含む）
（Ⅱ）（Ⅰ）①・②を満たす
（Ⅲ）日常生活自立度Ⅲ以上の認知症高齢者へケアを行った場合
（Ⅳ）要介護2で、日常生活自立度Ⅱ以上の認知症高齢者へケアを行った場合

◆認知症行動・心理症状緊急対応加算
1日につき200単位（200）を加算（7日まで）（ロの場合）

医師が、認知症の行動・心理症状が認められるため、在宅での生活が困難であり緊急に（介護予防）小規模多機能型居宅介護を利用することが適当であると判断した者に対し、（介護

予防）小規模多機能型居宅介護を行った場合

◆若年性認知症利用者受入加算　**介護** **1月につき800単位（800）を加算（イの場合）**
予防 **1月につき450単位（450）を加算（イの場合）**

※認知症加算を算定している場合は算定しない

介護 **◆看護職員配置加算（イの場合）**　**（Ⅰ）1月につき900単位（900）を加算**
（Ⅱ）1月につき700単位（700）を加算
（Ⅲ）1月につき480単位（480）を加算

（Ⅰ）常勤専従の看護師を1人以上配置
（Ⅱ）常勤専従の准看護師を1人以上配置
（Ⅲ）看護職員を常勤換算で1人以上配置

介護 **◆看取り連携体制加算　1日につき64単位（64）を加算（イの場合）**

看取り期にサービス提供を行った場合、死亡日および死亡日以前30日以下に算定
①看護師により24時間連絡できる体制を確保　②看取り期の対応方針を定め、利用開始の際、登録者または家族等にその内容を説明し、同意を得る　③看護職員配置加算（Ⅰ）を算定

【利用者要件】医師が一般に認められている医学的知見に基づき回復の見込みがないと診断した者　②対応方針に基づき、利用者の状態または家族の求めに応じ、介護職員、看護職員等から介護記録等を活用し行われるサービスの説明を受け、同意してサービスを受けている

介護 **◆訪問体制強化加算　1月につき1000単位（1000）を加算（イの場合）**

①訪問サービスの提供にあたる常勤の従業者を2人以上配置　②事業所における延べ訪問回数が1月あたり200回以上。ただし、同一の建物に集合住宅を併設する場合は、登録者総数のうちイ（1）を算定する者が50％以上で、かつイ（1）を算定する登録者に対する延べ訪問回数が1月あたり200回以上　≪支給限度額管理の対象外≫

◆総合マネジメント体制強化加算（イの場合）（Ⅰ）1月につき1200単位を加算＜新設＞
（Ⅱ）1月につき800単位（1000）を加算

（Ⅰ）①利用者の心身状況・家族等を取り巻く環境の変化に応じ、随時、ケアマネジャー、看護師、准看護師、介護職員その他の関係者が共同し、（介護予防）小規模多機能型居宅介護計画の見直しを行う　②利用者の地域での多様な活動が確保されるよう、日常的に地域住民等との交流をはかり、利用者の状態に応じて地域の行事や活動等に積極的に参加③日常的に利用者と関わりのある地域住民等の相談に対応する体制を確保　④必要に応じて、多様な主体により提供される利用者の生活全般を支援するサービス（インフォーマルサービス）が包括的に提供されるケアプランを作成　⑤以下（一）～（四）のいずれかに適合（一）地域住民等との連携により、地域資源を効果的に活用し、利用者の状態に応じた支援を行う　（二）障害福祉サービス事業所、児童福祉施設等と協働し、地域において世代間の交流の場の拠点となる　（三）地域住民等、他の居宅サービス、地域密着型サービス事業所等と共同で事例検討会、研修会等を実施　（四）市町村が実施する通いの場や在宅医療・介護連携推進事業等の地域支援事業等に参加

（Ⅱ）（Ⅰ）①・②を満たす　≪支給限度額管理の対象外≫

◆生活機能向上連携加算　（Ⅰ）1月につき100単位（100）を加算（初回実施月のみ）
（Ⅱ）1月につき200単位（200）を加算（実施月以降3月まで）
※（Ⅰ）・（Ⅱ）は併算定不可

（Ⅰ）ケアマネジャーが訪問・通所リハビリテーション事業所、またはリハビリテーションを実施している医療提供施設（許可病床数200床未満または半径4㎞以内に診療所が存在しないものに限る）の医師、理学療法士、作業療法士または言語聴覚士（以下「医師等」）の助言に基づき、生活機能の向上を目的とした（介護予防）小規模多機能型居宅介護計画を作成し、当該訪問介護計画に基づく訪問介護を行う

小規模多機能型居宅介護費

（Ⅱ）利用者に対して、訪問・通所リハビリテーション事業所、またはリハビリテーションを実施している医療提供施設の医師等が訪問・通所リハビリテーション等の一環として利用者の居宅を訪問する際に、ケアマネジャーが同行する等により、医師等と利用者の身体の状況等の評価を共同して行い、かつ生活機能の向上を目的とした（介護予防）小規模多機能型居宅介護計画を作成した場合であって、医師等と連携し当該計画に基づく（介護予防）小規模多機能型居宅介護を行う。ケアマネジャーとリハビリテーション専門職等との共同カンファレンスは、利用者・家族も参加するサービス担当者会議の前後に時間を明確に区分した上で実施しても差し支えない

◆口腔・栄養スクリーニング加算（イの場合）1回につき20単位（20）を加算（6月に1回まで）

利用開始時および利用中6月ごとに利用者の口腔の健康状態、栄養状態について確認を行い、その情報を担当ケアマネジャーへ提供。口腔状態の低下リスクがある場合、または低栄養状態の場合は、それら改善に必要な情報を含む

◆科学的介護推進体制加算　1月につき40単位（40）を加算（イの場合）

①利用者ごとのADL値、栄養状態、口腔機能、認知症の状況その他心身の状況等に係る基本的な情報を厚生労働省に提出　②必要に応じて（介護予防）小規模多機能型居宅介護計画を見直すなど、サービス提供にあたり①に規定する情報その他サービスを適切かつ有効に提供するために必要な情報を活用する

◆生産性向上推進体制加算＜新設＞　（Ⅰ）1月につき100単位を加算
（Ⅱ）1月につき10単位を加算
※（Ⅰ）・（Ⅱ）は併算定不可

（Ⅰ）①利用者の安全、介護サービスの質の確保、職員の負担軽減に資する方策を検討する委員会にて、以下（一）～（四）について検討および実施の定期的な確認を行う（一）業務効率化、質向上、職員の負担軽減に資する機器（以下「介護機器」）を活用する場合の利用者の安全、ケアの質の確保（二）職員の負担軽減、勤務状況への配慮（三）介護機器の定期的な点検（四）業務効率化、質向上、職員の負担軽減をはかるための職員研修　②①の取組および介護機器の活用による業務効率化、質の確保、職員の負担軽減の実績がある　③介護機器を複数種類活用している　④①の委員会で職員の業務分担の明確化等による業務効率化、質の確保、負担軽減を検討・実施し、実施を定期的に確認　⑤事業年度ごとに①③④の取組による業務効率化、質の確保、職員の負担軽減の実績を厚生労働省へ報告

（Ⅱ）①（Ⅰ）①を満たす　②介護機器を活用している　③事業年度ごとに①②の取組による業務効率化、質の確保、職員の負担軽減の実績を厚生労働省へ報告

◆サービス提供体制強化加算（イの場合）　（Ⅰ）1月につき750単位（750）を加算
（Ⅱ）1月につき640単位（640）を加算
（Ⅲ）1月につき350単位（350）を加算
（ロの場合）　（Ⅰ）1日につき25単位（25）を加算
（Ⅱ）1日につき21単位（21）を加算
（Ⅲ）1日につき12単位（12）を加算

（Ⅰ）①サービス従事者ごとに研修計画を作成し実施、または実施予定　②利用者の情報、サービス提供の留意事項の伝達または従事者の技術指導を目的とした会議を定期的に開催　③看護師・准看護師を除く従業者の総数のうち介護福祉士の割合が70％以上、または勤続10年以上の介護福祉士の割合が25％以上

（Ⅱ）①（Ⅰ）①～②を満たす　②看護師・准看護師を除く従業者の総数のうち介護福祉士の割合が50％以上

（Ⅲ）①（Ⅰ）①～②を満たす　②次の（ア）～（ウ）のいずれかを満たす（ア）看護師・准看護師を除く従業者の総数のうち介護福祉士の割合が40％以上（イ）従業者総数のうち常勤職員の割合が60％以上　（ウ）従業者総数のうち勤続7年以上の者が30％以上

小規模多機能型居宅介護費

≪支給限度額管理の対象外≫

◆介護職員等処遇改善加算＜新設＞　（Ⅰ）所定単位数の 14.9%を加算
（2024 年 6 月 1 日より）　（Ⅱ）所定単位数の 14.6%を加算
（Ⅲ）所定単位数の 13.4%を加算
（Ⅳ）所定単位数の 10.6%を加算
（Ⅴ）所定単位数の 5.6 ～ 13.2%を加算（※）

（※）（Ⅴ）の加算率は改定前の介護職員処遇改善加算、介護職員等特定処遇改善加算、介護職員等ベースアップ等支援加算の組合わせにより 14 種類（2025 年 3 月 31 日まで）

所定単位数は、基本報酬に各種加算減算を加えた総単位数　≪支給限度額管理の対象外≫

◆特別地域加算　所定単位数の 15%（15%）を加算（イの場合）

≪支給限度額管理の対象外≫

◆中山間地域等における小規模事業所加算　所定単位数の 10%（10%）を加算

≪支給限度額管理の対象外≫

◆中山間地域等に居住する者へのサービス提供加算
所定単位数の 5%（5%）を加算　（イの場合）　≪支給限度額管理の対象外≫

【減算】

◆身体拘束廃止未実施減算　所定単位数の 99%で算定＜新設＞（2025 年 4 月 1 日より）

◆高齢者虐待防止措置未実施減算　所定単位数の 99%で算定＜新設＞

◆業務継続計画未策定減算　所定単位数の 99%で算定＜新設＞

「感染症の予防及びまん延の防止のための指針」の整備、および非常災害に関する具体的計画の策定を行っている場合、2025 年 3 月 31 日まで減算しない

◆登録者数が登録定員を超える場合、または従業者の員数が基準に満たない場合
所定単位数の 70%（70%）で算定

◆過少サービスに対する減算　所定単位数の 70%（70%）で算定（イの場合）

利用者 1 人あたりの平均サービス提供回数が週 4 回未満の場合

6 （介護予防）認知症対応型共同生活介護費

人員・設備基準等

○人員

	本体事業所		サテライト事業所
管理者	常勤・専従。認知症の介護従事経験が3年以上で、厚生労働大臣が定める研修を終了		本体事業所の管理者が兼務可
介護従業者	日中	常勤換算3対1以上	本体事業所と同じ
	夜間	ユニットごとに1人（※）	
計画作成担当者	ケアマネジャーであり、認知症介護実践者研修を修了した者1人以上		認知症介護実践者研修を修了した者1人以上

（※）3ユニットの場合、各ユニットが同一階に隣接し、職員が円滑に利用者の状況把握を行い、速やかな対応が可能な構造で安全対策をとっている場合、例外的に2人以上の配置でも可。その場合、1日50単位を減算する

○設備・備品

居室	原則個室で7.43㎡（和室4.5畳）以上	本体事業所と同じ
その他	居間・食堂・居間・台所・浴室、消火設備その他非常災害に際して必要な設備	

☆サテライト型事業所の基準

【本体事業所】（介護予防）認知症共同生活介護事業所

【本体事業所との距離】自動車等による移動に要する時間がおおむね20分以内の近距離。本体事業所と同一建物や同一敷地内は不可

【事業所指定】本体・サテライト型事業所それぞれが受ける

※医療・介護・福祉サービスについて3年以上の実績を有する事業者であること

※あらかじめ市町村に設置される地域密着型サービス運営委員会等の意見を聴くこと

【ユニット数】1～3。ただし、本体事業所のユニット数を上回らず、かつ本体事業所のユニット数との合計が最大4まで

【入居定員】1ユニット5～9人

【介護報酬】通常の（介護予防）認知症共同生活介護と同額。本体・サテライト事業所それぞれのユニット数に応じた報酬を算定する

※本体事業所がサテライト型事業所へ駆けつけることができる体制や適切な指示ができる連絡体制などを確保するとともに、以下を条件とする

①利用申込みに係る調整、サービス提供状況の把握、職員に対する技術指導等を一体的に行う

②職員の勤務体制、勤務内容等を一元的に管理する。必要な場合に随時、本体事業所や他のサテライト型事業所と相互支援を行う（例：当該サテライト型事業所の従業者が急病等でサービスの提供ができなくなった場合は、主な事業所から急遽代替要員を派遣）

③苦情処理や損害賠償等に際して、一体的な対応を行う

④事業の目的や運営方針、営業日や営業時間、利用料等を定める同一の運営規程を定める
⑤人事、給与・福利厚生等の勤務条件等による職員管理を一元的に行う

1級地	2級地	3級地	4級地	5級地	6級地	7級地	その他
10.90円	10.72円	10.68円	10.54円	10.45円	10.27円	10.14円	10.00円

1日につき（ ）内は旧単価	要支援2	要介護1	要介護2	要介護3	要介護4	要介護5
イ　介護予防認知症対応型共同生活介護費						
（Ⅰ）（1ユニット）	761単位（760）	765単位（764）	801単位（800）	824単位（823）	841単位（840）	859単位（858）
（Ⅱ）（2ユニット以上）	749単位（748）	753単位（752）	788単位（787）	812単位（811）	828単位（827）	845単位（844）
ロ　介護予防短期利用認知症対応型共同生活介護費						
（Ⅰ）（1ユニット）	789単位（788）	793単位（792）	829単位（828）	854単位（853）	870単位（869）	887単位（886）
（Ⅱ）（2ユニット以上）	777単位（776）	781単位（780）	817単位（816）	841単位（840）	858単位（857）	874単位（873）

☆緊急時短期利用の受入れ人数は1ユニット1人まで。受入れ日数は7日以内を原則とし、利用者家族の疾病等やむを得ない事情がある場合には14日以内。利用可能な部屋は個室または概ね7.43㎡／人で、プライバシーの確保に配慮した個室的なしつらえ

【加算】

◆入院時費用　所定単位数に代えて1日につき246単位（246）を算定（月6日まで）

利用者に病院・診療所に入院する必要が生じ、入院後3月以内に退院することが明らかに見込まれる場合、利用者または家族の希望を勘案し、必要に応じて適切な便宜を供与するとともに、やむを得ない事情がある場合を除き、退院後再び同じ事業所に円滑に入居できる体制を確保。入院の初日、最終日は算定しない

介護◆看取り介護加算（イの場合）

(1) 死亡日以前31～45日　1日につき72単位（72）を加算
(2) 死亡日以前4～30日　1日につき144単位（144）を加算
(3) 死亡日以前2～3日（前日および前々日）　1日につき680単位（680）を加算
(4) 死亡日　1日につき1280単位（1280）を加算

①看取りの指針を定め､入居の際に利用者･家族等にその内容を説明し､同意を得る②医師、看護職員、介護職員、ケアマネジャー等で協議の上、看取りの実績等を踏まえ、適宜、指針の見直しを行う　③看取りに関する職員研修を行う　④医療連携体制加算を算定

※「人生の最終段階における医療・ケアの決定プロセスに関するガイドライン」等の内容に沿った取組を行うこと

【利用者要件】①医師が一般に認められている医学的知見に基づき回復の見込みがないと診断した者　②医師、看護職員、ケアマネジャー等が共同で作成した計画を、医師等から説明を受け、同意する者　③指針に基づき、利用者の状態または家族の求めに応じ、医師等の連携の下、介護記録等を活用した介護の説明を受け、同意した上で介護を受けている者

◆初期加算　1日につき30単位（30）を加算（登録日から30日まで）（イの場合）

30日を超える病院・診療所への入院後に利用を再開した場合も算定可

介護◆協力医療機関連携加算<新設>（イの場合）

認知症対応型共同生活介護費

相談・診療体制を常時確保している協力医療機関の場合　1月につき100単位を加算
上記以外の協力医療機関の場合　1月につき40単位を加算
協力医療機関との間で、利用者の同意を得て病歴等の情報を共有する会議を定期的に開催

介護 **◆医療連携体制加算　（Ⅰ）イ　1日につき57単位（59）を加算**
ロ　1日につき47単位（49）を加算
ハ　1日につき37単位（39）を加算
（Ⅱ）1日につき5単位を加算<新設>
※（Ⅰ）イ～ハは併算定不可

（Ⅰ）イ①事業所の職員として看護師を常勤換算で1人以上配置　②事業所の看護師、または病院、診療所、訪問看護ステーションの看護師と連携し、24時間連絡できる体制を確保　③重度化した場合の対応指針を定め、入居の際に、利用者または家族にその内容を説明し、同意を得る

（Ⅰ）ロ①事業所の職員として看護職員を常勤換算で1人以上配置　②（Ⅰ）イ②・③を満たす

（Ⅰ）ハ①事業所の職員、または病院、診療所、訪問看護ステーションと連携し、看護師を1人以上確保　②看護師により24時間連絡できる体制を確保　③（Ⅰ）イ③を満たす

（Ⅱ）①（Ⅰ）イ～ハのいずれかを算定　②算定月の前3月間に、以下（1）～（11）のいずれかに該当する利用者が1人以上（1）喀痰吸引を実施（2）呼吸障害等により人工呼吸器を使用（3）中心静脈注射を実施（4）人工腎臓を実施（5）重篤な心機能障害、呼吸器障害等により常時モニター測定を実施（6）人工膀胱または人工肛門の処置を実施（7）経鼻胃管や胃ろう等の経腸栄養が行われている（8）褥瘡に対する治療を実施（9）気管切開が行われている（10）留置カテーテルを使用（11）インスリン注射を実施

◆退居時情報提供加算　1回につき250単位を加算<新設>（イの場合）
利用者が退居し医療機関に入院する場合に、当該医療機関に対し利用者の同意を得て、心身の状況、生活歴等の情報を提供した上で利用者の紹介を行った場合

◆退居時相談援助加算　1回につき400単位（400）を加算（1回まで）（イの場合）
利用者が退居し、その居宅で居宅サービス等を利用するとき、サービスについて相談援助を行い、利用者の同意を得て退居から2週間以内に市町村などに対し、介護状況を示す文書を添えて必要な情報を提供する

◆認知症専門ケア加算（イの場合）（Ⅰ）1日につき3単位（3）を加算
（Ⅱ）1日につき4単位（4）を加算

（Ⅰ）①日常生活自立度Ⅲ以上の入居者（以下「対象者」）が50％以上　②認知症介護に係る専門的な研修を修了している者（別に厚生労働大臣が定める者を含む）を、対象者が20人未満の場合は1以上、対象者の数が20人以上の場合は1に、当該対象者の数が19を超えて10またはその端数を増すごとに1を加えて得た数以上を配置し、チームとして専門的な認知症ケアを実施　③従業者に対して、認知症ケアに関する留意事項の伝達または技術的指導に係る会議を定期的に開催

（Ⅱ）①（Ⅰ）を満たす　②認知症介護の指導に係る専門的な研修を修了している者を1人以上配置し、事業所全体の認知症ケアの指導等を実施　③介護職員、看護職員ごとの認知症ケアに関する研修計画を作成し、当該計画に従い、研修を実施または実施を予定
※認知症チームケア推進加算を算定している場合は、算定しない

◆認知症チームケア推進加算<新設>　（Ⅰ）1月につき150単位を加算
（イの場合）　（Ⅱ）1月につき120単位を加算

（Ⅰ）①日常生活自立度Ⅱの入居者の割合が50％以上　②認知症の行動・心理症状の予防および出現時の早期対応（以下「予防等」）に資する認知症介護の指導に係る専門的な研修を修了している者、または認知症介護に係る専門的な研修および認知症の行動・心理症状の

予防等に資するケアプログラムを含んだ研修を修了した者を１人以上配置し、かつ複数人の介護職員から成る認知症の行動・心理症状に対応するチームを組む　③対象者個別に認知症の行動・心理症状の評価を計画的に行い、評価に基づく値を測定し、認知症の行動・心理症状の予防等に資するチームケアを実施　④認知症の行動・心理症状の予防等に資する認知症ケアについて、カンファレンスの開催、計画の作成、認知症の行動・心理症状の有無および程度についての定期的な評価、ケアの振り返り、計画の見直し等を行う

（Ⅱ）①（Ⅰ）①・③・④を満たす　②認知症の行動・心理症状の予防等に資する認知症介護に係る専門的な研修を修了している者を１人以上配置し、かつ、複数人の介護職員から成る認知症の行動・心理症状に対応するチームを組む

※認知症専門ケア加算を算定している場合は、算定しない

◆生活機能向上連携加算　（Ⅰ）１月につき 100 単位（100）を加算（初回実施月のみ）
（Ⅱ）１月につき 200 単位（200）を加算（3 月まで）
※（Ⅰ）・（Ⅱ）は併算定不可

（Ⅰ）計画作成担当者が訪問・通所リハビリテーション事業所、またはリハビリテーションを実施している医療提供施設（許可病床数 200 床未満または半径 4km以内に診療所が存在しないものに限る）の医師、理学療法士、作業療法士または言語聴覚士（以下「医師等」）の助言に基づき、生活機能の向上を目的とした（介護予防）認知症対応型共同生活介護計画を作成し、当該計画に基づくサービスを行う

（Ⅱ）利用者に対して、訪問・通所リハビリテーション事業所、またはリハビリテーションを実施している医療提供施設の医師等が訪問・通所リハビリテーション等の一環として利用者の居宅を訪問する際に、計画作成担当者が同行する等により、医師等と利用者の身体の状況等の評価を共同して行い、かつ生活機能の向上を目的とした（介護予防）認知症対応型共同生活介護計画を作成した場合であって、医師等と連携し当該計画に基づく（介護予防）認知症対応型共同生活介護を行う

◆栄養管理体制加算　１月につき 30 単位（30）を加算（イの場合）

管理栄養士（外部事業所も可※）が従業者に対する栄養ケアに係る技術的助言および指導を月１回以上行う

※他の介護事業所、医療機関、介護保険施設、日本・都道府県栄養士会が設置・運営する栄養ケア・ステーション。ただし介護保険施設については、常勤で１以上または栄養マネジメント強化加算の算定要件の数を超えて管理栄養士を配置している施設に限る

◆口腔衛生管理体制加算　１月につき 30 単位（30）を加算（イの場合）

①歯科医師または歯科医師の指示を受けた歯科衛生士が、介護職員に対する口腔ケアの技術的助言・指導を月１回以上行う　②入所者の口腔ケア・マネジメントに係る計画を作成する

◆口腔・栄養スクリーニング加算　１回につき 20 単位（20）を加算（6 月に１回まで）（イの場合）

利用開始時および利用中６月ごとに利用者の口腔の健康状態、栄養状態について確認を行い、その情報を担当ケアマネジャーへ提供。口腔状態の低下リスクがある場合、または低栄養状態の場合は、それら改善に必要な情報を含む

◆科学的介護推進体制加算　１月につき 40 単位（40）を加算（イの場合）

①利用者ごとの ADL 値、栄養状態、口腔機能、認知症の状況その他心身の状況等に係る基本的な情報を厚生労働省に提出　②必要に応じて（介護予防）認知症対応型共同生活介護計画を見直すなど、サービス提供にあたり①に規定する情報その他サービスを適切かつ有効に提供するために必要な情報を活用

◆高齢者施設等感染対策向上加算<新設>　（Ⅰ）１月につき 10 単位を加算
（Ⅱ）１月につき５単位を加算

認知症対応型共同生活介護費

（Ⅰ）①第二種協定指定医療機関（感染症法第6条第17項）との間で、新興感染症の発生時等の対応を行う体制を確保　②協力医療機関等との間で新興感染症以外の一般的な感染症の発生時等の対応を取り決めるとともに、感染症の発生時等に協力医療機関等と連携し適切に対応　③診療報酬の感染対策向上加算または外来感染対策向上加算に係る届出を行った医療機関または地域の医師会が定期的に行う院内感染対策に関する研修または訓練に1年に1回以上参加

（Ⅱ）①診療報酬の感染対策向上加算に係る届出を行った医療機関から、施設内で感染者が発生した場合の感染制御等に係る実地指導を3年に1回以上受けている

◆新興感染症等施設療養費　1日につき240単位を加算＜新設＞（月1回、連続5日まで）

入所者等が別に厚生労働大臣が定める感染症（※）に感染した場合に相談対応、診療、入院調整等を行う医療機関を確保し、かつ当該感染症に感染した入所者等に対し、適切な感染対策を行った場合（※）現時点で指定されている感染症はなし

◆生産性向上推進体制加算＜新設＞　（Ⅰ）1月につき100単位を加算
（Ⅱ）1月につき10単位を加算
※（Ⅰ）・（Ⅱ）は併算定不可

（Ⅰ）①利用者の安全、介護サービスの質の確保、職員の負担軽減に資する方策を検討する委員会にて、以下（一）～（四）について検討および実施の定期的な確認を行う（一）業務効率化、質向上、職員の負担軽減に資する機器（以下「介護機器」）を活用する場合の利用者の安全、ケアの質の確保（二）職員の負担軽減、勤務状況への配慮（三）介護機器の定期的な点検（四）業務効率化、質向上、職員の負担軽減をはかるための職員研修　②①の取組および介護機器の活用による業務効率化、質の確保、職員の負担軽減の実績がある　③介護機器を複数種類活用している　④①の委員会で職員の業務分担の明確化等による業務効率化、質の確保、負担軽減を検討・実施し、実施を定期的に確認　⑤事業年度ごとに①③④の取組による業務効率化、質の確保、職員の負担軽減の実績を厚生労働省へ報告

（Ⅱ）①（Ⅰ）①を満たす　②介護機器を活用している　③事業年度ごとに①②の取組による業務効率化、質の確保、職員の負担軽減の実績を厚生労働省へ報告

◆サービス提供体制強化加算　（Ⅰ）1日につき22単位（22）を加算
（Ⅱ）1日につき18単位（18）を加算
（Ⅲ）1日につき6単位（6）を加算

（Ⅰ）介護職員の総数のうち介護福祉士の割合が70％以上、または介護職員の総数のうち勤続10年以上の介護福祉士の割合が25％以上

（Ⅱ）介護職員の総数のうち介護福祉士の割合が60％以上

（Ⅲ）介護職員の総数のうち介護福祉士の割合が50％以上、または看護・介護職員の総数のうち常勤職員の割合が75％以上、もしくはサービスを直接提供する職員の総数のうち勤続7年以上の割合が30％以上　≪支給限度額管理の対象外（ロの場合）≫

◆介護職員等処遇改善加算＜新設＞（2024年6月1日より）
（Ⅰ）所定単位数の18.6％を加算
（Ⅱ）所定単位数の17.8％を加算
（Ⅲ）所定単位数の15.5％を加算
（Ⅳ）所定単位数の12.5％を加算
（Ⅴ）所定単位数の6.6～16.3％を加算（※）

（※）（Ⅴ）の加算率は改定前の介護職員処遇改善加算、介護職員等特定処遇改善加算、介護職員等ベースアップ等支援加算の組合わせにより14種類（2025年3月31日まで）

所定単位数は、基本報酬に各種加算減算を加えた総単位数

≪支給限度額管理の対象外（ロの場合≫

◆夜間支援体制加算　（Ⅰ）1日につき50単位（50）を加算（イ（Ⅰ）・ロ（Ⅰ）の場合）
（Ⅱ）1日につき25単位（25）を加算（イ（Ⅱ）・ロ（Ⅱ）の場合）

認知症対応型共同生活介護費／地域密着型特定施設入居者生活介護費

①または②を満たす場合。①夜勤職員の配置基準（1ユニット1人）に加え、事業所ごとに常勤換算で1人以上の夜勤職員または宿直職員を配置　②夜勤職員の配置基準（1ユニット1人）に加え、事業所ごとに常勤換算で0.9人以上の夜勤職員を配置。この場合、夜勤時間帯を通じて利用者の動向を検知できる見守り機器を利用者の10%以上に設置し、かつ利用者の安全、介護サービスの質の向上、職員の負担軽減に資する方策を検討する委員会で必要な検討等を行う

◆認知症行動・心理症状緊急対応加算
1日につき200単位（200）を加算（入居日から7日まで）（ロの場合）
認知症行動・心理症状が認められ、在宅生活が困難であり、緊急の入所が適当と医師が判断した者

◆若年性認知症利用者受入加算　1日につき120単位（120）を加算
※認知症行動・心理症状緊急対応加算を算定している場合は算定しない

【減算】
◆夜勤を行う職員の勤務条件基準を満たさない場合　所定単位数の97%（97%）で算定
◆利用者数が利用定員を超える場合、または介護従事者の員数が基準に満たない場合
所定単位数の70%（70%）で算定
◆身体拘束廃止未実施減算　所定単位数の90%で算定（イの場合）
所定単位数の99%で算定（ロの場合）<新設>
（2025年4月1日より）
◆高齢者虐待防止措置未実施減算　所定単位数の99%で算定<新設>
◆業務継続計画未策定減算　所定単位数の97%で算定<新設>
「感染症の予防及びまん延の防止のための指針」の整備、および非常災害に関する具体的計画の策定を行っている場合、2025年3月31日まで減算しない
◆3ユニットで夜勤職員の員数を2人以上とする場合
1日につき50単位（50）を減算（イ（Ⅱ）・ロ（Ⅱ）の場合）

7　地域密着型特定施設入居者生活介護費

人員・設備基準等

○人員

管理者	専従1人（支障がない場合は施設内、同一敷地内の施設の他職務に従事可）
生活相談員	100対1以上（1人以上は常勤）
看護職員・介護職員 看護職員 介護職員	3対1以上 生産性向上に先進的に取り組む場合は3対0.9 （※特定施設入居者生活介護費と同様） ・利用者30人以下の場合、1人以上（1人以上は常勤） ・利用者31人以上の場合、利用者50人ごとに1人（1人以上は常勤） ・1人以上
機能訓練指導員	1以上（兼務可）
計画作成担当者 （ケアマネジャー）	専従1人以上（支障がない場合は、施設内の他職務に従事可）

地域密着型特定施設入居者生活介護費

○設備・備品

建物	耐火建築物・準耐火建築物
居室	①原則個室②プライバシー保護③介護を行うために適当な広さ④地階設置の禁止⑤避難上有効な出入口の確保
一時介護室	介護を行うために適当な広さ
浴室	身体の不自由な者が入浴するのに適したもの
便所	居室のある階ごとに設置し、非常用設備を備えている
食堂	機能を十分に発揮し得る適当な広さを有する
機能訓練室	
バリアフリー	利用者が車椅子で円滑に移動することが可能な空間と構造を有する
防災	消火設備その他の非常災害に際して必要な設備を設ける

1級地	2級地	3級地	4級地	5級地	6級地	7級地	その他
10.90円	10.72円	10.68円	10.54円	10.45円	10.27円	10.14円	10.00円

1日につき（　）内は旧単価	要介護1	要介護2	要介護3	要介護4	要介護5
イ　地域密着型特定施設入居者生活介護費	546単位（542）	614単位（609）	685単位（679）	750単位（744）	820単位（813）
ロ　短期利用地域密着型特定施設入居者生活介護費	546単位（542）	614単位（609）	685単位（679）	750単位（744）	820単位（813）

【加算】

◆退院・退所時連携加算　1日につき30単位（30）を加算（入居日から30日まで）（イの場合）

特定施設入居者生活介護費と同様

◆退居時情報提供加算　1回につき250単位を加算<新設>（イの場合）

特定施設入居者生活介護費と同様

◆看取り介護加算（イの場合）

（Ⅰ）(1) 死亡日以前31日以上45日以下　1日につき72単位（72）を加算
(2) 死亡日以前4日以上30日以下　1日につき144単位（144）を加算
(3) 死亡日以前2日または3日（前日および前々日）　1日につき680単位（680）を加算
(4) 死亡日　1日につき1280単位（1280）を加算

（Ⅱ）(1) 死亡日以前31日以上45日以下　1日につき572単位（572）を加算
(2) 死亡日以前4日以上30日以下　1日につき644単位（644）を加算
(3) 死亡日以前2日または3日（前日および前々日）　1日につき1180単位（1180）を加算
(4) 死亡日　1日につき1780単位（1780）を加算

特定施設入居者生活介護費と同様

◆認知症専門ケア加算（イの場合）　（Ⅰ）1日につき3単位（3）を加算
（Ⅱ）1日につき4単位（4）を加算

特定施設入居者生活介護費と同様

◆科学的介護推進体制加算　1月につき40単位（40）を加算（イの場合）

地域密着型特定施設入居者生活介護費

特定施設入居者生活介護費と同様

◆高齢者施設等感染対策向上加算＜新設＞　（Ⅰ）1月につき10単位を加算
（Ⅱ）1月につき5単位を加算

特定施設入居者生活介護費と同様

◆新興感染症等施設療養費　1日につき240単位を加算＜新設＞（月1回、連続5日まで）

特定施設入居者生活介護費と同様

◆生産性向上推進体制加算＜新設＞　（Ⅰ）1月につき100単位を加算
（Ⅱ）1月につき10単位を加算

特定施設入居者生活介護費と同様

◆サービス提供体制強化加算　（Ⅰ）1日につき22単位（22）を加算
（Ⅱ）1日につき18単位（18）を加算
（Ⅲ）1日につき6単位（6）を加算

特定施設入居者生活介護費と同様　≪支給限度額管理の対象外（ロの場合）≫

◆介護職員等処遇改善加算＜新設＞　（Ⅰ）所定単位数の12.8%を加算
（2024年6月1日より）　（Ⅱ）所定単位数の12.2%を加算
（Ⅲ）所定単位数の11.0%を加算
（Ⅳ）所定単位数の8.8%を加算
（Ⅴ）所定単位数の4.6～11.3%を加算（※）

（※）（Ⅴ）の加算率は改定前の介護職員処遇改善加算、介護職員等特定処遇改善加算、介護職員等ベースアップ等支援加算の組合わせにより14種類（2025年3月31日まで）

所定単位数は、基本報酬に各種加算減算を加えた総単位数

≪支給限度額管理の対象外（ロの場合）≫

◆入居継続支援加算（イの場合）　（Ⅰ）1日につき36単位（36）を加算
（Ⅱ）1日につき22単位（22）を加算

特定施設入居者生活介護費と同様

◆生活機能向上連携加算（イの場合）
（Ⅰ）1月につき100単位（100）を加算（3月に1回まで）
（Ⅱ）1月につき200単位（200）を加算　※（Ⅰ）・（Ⅱ）は併算定不可

特定施設入居者生活介護費と同様

◆個別機能訓練加算（イの場合）　（Ⅰ）1日につき12単位（12）を加算
（Ⅱ）1月につき20単位（20）を加算

特定施設入居者生活介護費と同様

◆ADL維持等加算（イの場合）　（Ⅰ）1月につき30単位（30）を加算
（Ⅱ）1月につき60単位（60）を加算
※（Ⅰ）・（Ⅱ）は併算定不可

特定施設入居者生活介護費と同様

◆夜間看護体制加算　（Ⅰ）1日につき18単位（10）を加算
（Ⅱ）1日につき9単位を加算＜新設＞

特定施設入居者生活介護費と同様

◆若年性認知症入居者受入加算　1日につき120単位（120）を加算

特定施設入居者生活介護費と同様

◆協力医療機関連携加算（イの場合）
相談・診療体制を常時確保している協力医療機関の場合　1月につき100単位（80）を加算
上記以外の協力医療機関の場合　1月につき40単位を加算＜新設＞

◆口腔衛生管理体制加算　1月につき30単位（30）を加算（イの場合）

特定施設入居者生活介護費と同様

地域密着型特定施設入居者生活介護費／地域密着型介護老人福祉施設入所者生活介護

◆口腔・栄養スクリーニング加算　1回につき20単位（20）を加算（6月に1回まで）（イの場合）

特定施設入居者生活介護費と同様

【減算】

◆看護・介護職員の員数が基準に満たない場合　所定単位数の70%（70%）で算定（イの場合）

◆身体拘束廃止未実施減算　所定単位数の90%で算定（イの場合）

所定単位数の99%で算定（ロの場合）＜新設＞

（2025年4月1日より）

◆高齢者虐待防止措置未実施減算　所定単位数の99%で算定＜新設＞

◆業務継続計画未策定減算　所定単位数の97%で算定＜新設＞

「感染症の予防及びまん延の防止のための指針」の整備、および非常災害に関する具体的計画の策定を行っている場合、2025年3月31日まで減算しない

8　地域密着型介護老人福祉施設入所者生活介護

人員・設備基準等

○人員

医師	健康管理、療養上の指導を行うために必要な数
生活相談員	1以上
介護職員または看護職員	3対1（看護職員1以上）
栄養士または管理栄養士	1以上
機能訓練指導員	1以上
ケアマネジャー	1以上

○設備・備品

居室	原則定員1人、入所者1人当たりの床面積10.65㎡以上
医務室	医療法に規定する診療所とすること
食堂および機能訓練室	床面積入所定員×3㎡以上
廊下幅	片廊下1.5m以上、中廊下1.8m以上
浴室	要介護者が入浴するのに適したものとすること

※ユニット型の場合、上記基準に加え以下が必要

・共同生活室

・居室を共同生活室に近接して一体的に設置

・1ユニットの定員は原則としておおむね10人以下とし、15人を超えない

・昼間は1ユニットごとに常時1人以上、夜間は2ユニットごとに1人以上の介護職員または看護職員を配置

・ユニットごとに常勤のユニットリーダーを配置等

地域密着型介護老人福祉施設入所者生活介護

1級地	2級地	3級地	4級地	5級地	6級地	7級地	その他
10.90円	10.72円	10.68円	10.54円	10.45円	10.27円	10.14円	10.00円

1日につき（　）内は旧単価	要介護1	要介護2	要介護3	要介護4	要介護5
イ　地域密着型介護老人福祉施設入所者生活介護費					
（Ⅰ）〈従来型個室〉	600単位（582）	671単位（651）	745単位（722）	817単位（792）	887単位（860）
（Ⅱ）〈多床室〉	600単位（582）	671単位（651）	745単位（722）	817単位（792）	887単位（860）
ロ　ユニット型地域密着型介護老人福祉施設入所者生活介護費					
（Ⅰ）〈ユニット型個室〉	682単位（661）	753単位（730）	828単位（803）	901単位（874）	971単位（942）
（Ⅱ）〈ユニット型個室的多床室〉	682単位（661）	753単位（730）	828単位（803）	901単位（874）	971単位（942）
ハ　経過的地域密着型介護老人福祉施設入所者生活介護費					
（Ⅰ）〈従来型個室〉	697単位（676）	765単位（742）	837単位（812）	905単位（878）	972単位（943）
（Ⅱ）〈多床室〉	697単位（676）	765単位（742）	837単位（812）	905単位（878）	972単位（943）
ニ　経過的ユニット型地域密着型介護老人福祉施設入所者生活介護費					
（Ⅰ）〈ユニット型個室〉	771単位（748）	838単位（813）	913単位（885）	982単位（952）	1048単位（1016）
（Ⅱ）〈ユニット型個室的多床室〉	771単位（748）	838単位（813）	913単位（885）	982単位（952）	1048単位（1016）

☆サテライト型居住施設において、本体施設が特別養護老人ホーム・地域密着型特別養護老人ホームである場合に、本体施設の生活相談員により当該サテライト型居住施設の入所者の処遇が適切に行われていると認められるときは、置かなくてもよい
☆他の社会福祉施設等の栄養士または管理栄養士との連携により当該地域密着型介護老人福祉施設の効果的な運営を期待することができ、入所者の処遇に支障がないときは、栄養士または管理栄養士を置かなくてもよい
☆見守り機器等を導入した場合、夜間における人員配置（常勤換算）は以下の通り
・利用者の数が26～60人の場合1.6人以上
・利用者の数が61～80人の場合2.4人以上
・利用者の数が81～100人の場合3.2人以上
・利用者の数が101人以上の場合3.2に利用者の数が100を超えて25またはその端数を増すごとに0.8を加えて得た数以上
（要件）（ⅰ）利用者の動向を検知できる見守り機器を全利用者に設置　（ⅱ）夜勤時間帯を通じて、夜勤を行う全ての介護・看護職員が情報通信機器を使用し、職員同士の連携促進が図られている　（ⅲ）見守り機器等を活用する際の安全体制およびケアの質の確保、ならびに職員の負担軽減に関する以下（1）～（4）を実施し、かつ、見守り機器等を安全かつ有効に活用するための委員会を設置し、介護・看護職員、その他の職種と共同して当該委員会で必要な検討等を行い、（1）～（4）の実施を定期的に確認

地域密着型介護老人福祉施設入所者生活介護

(1) 夜勤職員による居室への訪問が個別に必要な利用者への訪問、および当該利用者に対する適切なケア等による安全・ケアの質の確保　(2) 夜勤職員の負担軽減および勤務状況への配慮　(3) 見守り機器等の定期的な点検　(4) 見守り機器等を安全かつ有効に活用するための職員研修

【加算】

◆外泊時費用　所定単位数に代えて　1日につき246単位（246）を算定（月6日まで）

介護福祉施設サービスと同様

◆外泊時在宅サービス利用費用

所定単位数に代えて　1日につき560単位（560）を算定（1月に6日まで）

介護福祉施設サービスと同様

◆初期加算　1日につき30単位（30）を加算（入所日から30日以内）

介護福祉施設サービスと同様

◆退所時栄養情報連携加算　1回につき70単位を加算＜新設＞（月1回まで）

介護福祉施設サービスと同様

◆再入所時栄養連携加算　1回につき200単位（400）を加算（1回まで）

介護福祉施設サービスと同様

◆退所時等相談援助加算（1回につき）

(1) 退所前訪問相談援助加算　460単位（460）を加算（入所中1回または2回まで）
(2) 退所後訪問相談援助加算　460単位（460）を加算（退所後1回まで）
(3) 退所時相談援助加算　400単位（400）を加算（1回まで）
(4) 退所前連携加算　500単位（500）を加算（1回まで）
(5) 退所時情報提供加算　250単位を加算＜新設＞（1回まで）

介護福祉施設サービスと同様

◆協力医療機関連携加算＜新設＞

(1) 相談・診療体制を常時確保し緊急時入院を受け入れる体制を確保している協力医療機関の場合　1月につき50単位を加算（2025年3月31日までは100単位）
(2) 上記以外の協力医療機関の場合　1月につき5単位を加算

介護福祉施設サービスと同様

◆栄養マネジメント強化加算　1日につき11単位（11）を加算

介護福祉施設サービスと同様

◆経口移行加算　1日につき28単位（28）を加算（計画作成日から180日以内）

介護福祉施設サービスと同様

◆経口維持加算　（Ⅰ）1月につき400単位（400）を加算
（Ⅱ）1月につき100単位（100）を加算

介護福祉施設サービスと同様

◆口腔衛生管理加算　（Ⅰ）1月につき90単位（90）を加算
（Ⅱ）1月につき110単位（110）を加算

介護福祉施設サービスと同様

◆療養食加算　1回につき6単位（6）を加算（1日3回まで）

介護福祉施設サービスと同様

◆特別通院送迎加算　1月につき594単位を加算＜新設＞

介護福祉施設サービスと同様

◆配置医師緊急時対応加算

(1) 配置医師の勤務時間外の場合　1回につき325単位を加算＜新設＞
(2) 早朝・夜間の場合　1回につき650単位（650）を加算
(3) 深夜の場合　1回につき1300単位（1300）を加算

地域密着型介護老人福祉施設入所者生活介護

介護福祉施設サービスと同様

◆看取り介護加算

（Ⅰ）(1) 死亡日以前31日以上45日以下　1日につき72単位（72）を加算
(2) 死亡日以前4日以上30日以下　1日につき144単位（144）を加算
(3) 死亡日以前2日または3日（前日および前々日）　1日につき680単位（680）を加算
(4) 死亡日　1日につき1280単位（1280）を加算

（Ⅱ）(1) 死亡日以前31日以上45日以下　1日につき72単位（72）を加算
(2) 死亡日以前4日以上30日以下　1日につき144単位（144）を加算
(3) 死亡日以前2日または3日（前日および前々日）　1日につき780単位（780）を加算
(4) 死亡日　1日につき1580単位（1580）を加算　※（Ⅰ）・（Ⅱ）は併算定不可

介護福祉施設サービスと同様

◆在宅復帰支援機能加算　1日につき10単位（10）を加算

介護福祉施設サービスと同様

◆在宅・入所相互利用加算　1日につき40単位（40）を加算

介護福祉施設サービスと同様

◆小規模拠点集合型施設加算　1日につき50単位（50）を加算

同一敷地内に複数の居住単位を設けている施設で、5人以下の居住単位への入所者に算定

◆認知症専門ケア加算　（Ⅰ）1日につき3単位（3）を加算
（Ⅱ）1日につき4単位（4）を加算

介護福祉施設サービスと同様

◆認知症チームケア推進加算<新設>　（Ⅰ）1月につき150単位を加算
（Ⅱ）1月につき120単位を加算

介護福祉施設サービスと同様

◆認知症行動・心理症状緊急対応加算　1日につき200単位（200）を加算（入所後7日まで）

介護福祉施設サービスと同様

◆褥瘡マネジメント加算　（Ⅰ）1月につき3単位（3）を加算
（Ⅱ）1月につき13単位（13）を加算
※（Ⅰ）・（Ⅱ）は併算定不可

介護福祉施設サービスと同様

◆排せつ支援加算　（Ⅰ）1月につき10単位（10）を加算
（Ⅱ）1月につき15単位（15）を加算
（Ⅲ）1月につき20単位（20）を加算　※（Ⅰ）～（Ⅲ）は併算定不可

介護福祉施設サービスと同様

◆自立支援促進加算　1月につき280単位（300）を加算

介護福祉施設サービスと同様

◆科学的介護推進体制加算　（Ⅰ）1月につき40単位（40）を加算
（Ⅱ）1月につき50単位（50）を加算
※（Ⅰ）・（Ⅱ）は併算定不可

介護福祉施設サービスと同様

◆安全対策体制加算　1回につき20単位（20）を加算（入所時に1回まで）

介護福祉施設サービスと同様

◆高齢者施設等感染対策向上加算<新設>　（Ⅰ）1月につき10単位を加算
（Ⅱ）1月につき5単位を加算

介護福祉施設サービスと同様

地域密着型介護老人福祉施設入所者生活介護

◆新興感染症等施設療養費　１日につき240単位を加算<新設>（月１回、連続５日まで）
介護福祉施設サービスと同様

◆生産性向上推進体制加算<新設>　（Ⅰ）１月につき100単位を加算
（Ⅱ）１月につき10単位を加算

介護福祉施設サービスと同様

◆サービス提供体制強化加算　（Ⅰ）１日につき22単位（22）を加算
（Ⅱ）１日につき18単位（18）を加算
（Ⅲ）１日につき６単位（6）を加算

（Ⅰ）①介護職員の総数のうち介護福祉士の割合が80％以上、または介護職員の総数のうち勤続10年以上の介護福祉士の割合が35％以上　②質の向上に資する取組を実施している
（Ⅱ）介護職員の総数のうち介護福祉士の割合が60％以上
（Ⅲ）介護職員の総数のうち介護福祉士の割合が50％以上、または看護・介護職員の総数のうち常勤職員の割合が75％以上、もしくはサービスを直接提供する職員の総数のうち勤続７年以上の割合が30％以上

◆介護職員等処遇改善加算<新設>　（Ⅰ）所定単位数の14.0％を加算
（2024年６月１日より）　（Ⅱ）所定単位数の13.6％を加算
（Ⅲ）所定単位数の11.3％を加算
（Ⅳ）所定単位数の9.0％を加算
（Ⅴ）所定単位数の4.7～12.4％を加算（※）

（※）（Ⅴ）の加算率は改定前の介護職員処遇改善加算、介護職員等特定処遇改善加算、介護職員等ベースアップ等支援加算の組合わせにより14種類（2025年３月31日まで）
所定単位数は、基本報酬に各種加算減算を加えた総単位数

◆日常生活継続支援加算　（Ⅰ）１日につき36単位（36）を加算（イ・ハの場合）
（Ⅱ）１日につき46単位（46）を加算（ロ・ニの場合）

介護福祉施設サービスと同様

◆看護体制加算　（Ⅰ）１日につき12単位（12）を加算（イ・ロの場合）
１日につき４単位（4）を加算（ハ・ニの場合）
（Ⅱ）１日につき23単位（23）を加算（イ・ロの場合）
１日につき８単位（8）を加算（ハ・ニの場合）

（Ⅰ）常勤の看護師を１人以上配置
（Ⅱ）①看護職員を常勤換算で２人以上配置　②事業所または病院、診療所、訪問看護ステーションと連携し、看護職員による24時間の連絡体制を確保

◆夜勤職員配置加算　（Ⅰ）１日につき41単位（41）を加算（イの場合）
１日につき46単位（46）を加算（ロの場合）
（Ⅱ）１日につき13単位（13）を加算（ハの場合）
１日につき18単位（18）を加算（ニの場合）
（Ⅲ）１日につき56単位（56）を加算（イの場合）
１日につき61単位（61）を加算（ロの場合）
（Ⅳ）１日につき16単位（16）を加算（ハの場合）
１日につき21単位（21）を加算（ニの場合）

介護福祉施設サービスと同様

◆準ユニットケア加算　１日につき５単位（5）を加算（イ・ハの場合）
介護福祉施設サービスと同様

◆生活機能向上連携加算　（Ⅰ）１月につき100単位（100）を加算（３月に１回まで）
（Ⅱ）１月につき200単位（200）を加算

※（Ⅰ）・（Ⅱ）は併算定不可

地域密着型介護老人福祉施設入所者生活介護

介護福祉施設サービスと同様

◆個別機能訓練加算　（Ⅰ）1日につき12単位（12）を加算
（Ⅱ）1月につき20単位（20）を加算
（Ⅲ）1月につき20単位を加算<新設>

介護福祉施設サービスと同様

◆ADL維持等加算　（Ⅰ）1月につき30単位（30）を加算
（Ⅱ）1月につき60単位（60）を加算　※（Ⅰ）・（Ⅱ）は併算定不可

介護福祉施設サービスと同様

◆若年性認知症入所者受入加算　1日につき120単位（120）を加算

介護福祉施設サービスと同様

◆専従の常勤医師を配置している場合　1日につき25単位（25）を加算

◆精神科医師による療養指導　1日につき5単位（5）を加算

介護福祉施設サービスと同様

◆障害者生活支援体制加算　（Ⅰ）1日につき26単位（26）を加算
（Ⅱ）1日につき41単位（41）を加算

介護福祉施設サービスと同様

【減算】

◆夜勤を行う職員の勤務条件基準を満たさない場合　所定単位数の97%（97%）で算定

◆入所者の数が入所定員を超える場合、または介護・看護職員またはケアマネジャーの員数が基準に満たない場合　所定単位数の70%（70%）で算定

◆常勤のユニットリーダーをユニット毎に配置していない等ユニットケアにおける体制が未整備である場合　所定単位数の97%（97%）で算定（ロ・ニの場合）

◆身体拘束廃止未実施減算　1日につき所定単位数の90%（90%）で算定

◆高齢者虐待防止措置未実施減算　所定単位数の99%で算定<新設>

◆業務継続計画未策定減算　所定単位数の97%で算定<新設>

「感染症の予防及びまん延の防止のための指針」の整備、および非常災害に関する具体的計画の策定を行っている場合、2025年3月31日まで減算しない

◆安全管理体制未実施減算　1日につき5単位（5）を減算

介護福祉施設サービスと同様

◆栄養管理の基準を満たさない場合　1日につき14単位（14）を減算

介護福祉施設サービスと同様

9 看護小規模多機能型居宅介護費

人員・設備基準等

○人員

		本体事業所	サテライト型事業所
代表者		認知症対応型サービス事業管理者研修を修了した者、または保健師もしくは看護師	本体の代表者
管理者		常勤専従で、認知症対応型サービス事業管理者研修を修了した者、または保健師もしくは看護師	本体の管理者が兼務可能
日中	通いサービス	常勤換算で３：１以上 ※１以上は保健師、看護師または准看護師	本体事業所と同じ
	訪問サービス	常勤換算２以上 ※１以上は保健師、看護師または准看護師 ※他のサテライト型事業所の利用者へサービス提供可	本体事業所と同じ ※本体事業所または他のサテライト型事業所の利用者へサービス提供可
夜間	夜勤職員	時間帯を通じて１以上 ※宿泊利用者がいない場合、置かないことができる	本体事業所と同じ
	宿直職員	時間帯を通じて１以上 ※看護職員と連絡体制の確保は必要	※本体事業所から適切な支援を受けられる場合、置かないことができる
看護職員		常勤換算 2.5 以上 ※訪問看護の指定を併せて受け、同一事業所で一体的な運営をしている場合、訪問看護の人員基準を満たすことで当該基準も満たすものとみなす	常勤換算１以上 ※本体事業所が訪問看護指定を併せて受けている場合であり、出張所として要件を満たす場合、一体的なサービス提供の単位として事業所に含めて指定することができる
ケアマネジャー		ケアマネジャーで、小規模多機能型サービス等計画作成担当者研修を修了した者１以上	小規模多機能型サービス等計画作成担当者研修を修了した者１以上

※代表者、管理者、看護職員、ケアマネジャー、夜間の宿直者 (緊急時の訪問対応要員) は、本体との兼務等によりサテライト型事業所に配置しないことができる

※管理者について、他の事業所の管理者および従事者との兼務可能なサービス類型を限定しない

○設備・備品

宿泊室	・個室の定員：1人（利用者の処遇上必要と認められる場合は2人） ・個室の床面積：7.43㎡以上（病院または診療所の場合は6.4㎡以上（定員1人の場合に限る）） ・個室以外の宿泊室：合計面積が1人当たり概ね7.43㎡以上で、プライバシーが確保された構造
その他	居間および食堂は機能を十分に発揮しうる適当な広さ

1級地	2級地	3級地	4級地	5級地	6級地	7級地	その他
11.10円	10.88円	10.83円	10.66円	10.55円	10.33円	10.17円	10.00円

（　）内は旧単価	要介護1	要介護2	要介護3	要介護4	要介護5
イ　看護小規模多機能型居宅介護費（1月につき）					
（1）同一の建物に居住する者以外の者に対して行う場合	12447単位（12438）	17415単位（17403）	24481単位（24464）	27766単位（27747）	31408単位（31386）
（2）同一の建物に居住する者に対して行う場合	11214単位（11206）	15691単位（15680）	22057単位（22042）	25017単位（25000）	28298単位（28278）
ロ　短期利用居宅介護費（1日につき）	571単位（570）	638単位（637）	706単位（705）	773単位（772）	839単位（838）

☆短期入所生活介護、短期入所療養介護、特定施設入居者生活介護、認知症対応型共同生活介護、地域密着型特定施設入居者生活介護、地域密着型介護老人福祉施設入所者生活介護を受けている間は算定しない
☆1つの事業所で当該サービスを受けている間は、他の事業所のサービスは算定しない
☆通所困難な利用者の場合、併算定が認められていない訪問入浴介護について、看護小規模多機能型居宅介護事業者の負担により利用してもよい
☆イ（2）の場合、区分支給限度基準額はイ（1）の単位数を算入する

【加算】

◆初期加算　1日につき30単位（30）を加算（イの場合）（登録日から30日まで）
30日を超える病院・診療所への入院後に利用を再開した場合も同様

◆認知症加算（イの場合）　（Ⅰ）1月につき920単位を加算<新設>
（Ⅱ）1月につき890単位を加算<新設>
（Ⅲ）1月につき760単位（800）を加算
（Ⅳ）1月につき460単位（500）を加算

（Ⅰ）①認知症介護に係る専門的な研修を修了している者を、日常生活自立度Ⅲ以上の認知症高齢者が20人未満の場合は1以上、20人以上の場合は1に対象者の数が19を超えて10またはその端数を増すごとに1を加えた数以上を配置し、チームとして専門的な認知症ケアを実施　②職員に対する認知症ケアに関する留意事項の伝達または技術的指導に係る会議を定期的に開催　③認知症介護の指導に係る専門的な研修を修了している者を1人以上配

置し、事業所全体の認知症ケアの指導等を実施　④事業所における介護職員、看護職員ごとの認知症ケアに関する研修計画を作成し、実施（予定含む）
（Ⅱ）（Ⅰ）①・②を満たす
（Ⅲ）日常生活自立度Ⅲ以上の認知症高齢者へケアを行った場合
（Ⅳ）要介護２で、日常生活自立度Ⅱ以上の認知症高齢者へケアを行った場合

◆認知症行動・心理症状緊急対応加算
1日につき200単位（200）を加算（7日まで）（ロの場合）
医師が、認知症の行動・心理症状が認められるため、在宅での生活が困難であり緊急に看護小規模多機能型居宅介護を利用することが適当であると判断した利用者を受け入れた場合

◆若年性認知症利用者受入加算　1月につき800単位（800）を加算（イの場合）
※認知症加算を算定している場合は算定しない

◆栄養アセスメント加算　1月につき50単位（50）を加算（イの場合）
①当該事業所の従業者、または外部との連携により管理栄養士を１人以上配置　②利用者ごとに管理栄養士、看護職員、介護職員、生活相談員等（以下「管理栄養士等」）が共同して栄養アセスメントを実施し、利用者または家族へその結果を説明し、相談等に必要に応じ対応　③利用者ごとの栄養状態等の情報を厚生労働省に提出し、栄養管理の実施にあたり当該情報その他栄養管理の適切かつ有効な実施に必要な情報を活用
※栄養改善加算の算定に係る栄養改善サービスを受けている場合(終了月含む)、または口腔・栄養スクリーニング加算（Ⅰ）を算定している場合は算定しない

◆栄養改善加算　1回につき200単位（200）を加算（3月以内・月2回まで）（イの場合）
①当該事業所の従業者として、または外部との連携により管理栄養士を１人以上配置　②利用者の栄養状態を開始時に把握し、管理栄養士、看護職員、介護職員、生活相談員等（以下「管理栄養士等」）が共同して、利用者ごとの摂食・嚥下機能および食形態にも配慮した栄養ケア計画を作成する　③栄養ケア計画に従い、必要に応じて利用者宅を訪問し、管理栄養士等が栄養改善サービスを行うとともに、利用者の栄養状態を定期的に記録する　④栄養ケア計画の進捗状況を定期的に評価する
※開始から３月ごとの栄養状態評価の結果、低栄養状態が改善せず引き続き行うことが必要な場合は引き続き算定できる

◆口腔・栄養スクリーニング加算（イの場合）
（Ⅰ）1回につき20単位（20）を加算（6月に1回まで）
（Ⅱ）1回につき5単位（5）を加算（6月に1回まで）
※（Ⅰ）・（Ⅱ）は併算定不可

（Ⅰ）利用開始時および利用中６月ごとに利用者の口腔の健康状態かつ栄養状態について確認を行い、その情報を担当ケアマネジャーへ提供。口腔状態の低下リスクがある場合、または低栄養状態の場合は、それら改善に必要な情報を含む
※栄養アセスメント加算を算定している場合、栄養改善加算の算定に係る栄養改善サービスを受けている場合（終了月含む。栄養スクリーニングの結果、栄養改善サービスを開始した月を除く。以下同）、口腔機能向上加算の算定に係る口腔機能向上サービスを受けている場合（終了月含む。口腔スクリーニングの結果、口腔機能向上サービスを開始した月を除く。以下同）は算定しない
（Ⅱ）①利用開始時および利用中６月ごとに利用者の口腔の健康状態または栄養状態について確認を行い、その情報を担当ケアマネジャーへ提供。口腔状態の低下リスクがある場合、または低栄養状態の場合は、それら改善に必要な情報を含む
※口腔の健康状態を確認する場合は、栄養アセスメント加算を算定または栄養改善加算の算定に係る栄養改善サービスを受けており（終了月含む）、かつ口腔機能向上加算の算定に係る口腔機能向上サービスを受けていないこと（終了月含む）。

※栄養状態を確認する場合は、栄養アセスメント加算の算定、栄養改善加算の算定に係る栄養改善サービスを受けておらず（終了月含む）、かつ口腔機能向上加算の算定に係る口腔機能向上サービスを受けていること（終了月含む）
※（Ⅰ）・（Ⅱ）共に、口腔連携強化加算を算定している場合は算定しない

◆口腔機能向上加算　（Ⅰ）1回につき150単位（150）を加算（3月以内・月2回まで）
（Ⅱ）1回につき160単位（160）を加算（3月以内・月2回まで）
※（Ⅰ）・（Ⅱ）は併算定不可

（Ⅰ）①言語聴覚士、歯科衛生士または看護職員を1人以上配置　②利用者の口腔機能を開始時に把握し、言語聴覚士、歯科衛生士、看護職員、介護職員、生活相談員等が共同して、利用者ごとの口腔機能改善管理指導計画を作成　③指導計画に従い言語聴覚士､歯科衛生士､看護職員が口腔機能向上サービスを行うとともに、口腔機能を定期的に記録　④指導計画の進捗状況を定期的に評価
（Ⅱ）①（Ⅰ）を満たす　②利用者ごとの口腔機能改善管理指導計画等の情報を厚生労働省に提出し、口腔機能向上サービスの実施にあたり当該情報その他口腔衛生の管理の適切かつ有効な実施に必要な情報を活用
※（Ⅰ）・（Ⅱ）ともに3月ごとの口腔機能評価の結果、機能向上がなく、引き続き行うことが必要と認められる利用者は、引き続き算定できる

◆退院時共同指導加算　1回につき600単位（600）を加算（1回まで）（イの場合）

退院（所）に当たり、看護小規模多機能型居宅介護事業所の保健師・看護師・理学療法士・作業療法士・言語聴覚士が退院時共同指導を行った後、退院（所）後に初回の訪問看護サービスを行った場合。特別な管理が必要な場合は2回まで算定可

◆緊急時対応加算　1月につき774単位（574）を加算（イの場合）

利用者の同意を得て、利用者または家族等に対し24時間連絡できる体制にあって、計画的訪問することとなっていない緊急時の訪問看護、および計画的に宿泊することとなっていない緊急時の宿泊を必要に応じて行う場合。《支給限度額管理の対象外》

◆特別管理加算（イの場合）　（Ⅰ）1月につき500単位（500）を加算
（Ⅱ）1月につき250単位（250）を加算

（Ⅰ）在宅悪性腫瘍患者指導管理・在宅気管切開患者指導管理を受けている状態、気管カニューレ・留置カテーテル等を使用している状態
（Ⅱ）在宅自己腹膜潅流指導管理、在宅血液透析指導管理、在宅酸素療法指導管理等を受けている状態、人工肛門・人工膀胱設置の状態、真皮を越える褥瘡の状態、週3回以上点滴注射の必要な状態等。※医療保険で算定する場合は算定しない《支給限度額管理の対象外》

◆専門管理加算　1月につき250単位を加算＜新設＞（イの場合）

以下①または②の場合　①緩和ケア、褥瘡ケアまたは人工肛門ケアおよび人工膀胱ケアに係る専門の研修を受けた看護師が計画的な管理を実施。悪性腫瘍の鎮痛療法もしくは化学療法を行っている利用者、真皮を越える褥瘡の状態（在宅で重点的な褥瘡管理を行う必要がある場合は真皮までの状態）の利用者、または人工肛門もしくは人工膀胱を造設している者で管理が困難な利用者に限り算定　②特定行為（※）研修を修了した看護師が計画的な管理を行った場合。利用者は診療報酬における手順書加算を算定していること。（※）気管カニューレの交換、胃ろう・腸ろうカテーテルまたは胃ろうボタンの交換、膀胱ろうカテーテルの交換、褥瘡または慢性創傷の治療における血流のない壊死組織の除去、創傷に対する陰圧閉鎖療法、持続点滴中の高カロリー輸液の投与量の調整、脱水症状に対する輸液による補正

◆ターミナルケア加算　死亡月につき2500単位（2000）を加算（イの場合）

①死亡日および死亡日前14日以内に2日（死亡日および死亡日前14日以内に訪問看護を行っている場合は1日）以上ターミナルケアを実施。ターミナルケアを行った後、24時間以内に在宅以外で死亡した場合を含む　②利用者について、必要に応じて訪問看護サービス

を行う体制を確保　③主治医と連携してターミナルケアの計画・支援体制を利用者・家族等に説明し、同意の上でターミナルケアを実施　④ターミナルケア提供について利用者の身体状況の変化等必要な事項を適切に記録する　≪支給限度額管理の対象外≫

◆遠隔死亡診断補助加算　1回につき150単位を加算<新設>（イの場合）

情報通信機器を用いた在宅での看取りに係る研修を受けた看護師が、診療報酬の死亡診断加算（C001注8）を算定する利用者（厚生労働大臣が定める特別地域に居住）について、主治医の指示に基づき情報通信機器を用いて医師の死亡診断の補助を行う

◆看護体制強化加算（イの場合）（Ⅰ）1月につき3000単位（3000）を加算
（Ⅱ）1月につき2500単位（2500）を加算

（Ⅰ）①算定月の前3月における利用者総数のうち、主治医の指示に基づく看護サービスを提供した利用者の割合が80％以上　②算定月の前3月における利用者総数のうち、緊急時対応加算を算定した割合が50％以上　③算定月の前3月における利用者総数のうち、特別管理加算を算定した割合が20％以上　④算定月の前12月間にターミナルケア加算を算定した利用者が1人以上　⑤登録特定行為事業者または登録喀痰吸引等事業者を届出

（Ⅱ）（Ⅰ）①～③を満たす≪支給限度額管理の対象外≫

◆訪問体制強化加算　1月につき1000単位（1000）を加算（イの場合）

①訪問サービス（看護サービスを除く）の提供に当たる常勤の従業者（保健師、看護師、准看護師、理学療法士、作業療法士、言語聴覚士を除く）を2人以上配置　②算定月の延べ訪問回数が200回以上。事業所と同一建物に集合住宅を併設する場合は、登録者の総数のうち基本報酬のイ（1）を算定する者の割合が50％以上、かつイ（1）を算定する登録者に対する延べ訪問回数が月200回以上≪支給限度額管理の対象外≫

◆総合マネジメント体制強化加算（イの場合）（Ⅰ）1月につき1200単位を加算<新設>
（Ⅱ）1月につき800単位（1000）を加算

（Ⅰ）①利用者の心身状況・家族等を取り巻く環境の変化に応じ、随時、ケアマネジャー、看護師、准看護師、介護職員その他の関係者が共同し、看護小規模多機能型居宅介護計画の見直しを行う　②地域の病院、診療所、老健などの関係施設に対し、事業所のサービスの具体的な内容の情報提供を行う　③利用者の地域での多様な活動が確保されるよう、日常的に地域住民等との交流をはかり、利用者の状態に応じて地域の行事や活動等に積極的に参加　④日常的に利用者と関わりのある地域住民等の相談に対応する体制を確保　⑤必要に応じて、多様な主体により提供される利用者の生活全般を支援するサービス（インフォーマルサービス）が包括的に提供されるケアプランを作成　⑥以下（一）～（四）のいずれかに適合（一）地域住民等との連携により、地域資源を効果的に活用し、利用者の状態に応じた支援を行う　（二）障害福祉サービス事業所、児童福祉施設等と協働し、地域において世代間の交流の場の拠点となる　（三）地域住民等、他の居宅サービス、地域密着型サービス事業所等と共同で事例検討会、研修会等を実施　（四）市町村が実施する通いの場や在宅医療・介護連携推進事業等の地域支援事業等に参加

（Ⅱ）（Ⅰ）①・②・③を満たす　≪支給限度額管理の対象外≫

◆褥瘡マネジメント加算（イの場合）（Ⅰ）1月につき3単位（3）を加算
（Ⅱ）1月につき13単位（13）を加算
※（Ⅰ）・（Ⅱ）は併算定不可

（Ⅰ）①利用者ごとに、利用開始時に褥瘡の有無の確認、褥瘡の発生と関連のあるリスクの評価を行い、その後3月に1回以上評価を行う。評価の結果等の情報を厚生労働省に提出し、褥瘡管理の実施にあたり当該情報その他褥瘡管理の適切かつ有効な実施に必要な情報を活用　②①の評価の結果、褥瘡が認められ、または褥瘡のリスクがある利用者ごとに医師、看護師、介護職員、管理栄養士、ケアマネジャーその他の職種の者が共同して、褥瘡管理に関する褥瘡ケア計画を作成する　③利用者ごとの褥瘡ケア計画に従い褥瘡管理を実施するととも

に、その管理の内容や利用者の状態を定期的に記録している　④①の評価に基づき3月に1回以上、利用者ごとに褥瘡ケア計画を見直す

（Ⅱ）①（Ⅰ）を満たす　②（Ⅰ）①の評価の結果、利用開始時に褥瘡が認められた利用者の褥瘡が治癒、または褥瘡のリスクがある利用者に褥瘡の発生がない

◆排せつ支援加算（イの場合）　（Ⅰ）1月につき10単位（10）を加算
（Ⅱ）1月につき15単位（15）を加算
（Ⅲ）1月につき20単位（20）を加算
※（Ⅰ）～（Ⅲ）は併算定不可

（Ⅰ）①利用者ごとに、要介護状態の軽減の見込みについて医師または医師と連携した看護師が利用開始時に評価するとともに、3月に1回以上、評価を行い、その結果等の情報を厚生労働省に提出し、排泄支援の実施にあたり当該情報その他排泄支援の適切かつ有効な実施に必要な情報を活用する　②①の評価の結果、排泄に介護を要する利用者で、適切な対応を行うことで要介護状態の軽減が見込まれる者について医師、看護師、ケアマネジャー等が共同して、当該利用者が排泄に介護を要する原因を分析し、それに基づいた支援計画を作成し、支援を継続して実施する　③①の評価に基づき、3月に1回以上、利用者ごとに支援計画を見直す

（Ⅱ）①（Ⅰ）を満たす　②（Ⅰ）①の評価の結果、以下（ア）・（イ）・（ウ）のいずれかを満たす

（Ⅲ）①（Ⅰ）を満たす　②（Ⅰ）①の評価の結果、以下（ア）または（ウ）、かつ（イ）を満たす

※（ア）要介護状態の軽減が見込まれる者について、利用開始時と比較して排尿または排便の状態のいずれかが改善し、いずれも悪化していない（イ）要介護状態の軽減が見込まれる者について、利用開始時と比較しておむつ使用「あり」から使用「なし」に改善（ウ）利用開始時に尿道カテーテルが留置されていた者について、尿道カテーテルが抜去

◆科学的介護推進体制加算　1月につき40単位（40）を加算（イの場合）

①利用者ごとのADL値、栄養状態、口腔機能、認知症の状況その他心身の状況等に係る基本的な情報を厚生労働省に提出　②必要に応じてサービス計画を見直すなど、サービス提供にあたり①に規定する情報その他サービスを適切かつ有効に提供するために必要な情報を活用する

◆生産性向上推進体制加算＜新設＞　（Ⅰ）1月につき100単位を加算
（Ⅱ）1月につき10単位を加算

（Ⅰ）①利用者の安全、介護サービスの質の確保、職員の負担軽減に資する方策を検討する委員会にて、以下（一）～（四）について検討および実施の定期的な確認を行う（一）業務効率化、質向上、職員の負担軽減に資する機器（以下「介護機器」）を活用する場合の利用者の安全、ケアの質の確保（二）職員の負担軽減、勤務状況への配慮（三）介護機器の定期的な点検（四）業務効率化、質向上、職員の負担軽減をはかるための職員研修　②①の取組および介護機器の活用による業務効率化、質の確保、職員の負担軽減の実績がある　③介護機器を複数種類活用している　④①の委員会で職員の業務分担の明確化等による業務効率化、質の確保、負担軽減を検討・実施し、実施を定期的に確認　⑤事業年度ごとに①③④の取組による業務効率化、質の確保、職員の負担軽減の実績を厚生労働省へ報告

（Ⅱ）①（Ⅰ）①を満たす　②介護機器を活用している　③事業年度ごとに①②の取組による業務効率化、質の確保、職員の負担軽減の実績を厚生労働省へ報告

◆サービス提供体制強化加算（イの場合）　（Ⅰ）1月につき750単位（750）を加算
（Ⅱ）1月につき640単位（640）を加算
（Ⅲ）1月につき350単位（350）を加算
（ロの場合）　（Ⅰ）1日につき25単位（25）を加算

（Ⅱ）1日につき21単位（21）を加算
（Ⅲ）1日につき12単位（12）を加算

（Ⅰ）①サービス従事者ごとに研修計画を作成し実施、または実施予定　②利用者の情報、サービス提供の留意事項の伝達または従事者の技術指導を目的とした会議を定期的に開催　③保健師・看護師・准看護師を除く従業者の総数のうち介護福祉士の割合が70%以上、または勤続10年以上の介護福祉士の割合が25%以上

（Ⅱ）①（Ⅰ）①〜②を満たす　②保健師・看護師・准看護師を除く従業者の総数のうち介護福祉士の割合が50%以上

（Ⅲ）①（Ⅰ）①〜②を満たす　②次の（ア）〜（ウ）のいずれかを満たす（ア）保健師・看護師・准看護師を除く従業者の総数のうち介護福祉士の割合が40%以上（イ）従業者総数のうち常勤職員の割合が60%以上　（ウ）従業者総数のうち勤続7年以上の者が30%以上

≪支給限度額管理の対象外≫

◆介護職員等処遇改善加算<新設>（2024年6月1日より）
（Ⅰ）所定単位数の14.9%を加算
（Ⅱ）所定単位数の14.6%を加算
（Ⅲ）所定単位数の13.4%を加算
（Ⅳ）所定単位数の10.6%を加算
（Ⅴ）所定単位数の5.6〜13.2%を加算（※）

（※）（Ⅴ）の加算率は改定前の介護職員処遇改善加算、介護職員等特定処遇改善加算、介護職員等ベースアップ等支援加算の組合わせにより14種類（2025年3月31日まで）

所定単位数は、基本報酬に各種加算減算を加えた総単位数　≪支給限度額管理の対象外≫

◆特別地域加算　所定単位数の15%（15%）を加算（イの場合）

≪支給限度額管理の対象外≫

◆中山間地域等における小規模事業所加算　所定単位数の10%（10%）を加算

≪支給限度額管理の対象外≫

◆中山間地域等に居住する者へのサービス提供加算
所定単位数の5%（5%）を加算（イの場合）　≪支給限度額管理の対象外≫

【減算】

◆登録者数が登録定員を超える場合、または従業者の員数が基準に満たない場合
所定単位数の70%（70%）で算定

◆身体拘束廃止未実施減算　所定単位数の99%で算定<新設>（2025年4月1日より）

◆高齢者虐待防止措置未実施減算　所定単位数の99%で算定<新設>

◆業務継続計画未策定減算　所定単位数の99%で算定<新設>

「感染症の予防及びまん延の防止のための指針」の整備、および非常災害に関する具体的計画の策定を行っている場合、2025年3月31日まで減算しない

◆過少サービスに対する減算　所定単位数の70%（70%）で算定（イの場合）

提供回数が週平均1回未満、または登録者1人あたりの平均提供回数が週4回未満

◆サテライト体制未整備減算　所定単位数の97%（97%）で算定（イの場合）

サテライト型看護小規模多機能型居宅介護の本体事業所またはサテライト型看護小規模多機能型居宅介護において、訪問看護体制減算の届出をしている場合

◆訪問看護体制減算（イの場合）
1月につき（要介護1〜3）925単位（925）、（要介護4）1850単位（1850）、（要介護5）2914単位（2914）を減算

①算定月の前3月における利用者の総数のうち、主治医の指示に基づく看護サービスを提供した利用者の割合が30%未満　②算定月の前3月における利用者総数のうち、緊急時対応加算を算定した利用者の割合が30%未満　③算定月の前3月における利用者総数のうち、特別管理加算を算定した利用者の割合が5%未満

◆末期の悪性腫瘍等により医療保険の訪問看護が行われる場合（イの場合）

1月につき（要介護1～3）925単位（925）、（要介護4）1850単位（1850）、（要介護5）2914単位（2914）を減算

◆特別の指示により頻回に医療保険の訪問看護が行われる場合（イの場合）

1日につき（要介護1～3）30単位（30）、（要介護4）60単位（60）、（要介護5）95単位（95）を減算

介護予防・日常生活支援総合事業

算定の留意事項、Q&A は「ケアニュース」内に順次掲載します

介護予防・日常生活支援総合事業

介護予防・生活支援サービス事業について

1. サービスの種類

(1) 訪問型サービス（第1号訪問事業）

・主に雇用されている労働者が提供。旧介護予防訪問介護よりも緩和した基準によるサービス**（訪問型サービスA）**

・有償、無償のボランティアなど、住民主体による支援**（訪問型サービスB）**

・保健・医療の専門職が3～6カ月の短期間で提供するもの**（訪問型サービスC）**

・サービス事業と一体的に行われる移動支援や移送前後の生活支援**（訪問型サービスD）**

(2) 通所型サービス（第1号通所事業）

・主に雇用されている労働者、またはボランティアが補助的に加わった形で提供。旧介護予防通所介護よりも緩和した基準によるサービス**（通所型サービスA）**

・有償、無償のボランティアなど、住民主体による支援**（通所型サービスB）**

・保健・医療の専門職が3～6カ月の短期間で提供するもの**（通所型サービスC）**

(3) その他生活支援サービス（第1号生活支援事業）

訪問型・通所型サービスと一体的に行われる場合に効果があると認められるもので、以下（ア）～（ウ）を規定

（ア）栄養の改善を目的として配食を行う事業

（イ）定期的な安否確認および緊急時の対応を行う事業

（ウ）第1号訪問事業または第1号通所事業に準じる事業であって、地域の実情に応じつつ、第1号訪問事業または第1号通所事業と一体的に行われることにより、介護予防、要支援状態の軽減・悪化防止、地域における自立した日常生活の支援に資する事業

(4) 介護予防ケアマネジメント（第1号介護予防支援事業）

・主に訪問型・通所型サービスにおいて、指定事業者のサービスを利用するケースや、訪問型、通所型サービスCを組み合わせた複数のサービスを利用するケースなど、現行の介護予防支援に相当するもの**（ケアマネジメントA）**

・主にケアマネジメントの結果、事業の実施方法が補助に該当するようなサービスや配食などその他生活支援サービスまたは一般介護予防事業の利用につなげるケースで、緩和した基準によるケアマネジメントとして、基本的にサービス利用開始時のみケアマネジメントを行うもの**（ケアマネジメントC）**

・ケアマネジメントAやC以外のケースで、緩和した基準によるケアマネジメントとして、サービス担当者会議などを省略したもの**（ケアマネジメントB）**

・要支援者で予防給付によるサービスを利用する場合は、予防給付の介護予防サービス計画費が支給される。要支援者等で予防給付によるサービスの利用がない場合は、介護予防ケアマネジメントが行われる

※介護予防支援と異なり、指定居宅介護支援事業者はこれまで通り、地域包括支援センターからの委託を受ける

2. 対象者

・要支援者、基本チェックリスト（※）に該当する者（事業対象者）、要介護者で市町村の判断により利用を認める者

・明らかに要介護認定が必要な場合や予防給付によるサービス（介護予防訪問看護、介護予防福祉用具貸与等）を希望している場合等は、要介護認定等の申請の手続につなぐ

・基本チェックリストの活用にあたっては、市町村または地域包括支援センターで、サービスの利用相談に来た第1号被保険者に対して、原則、対面で基本チェックリストを用い、相談を受け、基本チェックリストにより事業対象者に該当した者に対して、更に介護予防ケアマネジメントを行う

・利用相談に際しては、被保険者より相談の目的や希望するサービスを聴き取るほか、介護

予防・生活支援サービス事業、要介護認定等の申請、一般介護予防事業についての説明を行う。特に介護予防・生活支援サービス事業のみを利用する場合は、基本チェックリストを用いた簡易な形で、迅速なサービスの利用が可能であること、事業対象者となった後や介護予防・生活支援サービス事業を利用し始めた後も、必要な時は要介護認定等の申請が可能であることを説明する
・事業対象者は、要支援者に相当する状態等の者を想定しており、そのような状態等に該当しないケースについては、一般介護予防事業の利用等につなげていくことが重要である
・第２号被保険者については、がんや関節リウマチ等の特定疾病に起因して要介護状態等となることがサービスを受ける前提となるため、基本チェックリストではなく、要介護認定等申請を行う

3. 単価

・訪問型・通所型サービスＡのうち指定事業者によるサービスに係る第１号事業支給費の額については、国が規定する単位数を目安とし、市町村が単位数を設定する
・それ以外のサービスは、市町村が独自に内容を規定する。１回あたり（定率)、１月あたり（定額）がある
・高齢者の選択肢の拡大の観点から、従前相当サービスを含めた多様なサービス・活動を組み合わせて高齢者を支援できるよう、訪問型サービスは１回当たりの単価についてきめ細やかな設定を行い、通所型サービスは要支援２の１回当たりの単価について１回からの算定を可能とする
・訪問型サービスの基本報酬に生活援助中心型の単位数を新たに設定する
・通所型サービスの基本報酬は介護予防通所リハビリテーションと同様、運動機能向上加算を包括化し見直す
・従前相当サービス、介護予防ケアマネジメントＡは本基準による額を市町村が別に定めることが可能（単位数の変更のみ。新たな加算の設定はできない）
・本基準は、全国の標準的な額を定めているものであり、市町村の事業の実態にそぐわない場合は額を引き上げる、あるいは第一号事業支給費とは別に別途委託費等の支給を行うなどの対応を検討してもよい
・従前相当サービス、介護予防ケアマネジメントＡ以外のサービスは単位数の引上げ・引下げ、国が定める加算・減算以外の加算・減算など柔軟な設定が可能

総合事業の人員・設備・運営に関する基準を市町村が定める際に
例による基準（2024 年度改正の概要）

【訪問型サービス・通所型サービス共通】

旧介護予防訪問介護・旧介護予防通所介護の基準との統合を図り、以下の居宅サービス等の基準改正と同様の措置を講じる。

①　管理者の責務及び兼務範囲の明確化

サービスの質を担保し事業所を効率的に運営するために、管理者の責務として、利用者へのサービス提供を適切に把握しながら、職員と業務の一元的な管理・指揮命令を行う。管理者が兼務できる事業所の範囲は、管理者がその責務を果たせる場合には、同一敷地内における他の事業所、施設等ではなくても差し支えない

②　身体的拘束等の適正化の推進

身体的拘束等の更なる適正化を図るために、・利用者又は他の利用者等の生命又は身体を保護するため緊急やむを得ない場合を除き、身体的拘束等を行ってはならない。・身体的拘束等を行う場合は、その態様及び時間、その際の利用者の心身の状況と緊急やむを得ない理由の記録を義務付ける

③　「書面掲示」規制の見直し

事業所の運営規程の概要等の重要事項等は、「書面掲示」に加え、事業者は、原則として

介護予防・日常生活支援総合事業

重要事項等の情報をウェブサイト（法人のホームページ等）に掲載・公表しなければならない

訪問型サービス費

訪問型サービス費（独自）

イ　1週当たりの標準的な回数を定める場合（1月につき）

（1）1週に1回程度の場合	1176単位（1176）
（2）1週に2回程度の場合	2349単位（2349）
（3）1週に2回を超える程度の場合	3727単位（3727）

ロ　1月当たりの回数を定める場合（1回につき）

（1）標準的な内容の訪問型サービスの場合＜新設＞		287単位
（2）生活援助が中心の場合＜新設＞	（一）所要時間20分～45分未満の場合	179単位
	（二）所要時間45分以上の場合	220単位
（3）短時間の身体介護が中心の場合		163単位（167）

単位数は、国が規定する単位数を勘案し市町村が規定
※ロは1月につき、イ（3）の単位数の範囲で所定単位数を算定する

【加算】

◆初回加算　1月につき200単位（200）を加算
訪問介護費と同様

◆生活機能向上連携加算　（Ⅰ）1月につき100単位（100）を加算
（Ⅱ）1月につき200単位（200）を加算
訪問介護費と同様

◆口腔連携強化加算　1回につき50単位を加算＜新設＞（月1回まで）
訪問介護費と同様

◆介護職員等処遇改善加算＜新設＞（2024年6月1日より）
（Ⅰ）所定単位数の24.5%を加算
（Ⅱ）所定単位数の22.4%を加算
（Ⅲ）所定単位数の18.2%を加算
（Ⅳ）所定単位数の14.5%を加算
（Ⅴ）所定単位数の7.6～22.1%を加算（※）

（※）（Ⅴ）の加算率は改定前の介護職員処遇改善加算、介護職員等特定処遇改善加算、介護職員等ベースアップ等支援加算の組合わせにより14種類（2025年3月31日まで）
所定単位数は、基本報酬に各種加算減算を加えた総単位数　≪支給限度額管理の対象外≫

◆特別地域加算　所定単位数の15%（15%）を加算　≪支給限度額管理の対象外≫

◆中山間地域等における小規模事業所加算　所定単位数の10%（10%）を加算
≪支給限度額管理の対象外≫

◆中山間地域等に居住する者へのサービス提供加算　所定単位数の5%（5%）を加算
≪支給限度額管理の対象外≫

【減算】

◆高齢者虐待防止措置未実施減算　所定単位数の99%で算定＜新設＞

◆業務継続計画未策定減算　所定単位数の99%で算定＜新設＞（2025年4月1日より適用）

◆事業所と同一建物の利用者、またはこれ以外の同一建物の利用者 20 人以上にサービスを行う場合　所定単位数の 90%（90%）で算定

区分支給限度基準額の算定の際は、当該減算前の単位数を算入

◆事業所と同一建物の利用者の割合が 90%以上の場合
所定単位数の 88%で算定＜新設＞

訪問介護費と同様

◆事業所と同一建物の利用者 50 人以上にサービスを行う場合
所定単位数の 85%で算定＜新設＞

通所型サービス費

通所型サービス費（独自）

イ　1 週当たりの標準的な回数を定める場合（1 月につき）

（1）事業対象者・要支援 1	1798 単位（1672）
（2）事業対象者・要支援 2	3621 単位（3428）

ロ　1 月当たりの標準的な回数を定める場合（1 回につき）

（1）事業対象者・要支援 1 ※月 1 ～ 4 回までのサービスを行った場合	436 単位（384）
（2）事業対象者・要支援 2 ※月 1 ～ 8 回までのサービスを行った場合	447 単位（395）

単位数は、国が規定する単位数を勘案し市町村が規定

【加算】

◆生活機能向上グループ活動加算　1 月につき 100 単位（100）を加算

①機能訓練指導員、看護職員、介護職員、生活相談員が共同して、利用者ごとに日常生活の自立支援に資する具体的な目標を設定した個別計画を作成する　②日常生活に直結した活動項目を複数種類用意　③適切な規模の小集団で実施し、利用者 1 人につき週 1 回以上提供

◆若年性認知症利用者受入加算　1 月につき 240 単位（240）を加算

通所介護費と同様

◆栄養アセスメント加算　1 月につき 50 単位（50）を加算

通所介護費と同様

◆栄養改善加算　1 月につき 200 単位（200）を加算

通所介護費と同様

◆口腔機能向上加算　（Ⅰ）1 月につき 150 単位（150）を加算
（Ⅱ）1 月につき 160 単位（160）を加算

※（Ⅰ）・（Ⅱ）は併算定不可

通所介護費と同様

◆一体的サービス提供加算　1 月につき 480 単位を加算＜新設＞

介護予防通所リハビリテーション費と同様

◆サービス提供体制強化加算

（Ⅰ）事業対象者・要支援 1　1 月につき 88 単位（88）を加算
事業対象者・要支援 2　1 月につき 176 単位（176）を加算
（Ⅱ）事業対象者・要支援 1　1 月につき 72 単位（72）を加算

事業対象者・要支援２　１月につき144単位（144）を加算
（Ⅲ）事業対象者・要支援１　１月につき24単位（24）を加算
事業対象者・要支援２　１月につき48単位（48）を加算
通所介護費と同様　≪支給限度額管理の対象外≫

◆生活機能向上連携加算　（Ⅰ）１月につき100単位（100）を加算（3月に１回まで）
（Ⅱ）１月につき200単位（200）を加算
※（Ⅰ）・（Ⅱ）は併算定不可
通所介護費と同様

◆口腔・栄養スクリーニング加算
（Ⅰ）１回につき20単位（20）を加算（6月に１回まで）
（Ⅱ）１回につき５単位（5）を加算（6月に１回まで）
通所介護費と同様

◆科学的介護推進体制加算　１月につき40単位（40）を加算
通所介護費と同様

◆介護職員等処遇改善加算＜新設＞（2024年6月1日より）
（Ⅰ）所定単位数の9.2%を加算
（Ⅱ）所定単位数の9.0%を加算
（Ⅲ）所定単位数の8.0%を加算
（Ⅳ）所定単位数の6.4%を加算
（Ⅴ）所定単位数の3.3～8.1%を加算（※）
（※）（Ⅴ）の加算率は改定前の介護職員処遇改善加算、介護職員等特定処遇改善加算、介護職員等ベースアップ等支援加算の組合わせにより14種類（2025年3月31日まで）
所定単位数は、基本報酬に各種加算減算を加えた総単位数　≪支給限度額管理の対象外≫

◆中山間地域等に居住する者へのサービス提供加算　所定単位数の5%（5%）を加算
≪支給限度額管理の対象外≫

【減算】

◆利用者数が利用定員を超える場合、または看護・介護職員の員数が基準に満たない場合
所定単位数の70%（70%）で算定

◆高齢者虐待防止措置未実施減算　所定単位数の99%で算定＜新設＞

◆業務継続計画未策定減算　所定単位数の99%で算定＜新設＞
「感染症の予防及びまん延の防止のための指針」の整備、および非常災害に関する具体的計画の策定を行っている場合、2025年3月31日まで減算しない

◆事業所と同一建物に居住する者や同一建物からサービスを利用する場合
イ（1）の場合　１月につき376単位（376）を減算
イ（2）の場合　１月につき752単位（752）を減算
ロの場合　１回につき94単位を減算
通所介護費と同様

◆事業所が送迎を行わない場合　片道につき47単位を減算＜新設＞
イ（1）の場合は、1月につき376単位の範囲内で、イ（2）の場合は1月につき752単位の範囲内で減算する

【廃止】

◆運動器機能向上加算　１月につき225単位を加算

◆事業所評価加算　１月につき120単位を加算

介護予防ケアマネジメント費

介護予防ケアマネジメント費

介護予防ケアマネジメント費（1月につき）	442単位（438）

対象者は事業対象者、要支援1～2、要介護1～5とする
単位数は、国が規定する単位数を勘案し市町村が決定

【加算】
◆初回加算　1月につき300単位（300）を加算
◆委託連携加算　1月につき300単位（300）を加算（委託開始月に1回まで）
介護予防支援費と同様
【減算】
◆高齢者虐待防止措置未実施減算　所定単位数の99%で算定<新設>
◆業務継続計画未策定減算　所定単位数の99%で算定<新設>（2025年4月1日より適用）

介護予防・日常生活支援総合事業

(※) 基本チェックリスト

氏名		住　所		生年月日	
希望するサービス内容					

No.	質問項目	回答：いずれかに○をお付けください	
1	バスや電車で1人で外出していますか	0. はい	1. いいえ
2	日用品の買い物をしていますか	0. はい	1. いいえ
3	預貯金の出し入れをしていますか	0. はい	1. いいえ
4	友人の家を訪ねていますか	0. はい	1. いいえ
5	家族や友人の相談にのっていますか	0. はい	1. いいえ
6	階段を手すりや壁をつたわらずに昇っていますか	0. はい	1. いいえ
7	椅子に座った状態から何もつかまらずに立ち上がっていますか	0. はい	1. いいえ
8	15分くらい続けて歩いていますか	0. はい	1. いいえ
9	この1年間に転んだことがありますか	1. はい	0. いいえ
10	転倒に対する不安は大きいですか	1. はい	0. いいえ
11	6カ月間で2～3kg以上の体重減少がありましたか	1. はい	0. いいえ
12	身長　　cm　　体重　　kg　(BMI =　　　)(注)		
13	半年前に比べてかたいものが食べにくくなりましたか	1. はい	0. いいえ
14	お茶や汁物等でむせることがありますか	1. はい	0. いいえ
15	口の渇きが気になりますか	1. はい	0. いいえ
16	週に1回以上は外出していますか	0. はい	1. いいえ
17	昨年と比べて外出の回数が減っていますか	1. はい	0. いいえ
18	周りの人から「いつも同じ事を聞く」などの物忘れがあると言われますか	1. はい	0. いいえ
19	自分で電話番号を調べて、電話をかけることをしていますか	0. はい	1. いいえ
20	今日が何月何日かわからない時がありますか	1. はい	0. いいえ
21	(ここ2週間) 毎日の生活に充実感がない	1. はい	0. いいえ
22	(ここ2週間) これまで楽しんでやれていたことが楽しめなくなった	1. はい	0. いいえ
23	(ここ2週間) 以前は楽にできていたことが今はおっくうに感じられる	1. はい	0. いいえ
24	(ここ2週間) 自分が役に立つ人間だと思えない	1. はい	0. いいえ
25	(ここ2週間) わけもなく疲れたような感じがする	1. はい	0. いいえ

事業対象者の要件　次の①～⑦のいずれかに該当

①1～20の20項目のうち10項目以上に該当　(複数の項目に支障)
②6～10の5項目のうち3項目以上に該当　(運動機能の低下)
③11～12の2項目のすべてに該当　(低栄養状態)
④13～15の3項目のうち2項目以上に該当　(口腔機能の低下)
⑤16に該当　(閉じこもり)
⑥18～20の3項目のうち1項目以上に該当　(認知機能の低下)
⑦21～25の5項目のうち2項目以上に該当　(うつ病の可能性)

(注) 12における「該当」とは、BMI＝体重 (kg) ÷身長 (m) ÷身長 (m) が18.5未満の場合

付記

1　区分支給限度基準額に含まれない費用、適用されないサービス

限度額が適用されるサービスの種類		訪問介護	訪問入浴介護	訪問看護	訪問リハビリテーション	通所介護	通所リハビリテーション	福祉用具貸与	短期入所生活介護	短期入所療養介護	特定施設入居者生活介護（短期利用に限る）	定期巡回・随時対応サービス	夜間対応型訪問介護	地域密着型通所介護	認知症対応型通所介護	小規模多機能型居宅介護	認知症対応型共同生活介護（短期利用の場合）	地域密着型特定施設入居者生活介護（短期利用の場合）	看護小規模多機能型居宅介護
限度額に含まれない費用	中山間地域等提供加算等 ※1	○	○	○	○	○	○	○				○	○	○	○	○			○
	介護職員等処遇改善加算（2024年6月1日より）	○	○			○	○		○	○	○	○	○	○	○	○	○	○	○
	サービス提供体制強化加算		○	○	○	○	○		○	○	○	○	○	○	○	○	○	○	○
	その他			○ ※3		○ ※4	○ ※4			○ ※5		○ ※3 ※6		○ ※4	○ ※4	○ ※6 ※7			○ ※3 ※6 ※7
	同一建物等居住者へのサービス提供減算 ※2	○	○	○	○	○	○					○	○	○	○	○ ※8			○ ※8

・区分支給限度基準額：要支援1（5032単位）、要支援2（10531単位）、要介護1（16765単位）、要介護2（19705単位）、要介護3（27048単位）、要介護4（30938単位）、要介護5（36217単位）
・外部サービス利用型は要介護度に応じた限度単位数を別に設定
・限度額適用外サービス：居宅療養管理指導、特定施設入居者生活介護（外部サービス利用型、短期利用除く）、認知症対応型共同生活介護（短期利用除く）、地域密着型特定施設入居者生活介護（短期利用除く）地域密着型介護老人福祉施設入居者生活介護、居宅介護支援
・通所系サービスにおいて大規模型を利用している場合、区分支給限度基準額は通常規模型の単位数を算入する
※1　中山間地域等における小規模事業所加算、中山間地域等に居住する者へのサービス提供加算、特別地域加算
※2　区分支給限度基準額は減算適用前の単位数を算入
※3　特別管理加算、緊急時訪問看護加算（訪問看護）、緊急時対応加算（看護小規模多機能型居宅介護）ターミナルケア加算
※4　感染症または災害の発生を理由とする利用者数の減少が一定以上生じている場合の加算
※5　介護老人保健施設の緊急時施設療養費、特別療養費、および病院・診療所・介護医療院の特定診療費
※6　総合マネジメント体制強化加算　※7　訪問体制強化加算
※8「同一建物に居住する者に対して行う場合」の基本報酬を算定している場合、区分支給限度基準額は「同一建物に居住する者以外に対して行う場合」の単位数を算入

2　中山間地域等における小規模事業所

いわゆる中山間地域にある小規模事業所については、規模の拡大や経営の効率化を図ることが困難であり、人件費等の割合が高くならざるを得ず、経営が厳しい状況にあることを踏まえ、いわゆる中山間地域等のうち、現行の特別加算対象地域以外の半島振興法指定地域等について、当該地域に所在する小規模の事業所が行う訪問介護等の一定のサービスについて評価を行う。所定単位数の10%加算。

- **対象となるサービス**　訪問介護、訪問入浴介護（予防含む)、訪問看護（予防含む)、訪問リハビリテーション（予防含む)、居宅療養管理指導（予防含む)、居宅介護支援、介護予防支援（居宅介護支援事業者の場合)、福祉用具貸与（予防含む)、定期巡回･随時対応型訪問介護看護、訪問型サービス、夜間対応型訪問介護、小規模多機能型居宅介護（予防含む)、看護小規模多機能型居宅介護
- **「中山間地域等」とは**
  - ①豪雪地帯対策特別措置法（昭和37年法律第73号）第2条第1項に規定する豪雪地帯
  - ②辺地に係る公共的施設の総合整備のための財政上の特別措置等に関する法律(昭和37年法律第88号）第2条第1項に規定する辺地
  - ③半島振興法（昭和60年法律第63号）第1条に規定する半島地域
  - ④特定農山村地域における農林業等の活性化のための基盤整備の促進に関する法律（平成5年法律第72号）第2条第1項に規定する特定農山村
  - ⑤過疎地域自立促進特別措置法（平成12年法律第15号）第2条第2項の規定により公示された過疎地域
- **「小規模事業所」とは**　訪問介護:訪問回数が200回以下/月、訪問入浴介護:訪問回数が20回以下/月(予防訪問入浴介護:5回以下/月)、訪問看護:訪問回数が100回以下/月（予防訪問看護:5回以下/月)、訪問リハビリテーション:訪問回数が30回以下/月（予防訪問リハビリテーション:10回以下/月)、居宅療養管理指導:訪問回数が50回以下/月（予防居宅療養管理指導:5回以下/月)、居宅介護支援:実利用者が20人以下/月、福祉用具貸与:実利用者が15人以下/月（予防福祉用具貸与:実利用者が5人以下/月）の事業所、定期巡回･随時対応型訪問介護看護:実利用者が5人以下/月、訪問型サービス:訪問回数が200回以下/月、夜間対応型訪問介護、（介護予防）小規模多機能型居宅介護、看護小規模多機能型居宅介護については、事業所規模の制限なし。

3　中山間地域等に居住する者にサービス提供した事業者への評価

事業所が通常の事業実施地域を越えて中山間地域等に居住する者にサービスを提供した場合には、移動費用が相当程度必要となることを踏まえ、評価を行う。所定単位数の5%加算。

- **対象となるサービス**　訪問介護、訪問入浴介護（予防含む)、訪問看護（予防含む)、訪問リハビリテーション（予防含む)、居宅療養管理指導（予防含む)、通所介護、通所リハビリテーション（予防含む)、居宅介護支援、介護予防支援（居宅介護支援事業者の場合)、福祉用具貸与（予防含む)、定期巡回・随時対応型訪問介護看護、夜間対応型訪問介護、地域密着型通所介護、認知症対応型通所介護（予防含む)、小規模多機能型居宅介護（予防含む)、看護小規模多機能型居宅介護、訪問型サービス、通所型サービス
- **「中山間地域等」とは**
  - ①離島振興法（昭和28年法律第72号）第2条第1項の規定により指定された離島振興対策実施地域
  - ②奄美群島振興開発特別措置法（昭和29年法律第189号）第1条に規定する奄美群島
  - ③豪雪地帯対策特別措置法（昭和37年法律第73号）第2条第1項に規定する豪雪地帯
  - ④辺地に係る公共的施設の総合整備のための財政上の特別措置等に関する法律(昭和37年法律第88号）第2条第1項に規定する辺地
  - ⑤山村振興法（昭和40年法律第64号）第7条第1項の規定により指定された振興山村
  - ⑥小笠原諸島振興開発特別措置法（昭和44年法律第79号）第2条第1項に規定する小笠原諸島
  - ⑦半島振興法（昭和60年法律第63号）第1条に規定する半島地域
  - ⑧特定農山村地域における農林業等の活性化のための基盤整備の促進に関する法律（平成5年法律第72号）第2条第1項に規定する特定農山村
  - ⑨過疎地域自立促進特別措置法（平成12年法律第15号）第2条第2項の規定により公示された過疎地域
  - ⑩沖縄振興特別措置法（平成14年法律第14号）第3条第3号に規定する離島

4　特別地域

- **対象となるサービス**　訪問介護、訪問入浴介護（予防含む)、訪問看護（予防含む)、訪問リハビリテーション（予防含む)、居宅療養管理指導（予防含む)、居宅介護支援、介護予防支援（居宅介護支援事業者の場合)、福祉用具貸与（予防含む)、定期巡回･随時対応型訪問介護看護、夜間対応型訪問介護、小規模多機能型居宅介護（予防含む)、看護小規模多機能型居宅介護
- **「特別地域」とは**
  - ①離島振興法（昭和28年法律第72号）第2条第1項の規定により指定された離島振興対策実施地域
  - ②奄美群島振興開発特別措置法（昭和29年法律第189号）第1条に規定する奄美群島
  - ③山村振興法（昭和40年法律第64号）第7条第1項の規定により指定された振興山村
  - ④小笠原諸島振興開発特別措置法（昭和44年法律第79号）第2条第1項に規定する小笠原諸島
  - ⑤沖縄振興特別措置法（平成14年法律第14号）第3条第3号に規定する離島
  - ⑥豪雪地帯対策特別措置法（昭和37年法律第73号）第2条第1項に規定により指定された豪雪地帯および同条第2項の規定により指定された特別豪雪地帯、辺地に係る公共的施設の総合的整備のための

財政上の特別措置等に関する法律（昭和37年法律第88号）第2条第1項に規定する辺地、過疎地域自立促進特別措置法（平成12年法律第15号）第2条第2項の規定により公示された過疎地域その他の地域のうち、人口密度が希薄であること、交通が不便であること等の理由により、介護保険法（平成9年法律第123号）第41条第1項に規定する指定居宅サービスおよび同法第42条第1項第2号に規定する基準該当居宅サービス、同法第42条の2台1項に規定する指定地域密着型サービス（地域密着型介護老人福祉施設入所者生活介護を除く）、同法第46条第1項に規定する指定居宅介護支援および同法第47条第1項第1号に規定する基準該当居宅介護支援、同法第53条第1項に規定する指定介護予防サービスおよび同法第54条第1項第2号に規定する基準該当介護予防サービス、同法第54条の2第1項に規定する指定地域密着型介護予防サービスならびに同法第58条第1項に規定する指定介護予防支援および同法第59条第1項第1号に規定する基準街頭介護予防支援の確保が著しく困難であると認められる地域であって、厚生労働大臣が別に定めるもの。

※特別地域加算は、支給限度額管理の対象外。

このため、支給限度額管理の対象となる単位数は、特別地域加算がある地域も無い地域と同じ。

注）特別地域加算は、介護報酬の単価を定める際に用いる地域区分（1級地・2級地・3級地等。厚生省告示第22号により定められている）とは別のもの。

※「中山間地域等の居住する者へのサービス提供加算」との重複請求はできない。

5　特別食

疾病治療の直接手段として、医師の発行する食事せんに基づき提供された適切な栄養量および内容を有する腎臓病食、肝臓病食、糖尿病食、胃潰瘍食、貧血食、膵臓病食、脂質異常症食、痛風食、嚥下困難者のための流動食、経管栄養のための濃厚流動食および特別な場合の検査食（単なる流動食および軟食を除く。）

6　療養食

疾病治療の直接手段として、医師の発行する食事せんに基づき提供された適切な栄養量および内容を有する糖尿病食、腎臓病食、肝臓病食、胃潰瘍食、貧血食、膵臓病食、脂質異常症食、痛風食、特別な場合の検査食

- **対象となるサービス**　短期入所生活介護費、短期入所療養介護、介護福祉施設サービス、介護保健施設サービス、介護医療院、地域密着型介護福祉施設サービス、介護予防短期入所生活介護費、介護予防短期入所療養介護費

7　特別診療費

- **対象となるサービス**　短期入所療養介護、介護医療院サービス、介護予防短期入所療養介護

1	感染対策指導管理（1日につき）	6単位
2	褥瘡対策指導管理　イ　褥瘡対策指導管理（Ⅰ）（1日につき）	6単位
	ロ　褥瘡対策指導管理（Ⅱ）（1月につき）	10単位
3	初期入院診療管理（1回につき）※介護医療院のみ	250単位
4	重度療養管理（1日につき）※短期入所療養介護のみ	125単位
5	特定施設管理（1日につき）	250単位
6	重度皮膚潰瘍管理指導（1日につき）	18単位
7	薬剤管理指導	350単位
	服薬情報等の情報を厚生労働省に提出（１月につき）※介護医療院のみ	20単位
8	イ　医学情報提供（Ⅰ）	220単位
	ロ　医学情報提供（Ⅱ）	290単位
9	イ　理学療法（Ⅰ）（1回につき）	123単位
	ロ　理学療法（Ⅱ）（1回につき）	73単位
10	作業療法（1回につき）	123単位
11	言語聴覚療法（1回につき）	203単位
	9～11について、リハビリ実施計画の内容等の情報を厚生労働省に提出（1月につき）※介護医療院のみ	33単位
	さらに口腔衛生管理加算（Ⅱ）、栄養マネジメント強化加算を算定し、関係職種でリハビリ・口腔・栄養状態に関する情報を共有している場合（1月につき）※介護医療院のみ	20単位
12	集団コミュニケーション療法（1回につき）	50単位
13	摂食機能療法（1日につき）	208単位
14	短期集中リハビリテーション（1日につき）※介護医療院のみ	240単位
15	認知症短期集中リハビリテーション（1日につき）※介護医療院のみ	240単位
16	精神科作業療法　（1日につき）	220単位
17	認知症入所精神療法（1週間につき）	330単位

8　特別療養費

- **対象となるサービス**　短期入所療養介護、介護保健施設サービス、介護予防短期入所療養介護

1	感染対策指導管理（1日につき）	6単位
2	褥瘡管理（1日につき）	6単位
3	初期入所診療管理	250単位
4	重度療養管理（1日につき）	120単位

5	特定施設管理（1日につき）	250単位
6	重症皮膚潰瘍管理指導（1日につき）	18単位
7	薬剤管理指導	350単位
8	医学情報提供	250単位
9	リハビリテーション指導管理（1日につき）	10単位
10	言語聴覚療法（1回につき）	180単位
11	摂食機能療法（1日につき）	185単位
12	精神科作業療法（1日につき）	220単位
13	認知症入所精神療法（1週間につき）	330単位

9　特別の管理

特別の管理を必要とする利用者に対する通算1時間30分以上の看護について加算できるのは、厚生労働大臣が定めた状態にある利用者に限られる。

・**対象となるサービス**　訪問看護（予防含む）、看護小規模多機能型居宅介護

・**「厚生労働大臣が定める状態」とは**　次のいずれか該当する状態

①在宅悪性腫瘍患者指導管理･在宅気管切開患者指導管理を受けている状態または気管カニューレ･留置カテーテルを使用している状態

②診療報酬の算定方法（平成20年厚生労働省告示第59号）別表第一医科診療報酬点数表（以下「医科診療報酬点数表」という）に掲げる在宅自己腹膜灌流指導管理、在宅血液透析指導管理、在宅酸素療法指導管理、在宅中心静脈栄養法指導管理、在宅成分栄養経管栄養法指導管理、在宅自己導尿指導管理、在宅持続陽圧呼吸療法指導管理、在宅悪性腫瘍患者指導管理、在宅自己疼痛管理指導管理、在宅肺高血圧症患者指導管理または在宅気管切開患者指導管理を受けている状態

③人工肛門または人工膀胱を設置している状態

④真皮を越える褥瘡の状態

⑤点滴注射を週3日以上行う必要が認められる状態

10　特定治療

・**対象となるサービス**　短期入所療養介護、介護保健施設サービス、介護医療院、介護予防短期入所療養介護

イ　医科診療報酬点数表第二章第七部により点数の算定されるリハビリテーション、同第九部により点数の算定される処置（同部において医科診療点数表の例によるとされている診療のうち次に掲げるものを含む）、同第十部により点数の算定される手術および同第十一部により点数の算定される麻酔

(1) 第七部リハビリテーションに掲げるリハビリテーションのうち次に掲げるもの

(一) 脳血管疾患等リハビリテーション料（言語聴覚療法に係るものに限る）

(二) 摂食機能療法

(三) 視能訓練

(2) 第九部処置に掲げる処置のうち次に掲げるもの

(一) 一般処置に掲げる処置のうち次に掲げるもの

a 創傷処置（6,000㎠以上のもの（褥瘡に係るものを除く）を除く）／b 熱傷処置（6,000㎠以上のものを除く）／c 重度褥瘡処置／d 老人処置／e 老人精神病棟等処置料／f 爪甲除去（麻酔を要しないもの）／g 穿刺排膿後薬液注入／h 空洞切開術後ヨードホルムガーゼ処置／i ドレーン法（ドレナージ）／j 頚椎、胸椎または腰椎穿刺／k 胸腔穿刺（洗浄、注入および排液を含む）／l 腹腔穿刺（人口気腹、洗浄、注入および排液を含む）／m 喀痰吸引／n 干渉低周波去痰器による喀痰排出／o 高位浣腸、高圧浣腸、洗腸／p 摘便／q 腰椎麻酔下直腸内異物除去／r 腸内ガス排気処置（開腹手術後）／s 酸素吸入／t 突発性難聴に対する酸素療法／u 酸素テント／v 間歇的腸圧吸入法／w 体外式陰圧人工呼吸器治療／x 肛門拡張法（徒手またはブジーによるもの）／y 非還納性ヘルニア徒手整復法／z 痔核嵌頓整復法（脱肛を含む）

(二) 救急処置に掲げる処置のうち次に掲げるもの

a 救命のための気管内挿管／b 体表面ペーシング法または食道ペーシング法／c 人工呼吸／d 非開胸的心マッサージ／e 気管内洗浄／f 胃洗浄

(三) 皮膚科処置に掲げる処置のうち次に掲げるもの

a 皮膚科軟膏処置／b いぼ焼灼法／c イオントフォレーゼ／d 臍肉芽腫切除術

(四) 泌尿器科処置に掲げる処置のうち次に掲げるもの

a 膀胱洗浄（薬液注入を含む）／b 後部尿道洗浄（ウルツマン）／c 留置カテーテル設置／d 嵌頓包茎整復法（陰茎絞扼等）

(五) 産婦人科処置に掲げる処置のうち次に掲げるもの

a 膣洗浄（熱性洗浄を含む）／b 子宮頚管内への薬物挿入法

(六) 眼科処置に掲げる処置のうち次に掲げるもの

a 眼処置／b 義眼処置／c 睫毛抜去／d 結膜異物除去

(七) 耳鼻咽喉科処置に掲げる処置のうち次に掲げるもの

a 耳処置（点耳、耳浴、耳洗浄および簡単な耳垢栓除去を含む）／b 鼻処置（鼻吸引、鼻洗浄、単純鼻出血および鼻前庭の処置を含む）／c 口腔、咽頭処置／d 関節喉頭鏡下喉頭処置（喉頭注入を含む）／

e 鼻出血止血法（ガーゼタンポンまたはバルーンによるもの）／f 耳垢栓塞除去（複雑なもの）／g ネブライザー／h 超音波ネブライザー
(八) 整形外科的処置に掲げる処置（鋼線等による直達牽引を除く）
(九) 栄養処置に掲げる処置のうち次に掲げるもの
a 鼻腔栄養／b 滋養浣腸
(3) 第十部手術に掲げる手術のうち次に掲げるもの
(一) 創傷処理（長径５cm以上で筋肉、臓器に達するものを除く）
(二) 皮膚切開術（長径20cm未満のものに限る）
(三) デブリードマン（100㎠未満のものに限る）
(四) 爪甲除去術
(五) 瘭疽手術
(六) 風棘手術
(七) 外耳道異物除去術（極めて複雑なものを除く）
(八) 咽頭異物摘出術
(九) 顎関節脱臼非観血的整復術
(十) 血管露出術
(4) 第十一部麻酔に掲げる麻酔のうち次に掲げるもの
(一) 静脈麻酔、筋肉注射による全身麻酔、注腸による麻酔
(二) 硬膜外ブロックにおける麻酔剤の持続的注入
(5) (1) から (4) までに掲げるリハビリテーション、処置、手術または麻酔に最も近似するものとして医科診療報酬点数表により点数の算定される特殊なリハビリテーション、処置、手術および麻酔

11 「福祉用具貸与」の例外規定等

⑴事業所が離島等に所在する場合における交通費の加算の取扱い

①交通費の算出方法について。最も経済的な通常の経路および方法（航空賃等に階級がある場合は最も安価な階級）による交通費を基本として実費を基礎とし合理的に算出する。
②指定福祉用具貸与事業者は、あらかじめ利用者の居住する地域に応じた価格体系を設定し運営規程に記載しておくこと。その額と算出方法を利用者に説明するとともに、領収証等運搬や移動に要した費用を証明できる書類を保管し、記録として保存すること。

⑵要介護１の者に対する福祉用具貸与

①算定の可否の判断基準
要介護１の者に対する「車いす」、「車いす付属品」、「特殊寝台」、「特殊寝台付属品」、「床ずれ防止用具」、「体位変換器」、「認知症老人徘徊感知機器」、「移動用リフト（つり具の部分は除く）」および「自動排泄処理装置」（以下、対象外種目）の福祉用具貸与は、その状態像から見て使用が想定しにくい。しかしながら、第23号告示第21号のイで定める状態像に該当する者については、つぎの判断により算定が可能である。
ア（例外給付） 要介護認定の基本調査結果を用いてその要否を判断する。
イ ただし「日常生活範囲における移動の支援が特に必要と認められる者」および「生活環境において段差の解消が必要と認められる者」については、該当する基本調査結果がないため、主治医から得た情報および福祉用具専門相談員のほか、要介護１の者の状態像について適切な助言が可能な者が参加するサービス担当者会議等を通じた適切なマネジメントにより居宅介護支援事業者が判断することとなる。この判断の見直しは、居宅サービス計画に記載された必要な理由を見直す頻度（必要に応じて随時）で行うこととする。
ウ（例外給付の見直し）アにかかわらず、次のⅰ）からⅲ）までのいずれかに該当する旨が医師の医学的な所見に基づき判断され、かつ、サービス担当者会議等を通じた適切なケアマネジメントにより福祉用具貸与が特に必要である旨が判断されている場合にあっては、これらについて、市町村が書面等確実な方法により確認することにより、その要否を判断することができる。この場合において、当該医師の医学的所見については、主治医意見書による確認のほか、医師の診断書または担当の介護支援専門員が聴取した居宅サービス計画に記載する医師の所見により確認する方法でも差し支えない。
ⅰ）疾病その他の原因により、状態が変動しやすく、日によってまたは時間帯によって、頻繁に第23号告示第21号のイに該当する者（例 パーキンソン病の治療薬によるON･OFF現象）
ⅱ）疾病その他の原因により、状態が急速に悪化し、短期間のうちに第23号告示第21号のイに該当すると判断できる者（例 がん末期の急速な状態悪化）
ⅲ）疾病その他の原因により、身体への重大な危険性または症状の重篤化の回避等医学的判断から第23号告示第21号のイに該当すると判断できる者（例 ぜんそく発作等による呼吸不全、心疾患による心不全、嚥下障害による誤嚥性肺炎の回避）
注 括弧内の状態は、あくまでⅰ）～ⅲ）の状態の者に該当する可能性のあるものを例示したにすぎない。また、逆に括弧内の状態以外の者であっても、ⅰ）～ⅲ）の状態であると判断される場合もありうる。
②基本調査結果による判断の方法

福祉用具貸与事業者は、要介護１の者に対して、対象外種目に係る福祉用具貸与費を算定する場合には、①の表に従い、「厚生労働大臣が定める者」のイへの該当性を判断するための基本調査の結果の確認については、次に定める方法による。なお、当該確認に用いた文書等については、サービス記録と併せて保存しなければならない。
ア　指定居宅介護支援事業者から認定調査票の必要な部分（実施日時、調査対象者等の時点の確認および本人確認ができる部分ならびに基本調査の回答で当該軽度者の状態像の確認が必要な部分）の写し（以下「調査票の写し」という）の内容が確認できる文書を入手することによること。
イ　当該要介護１の者に担当の指定居宅介護支援事業者がいない場合にあっては、当該軽度者の調査票の写しを本人に情報開示させ、それを入手すること。

対象外種目	状態像	認定調査の結果
ア）車いす及び同付属品	1）日常的に歩行が困難な者	「できない」
	2）日常生活範囲における移動の支援が特に必要と認められる者	主治医から得た情報及びサービス担当者会議等を通じた適切なケアマネジメントにより個々のケースで判断
イ）特殊寝台及び同付属品	1）日常的に起き上がりが困難な者	「できない」
	2）日常的に寝返りが困難な者	「できない」
ウ）床ずれ防止用具及び体位変換器	日常的に寝返りが困難な者	「できない」
エ）認知症老人徘徊感知機器	次のいずれにも該当する者 1）意思の伝達、介護者への反応、記憶・理解のいずれかに支障がある者	「意思を他者に伝達できない」など
	2）移動において全介助を必要としない者	「全介助」以外
オ）移動用リフト（つり具部分を除く）	1）日常的に立ち上がりが困難な者	「できない」
	2）移乗が一部介助または全介助を必要とする者	「一部介助」または「全介助」
	3）生活環境において段差の解消が必要と認められる者	主治医から得た情報及びサービス担当者会議等を通じた適切なケアマネジメントにより個々のケースで判断
カ）自動排泄処理装置	次のいずれにも該当する者 1）排便が全介助を必要とする者	「全介助」
	2）移乗が全介助を必要とする者	「全介助」

12　介護保険負担限度額認定証

1　概要

要介護認定を受けている人で、世帯全員が住民税非課税の人に、申請に基づき介護保険施設の入所、またはショートステイ利用時の居住費（滞在費）と食費に自己負担額の上限が設定される認定証を交付する。

2　対象･負担限度額（円）（2024年8月1日施行）

負担限度額と基準費額一覧表（1日当たり）

	食　費	居住費						
		ユニット型個室	ユニット型個室的多床室	従来型個室（特養等）	従来型個室（老健・医療院等）	多床室Ⅰ（特養等）	多床室Ⅱ（老健・医療院）<新設>（※1）	多床室Ⅲ（老健・医療院等）
基準費用額	1,445	2,066（2,006）	1,728（1,668）	1,231（1,171）	1,728（1,668）	915（855）	697	437（377）
負担限度額（利用者負担第3段階②）（※2）	1360（650）	1,370（1,310）	1,370（1,310）	880（820）	1,370（1,310）	430（370）	430	430（370）
負担限度額（利用者負担第3段階①）	650	1,370（1,310）	1,370（1,310）	880（820）	1,370（1,310）	430（370）	430	430（370）
負担限度額（利用者負担第2段階）	390	880（820）	550（490）	480（420）	550（490）	430（370）	430	430（370）
負担限度額（利用者負担第1段階）	300	880（820）	550（490）	380（320）	550（490）	0	0	0

（※1）その他型・療養型の介護老人保健施設、Ⅱ型介護医療院が対象。2025年8月1日施行
（※2）世帯全員が市町村民税非課税、年金収入金額＋合計所得金額120万円超、預貯金500万円（夫婦の場合1,500万円）以下

13　市町村独自報酬

厚生労働大臣の認定を受けずに市町村が独自に報酬を設定できるサービス、および独自に設定できる介護報酬の上限額は以下の通り。

- ･定期巡回･随時対応型訪問介護看護 500単位/月
- ･夜間対応型訪問介護 300単位/月
- ･小規模多機能型居宅介護1000単位/月
- ･看護小規模多機能型居宅介護1000単位/月

市町村独自報酬は加算方式で、市町村が定める要件につき、50の倍数（上記上限内）の単位数を、市町村で設定する。

要件は、指定基準の内容を下回る要件とすることは認められない。指定基準のうち参酌すべきとされた基準の内容を下回る基準を市町村が条例で定めることは可能だが、市町村独自の要件としては、本来の指定基準の内容を上回る要件とする必要がある。

職場環境等要件【介護職員等処遇改善加算ほか】

※ ▒▒ 部分は2025年度からの追加･拡充
※⑬は2024年度の区分「両立支援･多様な働き方の推進」から変更

区分	内容
入職促進に向けた取組	
	①法人や事業所の経営理念やケア方針・人材育成方針、その実現のための施策・仕組みなどの明確化
	②事業者の共同による採用・人事ローテーション・研修のための制度構築
	③他産業からの転職者、主婦層、中高年齢者等、経験者・有資格者等にこだわらない幅広い採用の仕組みの構築（採用の実績でも可）
	④職業体験の受入れや地域行事への参加や主催等による職業魅力度向上の取組の実施
資質の向上やキャリアアップに向けた支援	
	⑤働きながら介護福祉士取得を目指す者に対する実務者研修受講支援や、より専門性の高い介護技術を取得しようとする者に対するユニットリーダー研修、ファーストステップ研修、喀痰吸引、認知症ケア、サービス提供責任者研修、中堅職員に対するマネジメント研修の受講支援等
	⑥研修の受講やキャリア段位制度と人事考課との連動
	⑦エルダー・メンター（仕事やメンタル面のサポート等をする担当者）制度等導入
	⑧上位者・担当者等によるキャリア面談など、キャリアアップ・働き方等に関する定期的な相談の機会の確保
両立支援・多様な働き方の推進	
	⑨子育てや家族等の介護等と仕事の両立を目指す者のための休業制度等の充実、事業所内託児施設の整備
	⑩職員の事情等の状況に応じた勤務シフトや短時間正規職員制度の導入、職員の希望に即した非正規職員から正規職員への転換の制度等の整備
	⑪有給休暇を取得しやすい雰囲気・意識作りのため、具体的な取得目標（例えば、１週間以上の休暇を年に●回取得、付与日数のうち●％以上を取得）を定めた上で、取得状況を定期的に確認し、身近な上司等からの積極的な声かけを行っている
	⑫有給休暇の取得促進のため、情報共有や複数担当制等により、業務の属人化の解消、業務配分の偏りの解消を行っている
腰痛を含む心身の健康管理	
	⑬業務や福利厚生制度、メンタルヘルス等の職員相談窓口の設置等相談体制の充実
	⑭短時間勤務労働者等も受診可能な健康診断・ストレスチェックや、従業員のための休憩室の設置等健康管理対策の実施
	⑮介護職員の身体の負担軽減のための介護技術の修得支援、職員に対する腰痛対策の研修、管理者に対する雇用管理改善の研修等の実施
	⑯事故・トラブルへの対応マニュアル等の作成等の体制の整備
生産性向上（業務改善および働く環境改善）のための取組	
	⑰厚生労働省が示している「生産性向上ガイドライン」に基づき、業務改善活動の体制構築（委員会やプロジェクトチームの立ち上げ、外部の研修会の活用等）を行っている
	⑱現場の課題の見える化（課題の抽出、課題の構造化、業務時間調査の実施等）を実施している
	⑲５Ｓ活動（業務管理の手法の１つ。整理・整頓・清掃・清潔・躾の頭文字をとったもの）等の実践による職場環境の整備を行っている
	⑳業務手順書の作成や、記録・報告様式の工夫等による情報共有や作業負担の軽減を行っている
	㉑介護ソフト（記録、情報共有、請求業務転記が不要なもの。）、情報端末（タブレット端末、スマートフォン端末等）の導入
	㉒介護ロボット（見守り支援、移乗支援、移動支援、排泄支援、入浴支援、介護業務支援等）又はインカム等の職員間の連絡調整の迅速化に資するICT機器（ビジネスチャットツール含む）の導入
	㉓業務内容の明確化と役割分担を行い、介護職員がケアに集中できる環境を整備。特に、間接業務（食事等の準備や片付け、清掃、ベッドメイク、ゴミ捨て等）がある場合は、いわゆる介護助手等の活用や外注等で担うなど、役割の見直しやシフトの組み換え等を行う。
	㉔各種委員会の共同設置、各種指針・計画の共同策定、物品の共同購入等の事務処理部門の集約、共同で行うICTインフラの整備、人事管理システムや福利厚生システム等の共通化等、協働化を通じた職場環境の改善に向けた取組の実施

区分	内容
やりがい・働きがいの醸成	
	㉕ミーティング等による職場内コミュニケーションの円滑化による個々の介護職員の気づきを踏まえた勤務環境やケア内容の改善
	㉖地域包括ケアの一員としてのモチベーション向上に資する、地域の児童・生徒や住民との交流の実施
	㉗利用者本位のケア方針など介護保険や法人の理念等を定期的に学ぶ機会の提供
	㉘ケアの好事例や、利用者やその家族からの謝意等の情報を共有する機会の提供

バーセルインデックス（BI）【科学的介護推進体制加算】【ADL維持等加算】

	質問内容	点数
食事	自立。自助具などの装着可、標準的時間内に食べ終える	10
	部分介助（おかずを細かく切ってもらう等）	5
	全介助	0
車いすからベッドへの移動	自立。ブレーキ、フットレストの操作も含む（非行自立も含む）	15
	軽度の部分介助または監視を要する	10
	座ることは可能だがほぼ全介助	5
	全介助または不可能	0
整容	自立（洗面、整髪、歯磨き、ひげ剃り）	5
	部分介助または不可能	0
トイレ動作	自立·（衣服の操作、後始末を含む。ポータブル便器などを使用している場合はその洗浄も含む）	10
	部分介助。体を支える、衣服、後始末に介助を要する	5
	全介助または不可能	0
入浴	自立	5
	部分介助または不可能	0
歩行	45m以上の歩行が可能。補装具（車いす、歩行器は除く）の使用の有無は問わず	15
	45m以上の介助歩行が可能。車いす、歩行器の使用を含む	10
	歩行不能の場合、車いすにて45m以上の操作可能	5
	上記以外	0
階段昇降	自立。手すり、杖などの使用の有無は問わない	10
	介助または監視を要する	5
	不可能	0
着替え	自立。靴、ファスナー、装具の着脱を含む	10
	部分介助、標準的な時間内、半分以上は自分で行える	5
	上記以外	0
排便コントロール	失禁なし。浣腸、坐薬の取り扱いも可能	10
	ときに失禁あり、浣腸、坐薬の取り扱いに介助を要する者も含む	5
	上記以外	0
排尿コントロール	失禁なし。収尿器の取り扱いも可能	10
	ときに失禁あり。収尿器の取り扱いに介助を要する者も含む	5
	上記以外	0
合計点数		／100

LIFE（科学的介護情報システム）へデータ提出を必要とする加算

※介護予防・地域密着型含む ※● 予防除く	居宅サービス				施設サービス			地域密着型サービス		
	訪問リハビリテーション	（認知症対応型）通所介護	通所リハビリテーション	特定施設入居者生活介護	介護福祉施設	介護保健施設	介護医療院	小規模多機能型居宅介護	認知症対応型共同生活介護	看護小規模多機能型居宅介護
リハビリテーションマネジメント加算（ロ）	●		●							
科学的介護推進体制加算		○	○	○	○	○	○	○	○	○
個別機能訓練加算（Ⅱ）		○		○	○					
ADL 維持等加算		●		●	○					
栄養アセスメント加算		○	○							○
口腔機能向上加算（Ⅱ）		○	○							○
褥瘡マネジメント加算					○	○				○
排せつ支援加算					○	○	○			○
リハビリテーションマネジメント計画書情報加算						○				
短期集中リハビリテーション実施加算（Ⅰ）						○				
特別診療費：理学療法（注6）、作業療法（注6）、言語聴覚療法（注4）							○			
特別診療費：褥瘡対策指導管理（Ⅱ）							○			
自立支援促進加算										
かかりつけ医連携薬剤調整加算（Ⅱ）						○				
特別診療費：薬剤管理指導							○			
栄養マネジメント強化加算					○	○	○			
口腔衛生管理加算（Ⅱ）					○	○	○			

排せつの状態に関するスクリーニング･支援計画書より（一部抜粋）【排せつ支援加算】

（※）：任意項目排せつの状態

ADL		自立	一部介助	全介助
	･トイレ動作	□10	□5	□0
	･排便コントロール	□10	□5	□0
	･排尿コントロール	□10	□5	□0
（上記のいずれかで一部介助の場合）見守りや声かけ等のみで「排便･排尿」が可能			□はい	□いいえ

排せつ支援に係る取組

おむつ	□なし　□夜間のみあり　□日中のみあり　□終日あり
ポータブルトイレ	□なし　□夜間のみあり　□日中のみあり　□終日あり
尿道カテーテル	□なし　□あり
人工肛門	□なし　□あり
トイレへの誘導･促し	□なし　□あり

排せつに関する支援の必要性

排せつの状態に関する支援の必要性	□なし　□あり

→支援の必要性「あり」の場合

排せつに介護を要する要因（※）

科学的介護推進に関する評価（施設サービス）より（一部抜粋）【科学的介護推進体制加算】（※）任意項目

【総論】

診断名（特定疾病または生活機能低下の直接の原因となっている傷病名については1.に記入）（※）	
1. 2. 3.	
緊急入院の状況（※）	入院日：　年　月　日　受療時の主訴：□発熱　□転倒　□その他（　） 入院日：　年　月　日　受療時の主訴：□発熱　□転倒　□その他（　） 入院日：　年　月　日　受療時の主訴：□発熱　□転倒　□その他（　）
服薬情報（※）	1．薬剤名（　） 2．薬剤名（　） 3．薬剤名（　）
家族の状況（※）	□同居　□独居
サービス利用終了理由（※）（サービス終了時のみ）	サービス利用終了日：　年　月　日 □居宅サービスの利用　□介護老人福祉施設入所　□介護老人保健施設入所　□介護医療院入所 □医療機関入院　□死亡　□介護サービスを利用しなくなった　□その他

ADL	自立	一部介助	全介助
・食事	□10	□5	□0
・椅子とベッド間の移乗	□15	□10←（監視下）	
（座れるが移れない）→		□5	□0
・整容	□5	□0	□0
・トイレ動作	□10	□5	□0
・入浴	□5	□0	□0
・平地歩行	□15	□10←（歩行器等）	
（車椅子操作が可能）→		□5	□0
・階段昇降	□10	□5	□0
・更衣	□10	□5	□0
・排便コントロール	□10	□5	□0
・排尿コントロール	□10	□5	□0

【口腔・栄養】

身長	cm	低栄養状態のリスクレベル	□低　□中　□高
体重	kg		
栄養補給法	□経口のみ　□一部経口　□経腸栄養　□静脈栄養		
食事形態	□常食　□嚥下調整食（コード□4　□3　□2-2　□2-1　□1j　□0t　□0j）		
とろみ	□薄い　□中間　□濃い		
食事摂取量	全体（　）%　主食（　）%　副食（　）%		
必要栄養量	エネルギー（　kcal） たんぱく質（　g）	提供栄養量	エネルギー（　kcal） たんぱく質（　g）
褥瘡	□なし　□あり		
義歯の使用	□なし　□あり	むせ	□なし　□あり
歯の汚れ	□なし　□あり	歯肉の腫れ・出血	□なし　□あり

【認知症】

認知症の診断	□アルツハイマー病　□血管性認知症　□レビー小体病　□その他（　）

○生活・認知機能尺度

①−1	**身近なもの（たとえば、メガネや入れ歯、財布、上着、鍵など）を置いた場所を覚えていますか** ※一人で探す様子が分からない場合は、もし一人で探すとしたらどうかを想定して評価
□5	常に覚えている
□4	たまに（週1回程度）忘れることはあるが、考えることで思い出せる
□3	思い出せないこともあるが、きっかけがあれば自分で思い出すこともある（思い出せることと思い出せないことが同じくらいの頻度）
□2	きっかけがあっても、自分では置いた場所をほとんど思い出せない
□1	忘れたこと自体を認識していない

①-2	**身の回りに起こった日常的な出来事（たとえば、食事、入浴、リハビリテーションや外出など）をどのくらいの期間、覚えていますか**　※最近1週間の様子を評価
□5 □4 □3 □2 □1	1週間前のことを覚えている 1週間前のことは覚えていないが、数日前のことは覚えている 数日前のことは覚えていないが、昨日のことは覚えている 昨日のことは覚えていないが、半日前のことは覚えている 全く覚えていられない

②	**現在の日付や場所等についてどの程度認識できますか** ※上位レベルのことと下位レベルのことが両方でき、上位と下位の間の項目ができない場合には、上位レベルのほうを選ぶ　例:1と3に該当し、2に該当しない場合⇒1を選択
□5 □4 □3 □2 □1	年月日はわかる（±1日の誤差は許容する） 年月日はわからないが、現在いる場所の種類はわかる 場所の名称や種類はわからないが、その場にいる人が誰だかわかる（家族であるか、介護者であるか、看護師であるか等） その場にいる人が誰だかわからないが、自分の名前はわかる 自分の名前がわからない

③	**誰かに何かを伝えたいと思っているとき、どれくらい会話でそれを伝えることができますか** ※「会話ができる」とは、2者の意思が互いに疎通できている状態
□5 □4 □3 □2 □1	会話に支障がない（「○○だから、××である　」といった2つ以上の情報がつながった話をすることができる　） 複雑な会話はできないが、普通に会話はできる（「○○だから、××である　」といった2つ以上の情報がつながった話をすることはできない　） 普通に会話はできないが、具体的な欲求を伝えることはできる（「痛い」「お腹が空いた」などの具体的な要求しか伝えられない　） 会話が成り立たないが、発語はある（発語はあるが、簡単な質問に対して適切な回答ができなかったり、何を聞いても「うん」とだけ答える） 発語がなく、無言である

④	**一人で服薬ができますか** ※実際の服薬能力が分からない場合は、一人で服薬する場合を想定して評価
□5 □4 □3 □2 □1	自分で正しく服薬できる 自分で用意して服薬できるが、たまに（週1回程度）服薬し忘れることがある 2回に1回は服薬を忘れる 常に薬を手渡しすることが必要である 服薬し終わるまで介助･みまもりが必要である

⑤	**一人で着替えることができますか** ※まひ等により身体が不自由で介助が必要な場合は、障害がない場合での衣服の機能への理解度を想定して評価
□5 □4 □3 □2 □1	季節や気温に応じた服装を選び、着脱衣ができる 季節や気温に応じた服装選びはできないが、着る順番や方法は理解し、自分で着脱衣ができる 促してもらえれば、自分で着脱衣ができる 着脱衣の一部を介護者が行う必要がある 着脱衣の全てを常に介護者が行う必要がある

⑥	**テレビやエアコンなどの電化製品を操作できますか** ※テレビが無い場合は、エアコンで評価。いずれもない場合は、電子レンジ、ラジオなどの電化製品の操作で評価
□5 □4 □3 □2 □1	自由に操作できる（「複雑な操作」も自分で考えて行うことができる） チャンネルの順送りなど普段している操作はできる（「単純な操作」であれば自分で行うことができる） 操作間違いが多いが、操作方法を教えてもらえれば使える（「単純な操作」が分からないことがあるが、教えれば自分で操作することができる） リモコンを認識しているが、リモコンの使い方が全く分からない（何をする電化製品かは分かるが、操作を教えても自分で操作することはできない） リモコンが何をするものか分からない

○Vitality index

意思疎通	□自分から挨拶する、話し掛ける　□挨拶、呼びかけに対して返答や笑顔が見られる　□反応がない
起床（※）	□いつも定時に起床している　□起こさないと起床しないことがある　□自分から起床することはない
食事（※）	□自分から進んで食べようとする　□促されると食べようとする □食事に関心がない、全く食べようとしない
排せつ（※）	□いつも自ら便意尿意を伝える、あるいは自分で排尿、排便を行う　□時々、尿意便意を伝える □排せつに全く関心がない
リハ･活動（※）	□自らリハビリに向かう、活動を求める　□促されて向かう　□拒否、無関心

褥瘡対策に関するスクリーニング・ケア計画書より（一部抜粋）【褥瘡マネジメント加算、褥瘡対策指導管理】
（※）：任意項目

褥瘡の有無

□なし	□あり 褥瘡発生日:　年　月　日　□仙骨部　□坐骨部　□尾骨部　□腸骨部　□大転子部　□踵部　□その他（　）

危険因子の評価

ADL	自立　一部介助　全介助 食事　□10　□5　□0 入浴　□5　□0　□0 更衣　□10　□5　□0	基本動作	寝返り　□自立　□見守り　□一部介助　□全介助 座位の保持　□自立　□見守り　□一部介助　□全介助 立ち上がり　□自立　□見守り　□一部介助　□全介助 立位の保持　□自立　□見守り　□一部介助　□全介助
浮腫	□なし　□あり	低栄養状態のリスクレベル（※）	□低　□中　□高
排せつの状況	おむつ	□なし　□夜間のみあり　□日中のみあり　□終日あり	
	ポータブルトイレ	□なし　□夜間のみあり　□日中のみあり　□終日あり	
	尿道カテーテル	□なし　□あり	

危険因子の評価

深さ	□d0:皮膚損傷・発赤なし □d1:持続する発赤 □d2:真皮までの損傷	□D3:皮下組織までの損傷 □D4:皮下組織を越える損傷 □D5:関節腔、体腔に至る損傷 □DDTI:深部損傷褥瘡（DTI）疑い □DU:壊死組織で覆われ深さの判定が不能
滲出液	□e0:なし □e1:少量:毎日のドレッシング交換を要しない □e3:中等量:1日1回のドレッシング交換を要する	□E6:多量:1日2回以上のドレッシング交換を要する
大きさ	□s0:皮膚損傷なし □s3:4未満 □s6:4以上16未満 □s8:16以上36未満 □s9:36以上64未満 □s12:64以上100未満	□S15:100以上
炎症/感染	□i0:局所の炎症徴候なし □i1:局所の炎症徴候あり（創周囲の発赤・腫脹・熱感・疼痛）	□I3c:臨界的定着疑い（創面にぬめりがあり、浸出液が多い。肉芽があれば、浮腫性で脆弱など） □I3:局所の明らかな感染徴候あり（炎症徴候、膿、悪臭など） □I9:全身的影響あり（発熱など）
肉芽組織	□g0:創が治癒した場合、創の浅い場合、深部損傷褥瘡（DTI） 疑いの場合 □g1:良性肉芽が創面の90%以上を占める □g3:良性肉芽が創面の50%以上90%未満を占める	□G4:良性肉芽が、創面の10%以上50%未満を占める □G5:良性肉芽が、創面の10%未満を占める □G6:良性肉芽が全く形成されていない
壊死組織	□n0:壊死組織なし	□N3:柔らかい壊死組織あり □N6:硬く厚い密着した壊死組織あり
ポケット	□p0:ポケットなし	□P6:4未満 □P9:4以上16未満 □P12:16以上36未満 □P24:36以上

生産性向上推進体制加算に関する取組の実績報告書（毎年度報告）

<table>
<tr><td>事業所番号</td><td colspan="3"></td></tr>
<tr><td>事 業 所 名</td><td colspan="3"></td></tr>
<tr><td rowspan="6">施 設 種 別</td><td>1　短期入所生活介護</td><td>2　短期入所療養介護</td><td>3　特定施設入居者生活介護</td></tr>
<tr><td>4　小規模多機能型居宅介護</td><td>5　認知症対応型共同生活介護</td><td>6　地域密着型特定施設入居者生活介護</td></tr>
<tr><td>7　地域密着型介護老人福祉施設</td><td>8　看護小規模多機能型居宅介護</td><td>9　介護老人福祉施設</td></tr>
<tr><td>10　介護老人保健施設</td><td>11　介護医療院</td><td>12　介護予防短期入所生活介護</td></tr>
<tr><td>13　介護予防短期入所療養介護</td><td>14　介護予防特定施設入居者生活介護</td><td>15　介護予防小規模多機能型居宅介護</td></tr>
<tr><td>16　介護予防認知症対応型共同生活介護</td><td></td><td></td></tr>
<tr><td>届出区分</td><td colspan="3">1　生産性向上推進体制加算（Ⅰ）　2　生産性向上推進体制加算（Ⅱ）</td></tr>
<tr><td>人員配置状況</td><td colspan="3">（常勤換算方式）　利用者　3（人）：介護職員　　　　（人）</td></tr>
</table>

加算（Ⅰ）は1～5を記入し、加算（Ⅱ）は1～3を記入

1　利用者の満足度の変化

調査時期	令和○年○月

① WHO-5（調査）　調査対象人数●人

点数区分	0点～6点	7点～13点	14点～19点	20点～25点
人数				

② 認知機能の変化（調査）　調査対象人数●人

2　総業務時間及び当該時間に含まれる超過勤務時間の変化　調査対象人数●人

対象期間	令和○年○月
総業務時間	

対象期間	左表と同じ
超過勤務時間	

（※1）一月あたりの時間数（調査対象者平均、小数点第1位まで記載）（時間）

（※2）対象期間は10月としているが、本加算の算定初年度においては算定を開始した月を対象期間とする。

3　年次有給休暇の取得状況　調査対象人数●人

対象期間	令和○年11月～令和○年10月
年次有給休暇取得日数	

（※）対象期間における調査対象者の取得した年次有給休暇の日数（調査対象者平均、小数点第1位まで記載）（日）

4　介護職員の心理的負担等の変化

調査時期	令和○年○月

①SRS-18（調査）　調査対象人数●人

点数区分	0点～7点	8点～19点	20点～31点	32点～54点
人数				

② モチベーションの変化（調査）　調査対象人数●人

点数区分	-3点 ～ -1点	0点	1点 ～ 3点
仕事のやりがい	人	人	人
職場の活気	人	人	人

5　タイムスタディ調査　（※）5日間の調査

調査時期	令和○年○月

① 日中　調査対象人数●人

類型	直接介護	間接業務	余裕時間	休憩・待機・その他
割合（%）				

（※）余裕時間とは、突発でのケアや対応ができる状態での業務時間

調査対象者の業務時間の総和 ［　　　］ 時間（小数点第1位まで記載）

② 夜間　調査対象人数●人

類型	直接介護	間接業務	余裕時間	休憩・待機・その他
割合（%）				

調査対象者の業務時間の総和 ［　　　］ 時間（小数点第1位まで記載）

WHO-5（精神的健康状態表）【生産性向上推進体制加算】

最近2週間の状態について	いつも	ほとんど いつも	半分以上 の期間を	半分以下 の期間を	ほんの たまに	まったく ない
1 明るく、楽しい気分で過ごした	5	4	3	2	1	0
2 落ち着いた、リラックスした気分で過ごした	5	4	3	2	1	0
3 意欲的で、活動的に過ごした	5	4	3	2	1	0
4 ぐっすりと休め、気持ちよくめざめた	5	4	3	2	1	0
5 日常生活の中に、興味のあることがたくさんあった	5	4	3	2	1	0

SRS-18（心理的ストレス反応測定尺度）【生産性向上推進体制加算】

2、3日の気持ちや行動について	全くちがう	少し当てはまる	大体当てはまる	その通りだ
1 怒りっぽくなる	0	1	2	3
2 悲しい気分だ	0	1	2	3
3 何となく心配だ	0	1	2	3
4 怒りを感じる	0	1	2	3
5 泣きたい気持ちだ	0	1	2	3
6 感情を抑えられない	0	1	2	3
7 くやしい思いがする	0	1	2	3
8 不愉快だ	0	1	2	3
9 気持ちが沈んでいる	0	1	2	3
10 いらいらする	0	1	2	3
11 いろいろなことに自信がない	0	1	2	3
12 何もかもいやだと思う	0	1	2	3
13 よくないことを考える	0	1	2	3
14 話や行動がまとまらない	0	1	2	3
15 なぐさめて欲しい	0	1	2	3
16 根気がない	0	1	2	3
17 ひとりでいたい気分だ	0	1	2	3
18 何かに集中できない	0	1	2	3

口腔連携強化加算に係る口腔の健康状態の評価および情報提供書（一部抜粋）

口腔の健康状態の評価

項目番号	項　目	評　価	評価基準
1	開口	□できる　□できない	・上下の前歯の間に指2本分（縦）入る程度まで口があかない場合（開口量3cm以下）には「できない」とする。
2	歯の汚れ	□なし　□あり	・歯の表面や歯と歯の間に白や黄色の汚れ等がある場合には「あり」とする。
3	舌の汚れ	□なし　□あり	・舌の表面に白や黄色、茶、黒色の汚れなどがある場合には「あり」とする。
4	歯肉の腫れ、出血	□なし　□あり	・歯肉が腫れている場合（反対側の同じ部分の歯肉との比較や周囲との比較）や歯磨きや口腔ケアの際に出血する場合は「あり」とする。
5	左右両方の奥歯でしっかりかみしめられる	□できる　□できない	・本人にしっかりかみしめられないとの認識がある場合または義歯をいれても奥歯がない部分がある場合は「できない」とする。
6	むせ	□なし　□あり	・平時や食事時にむせがある場合や明らかな「むせ」はなくても、食後の痰がらみ、声の変化、息が荒くなるなどがある場合は「あり」とする。
7	ぶくぶくうがい※1	□できる　□できない	・歯磨き後のうがいの際に口に水をためておけない場合や頬を膨らませない場合や膨らました頬を左右に動かせない場合は「できない」とする。
8	食物のため込み、残留※2	□なし　□あり	・食事の際に口の中に食物を飲み込まずためてしまう場合や飲み込んだ後に口を開けると食物が一部残っている場合は「あり」とする。
その他	(自由記載)		・歯や粘膜に痛みがある、口の中の乾燥、口臭、義歯の汚れ、義歯がすぐに外れる、口の中に薬が残っている等の気になる点があれば記載する。

※1　現在、歯磨き後のうがいをしている場合に限り確認する。(誤嚥のリスクも鑑みて、改めて実施頂く事項ではないため空欄可)

※2　食事の観察が可能な場合は確認する。(改めて実施頂く事項ではないため空欄可)

歯科医師等※による口腔内等の確認の必要性	□低い　□高い	・項目1-8について「あり」または「できない」が1つでもある場合は、歯科医師等による口腔内等の確認の必要性「高い」とする。 ・その他の項目等も参考に歯科医師等による口腔内等の確認の必要性が高いと考えられる場合は、「高い」とする。

※歯科医師または歯科医師の指示を受けた歯科衛生士

リハビリテーション・栄養・口腔に係る実施計画書（通所系）

<table>
<tr><td>氏名：</td><td colspan="3"></td><td>殿</td><td>サービス開始日</td><td>年　月　日</td></tr>
<tr><td></td><td colspan="3"></td><td></td><td>作成日 □初回 □変更</td><td>年　月　日</td></tr>
<tr><td>**生年月日**</td><td colspan="3">年　月　日</td><td colspan="2">**性別**</td><td>男・女</td></tr>
<tr><td>計画作成者</td><td colspan="6">リハビリテーション（　　　）栄養管理（　　　）口腔管理（　　　）</td></tr>
<tr><td>**要介護度**</td><td colspan="6">□ 要支援（□ 1　□ 2）　□要介護（□ 1　□ 2　□3　□ 4　□ 5）</td></tr>
<tr><td>**日常生活自立度**</td><td colspan="6">障害高齢者：　　認知症高齢者：</td></tr>
<tr><td>**本人の希望**</td><td colspan="6"></td></tr>
<tr><td>共通</td><td colspan="6">身長：（　）cm　体重：（　）kg　BMI：（　）kg/㎡
栄養補給法：□ 経口のみ　□ 一部経口　□ 経腸栄養　□ 静脈栄養、　食事の形態：（　）
とろみ：□ なし　□ 薄い　□ 中間　□ 濃い
リハビリテーションが必要となった原因疾患：（　）
発症日・受傷日：（　）年（　）月
合併症：□ 脳血管疾患　□ 骨折　□ 誤嚥性肺炎　□ うっ血性心不全　□ 尿路感染症　□ 糖尿病　□ 高血圧症
□ 骨粗しょう症　□ 関節リウマチ　□ がん　□ うつ病　□ 認知症　□ 褥瘡
（※上記以外の）□ 神経疾患　□ 運動器疾患　□ 呼吸器疾患　□ 循環器疾患　□ 消化器疾患　□ 腎疾患　□ 内分泌疾患
□ 皮膚疾患　□ 精神疾患　□ その他
症状：□ 嘔気・嘔吐　□ 下痢　□ 便秘　□ 浮腫　□ 脱水　□ 発熱　□ 閉じこもり
現在の歯科受診について：かかりつけ歯科医　□ あり　□ なし
直近１年間の歯科受診：□ あり（最終受診年月：　年　月）□ なし
義歯の使用：□ あり（□ 部分・□ 全部）　□ なし
その他：</td></tr>
<tr><td>課題</td><td colspan="6">（共通）

（リハビリテーション・栄養・口腔）

（上記に加えた課題）
□ 食事中に安定した正しい姿勢が自分で取れない　□ 食事に集中することができない　□ 食事中に傾眠や意識混濁がある
□ 歯（義歯）のない状態で食事をしている　□ 食べ物を口腔内にため込む　□ 固形の食べ物を咀しゃく中にむせる
□ 食後、頬の内側や口腔内に残渣がある　□ 水分でむせる　□ 食事中、食後に咳をすることがある　□ その他（　）</td></tr>
<tr><td>方針・目標</td><td colspan="6">（共通）

（リハビリテーション・栄養・口腔）
短期目標：
長期目標：
（上記に加えた方針・目標）
□ 歯科疾患（□ 重症化防止　□ 改善　□ 歯科受診）　□ 口腔衛生（□ 維持　□ 改善（　））
□ 摂食嚥下等の口腔機能（□ 維持　□ 改善（　））　□ 食形態（□ 維持　□ 改善（　））
□ 栄養状態（□ 維持　□ 改善（　））□ 音声・言語機能（□ 維持　□ 改善（　））
□ 誤嚥性肺炎の予防　□ その他（　）</td></tr>
<tr><td>実施上の注意</td><td colspan="6"></td></tr>
<tr><td>生活指導</td><td colspan="6"></td></tr>
<tr><td>見通し・継続理由</td><td colspan="6"></td></tr>
</table>

	リハビリテーション 評価日：　　年　月　日	栄養 評価日：　　年　月　日	口腔 評価日：　　年　月　日
評価時の状態	【心身機能・構造】 □ 筋力低下　□ 麻痺　□ 感覚機能障害 □ 関節可動域制限　□ 摂食嚥下障害 □ 失語症・構音障害　□ 見当識障害 □ 記憶障害　□ 高次脳機能障害 □ 疼痛　□ BPSD 歩行評価　□ 6分間歩行　□ TUG test （　　　　　　　　　　） 認知機能評価　□ MMSE　□ HDS-R （　　　　　　　　　　） 【活動】※課題のあるものにチェック 基本動作： □ 寝返り　□ 起き上がり　□ 座位の保持 □ 立ち上がり　□ 立位の保持 ADL：BI（ ）点 □ 食事　□ 移乗　□ 整容　□ トイレ動作 □ 入浴　□ 歩行　□ 階段昇降　□ 更衣 □ 排便コントロール　□ 排尿コントロール IADL：FAI（ ）点 【参加】	低栄養リスク　□ 低　□ 中　□ 高 嚥下調整食の必要性　□ なし　□ あり □ 生活機能低下 ３％以上の体重減少 □ 無　□ 有(　kg/月) 【食生活状況】 食事摂取量（全体）　% 食事摂取量（主食）　% 食事摂取量（主菜/副菜）　%／　% 補助食品など： 食事の留意事項　□ 無　□ 有(　　　) 薬の影響による食欲不振　□ 無　□ 有 本人の意欲（　　　　　） 食欲・食事の満足感（　　　　　） 食事に対する意識（　　　　　） 【栄養量（エネルギー/たんぱく質）】 摂取栄養量：（　）kcal/kg、（　）g/kg 提供栄養量：（　）kcal/kg、（　）g/kg 必要栄養量：（　）kcal/kg、（　）g/kg 【GLIM基準による評価※】 □ 低栄養非該当　□ 低栄養（□ 中等度　□ 重度）※医療機関から情報提供があった場合に記	【誤嚥性肺炎の発症・既往】 □ あり(直近の発症年月：　年　月)　□ なし 【口腔衛生状態の問題】 □ 口臭 □ 歯の汚れ □ 義歯の汚れ □ 舌苔 【口腔機能の状態の問題】 □ 奥歯のかみ合わせがない　□ 食べこぼし □ むせ　□ 口腔乾燥　□ 舌の動きが悪い □ ぶくぶくうがいが困難※1 ※1　現在、歯磨き後のうがいをしている方に限り確認する。 【歯科受診の必要性】 □あり　□なし　□分からない 【特記事項】 □ 歯（う蝕、修復物脱離等）、義歯（義歯不適合等）、歯周病、口腔粘膜（潰瘍等）の疾患の可能性 □ 音声・言語機能に関する疾患の可能性 □ その他（　　　　　　　　） 記入者：□ 歯科衛生士　□ 看護職員 □ 言語聴覚士
具体的支援内容	①課題： 介入方法 ・ ・ ・ 期間：　（月） 頻度：週　回、時間：　分/回 ②課題： 介入方法 ・ ・ ・ 期間：　（月） 頻度：週　回、時間：　分/回 ③課題 介入方法 ・ ・ ・ 期間：　（月） 頻度：週　回、時間：　分/回	□ 栄養食事相談 □ 食事提供量の増減（□ 増量　□ 減量） □ 食事形態の変更 （□ 常食　□ 軟食　□ 嚥下調整食） □ 栄養補助食品の追加・変更 □ その他： （　　　　　　　　　　） 総合評価： □ 改善　□ 改善傾向　□ 維持 □ 改善が認められない 計画変更： □ なし　□ あり	サービス提供者： □歯科衛生士　□看護職員　□言語聴覚士 実施記録①：記入日（　年　月　日） □ 口腔清掃　□ 口腔清掃に関する指導 □ 摂食嚥下等の口腔機能に関する指導 □ 音声・言語機能に関する指導 □ 誤嚥性肺炎の予防に関する指導 □ その他（　　　　　　） 実施記録②：記入日（　年　月　日） □ 口腔清掃　□ 口腔清掃に関する指導 □ 摂食嚥下等の口腔機能に関する指導 □ 音声・言語機能に関する指導 □ 誤嚥性肺炎の予防に関する指導 □ その他（　　　　　　） 実施記録③：記入日（　年　月　日） □ 口腔清掃　□ 口腔清掃に関する指導 □ 摂食嚥下等の口腔機能に関する指導 □ 音声・言語機能に関する指導 □ 誤嚥性肺炎の予防に関する指導 □ その他（　　　　　　）
特記事項			

別表第一

調査は、調査対象者が通常の状態(調査可能な状態)であるときに実施して下さい。本人が風邪をひいて高熱を出している等、通常の状態でない場合は再調査を行って下さい。

保険者番号 ＿＿＿＿ 被保険者番号＿＿＿＿＿

認定調査票(概況調査)

I 調査実施者(記入者)

実施日時	年 月 日	実施場所	自宅内・自宅外( )
ふりがな		所属機関	
記入者氏名			

II 調査対象者

過去の認定	初回・2回め以降 (前回認定 年 月 日)	前回認定結果		非該当・要支援( )・要介護( )	
ふりがな		性別	男・女	生年月日	明治・大正・昭和 年 月 日(歳)
対象者氏名					
現住所	〒 —			電話	— —
家族等連絡先	〒 — 氏名( )調査対象者との関係( )			電話	— —

III 現在受けているサービスの状況についてチェック及び頻度を記入してください。

在宅利用 〔認定調査を行った月のサービス利用回数を記入。(介護予防)福祉用具貸与は調査日時点の、特定(介護予防)福祉用具販売は過去6月の品目数を記載〕	
□訪問介護(ホームヘルプ)・訪問型サービス 月 回	□(介護予防)福祉用具貸与 品目
□(介護予防)訪問入浴介護 月 回	□特定(介護予防)福祉用具販売 品目
□(介護予防)訪問看護 月 回	□住宅改修 あり・なし
□(介護予防)訪問リハビリテーション 月 回	□夜間対応型訪問介護 月 日
□(介護予防)居宅療養管理指導 月 回	□(介護予防)認知症対応型通所介護 月 日
□通所介護(デイサービス)・通所型サービス 月 回	□(介護予防)小規模多機能型居宅介護 月 日
□(介護予防)通所リハビリテーション(デイケア) 月 回	□(介護予防)認知症対応型共同生活介護 月 日
□(介護予防)短期入所生活介護(ショートステイ) 月 日	□地域密着型特定施設入居者生活介護 月 日
□(介護予防)短期入所療養介護(老健・診療所) 月 日	□地域密着型介護老人福祉施設入所者生活介護 月 日
□(介護予防)特定施設入居者生活介護 月 日	□定期巡回・臨時対応型訪問介護看護 月 回
□看護小規模多機能型居宅介護 月 日	
□市町村特別給付[ ]	
□介護保険給付外の在宅サービス[ ]	

施設利用	施設連絡先
□介護老人福祉施設 □介護老人保健施設 □介護医療院 □認知症対応型共同生活介護適用施設(グループホーム) □特定施設入居者生活介護適用施設(ケアハウス等) □医療機関(医療保険適用療養病床) □医療機関(療養病床以外) □その他の施設	施設名 ＿＿＿＿＿＿＿＿ 郵便番号 — 施設住所 電話 — —

IV 調査対象者の家族状況、調査対象者の居住環境(外出が困難になるなど日常生活に支障となるような環境の有無)、日常的に使用する機器・器械の有無等について特記すべき事項を記入してください。

認定調査票（基本調査）の質問項目

1−1 麻痺等の有無（複数回答可）

1. ない 2. 左上肢 3. 右上肢 4. 左下肢 5. 右下肢 6. その他（四肢の欠損）

1−2 拘縮の有無（複数回答可）

1. ない 2. 肩関節 3. 股関節 4. 膝関節 5. その他(四肢の欠損)

1−3 寝返り（一つだけ回答）

1. つかまらないでできる 2. 何かにつかまればできる 3. できない

※1−4 起き上がり 1−5 座位保持 1−6 両足での立位保持 1−7 歩行 1−8 立ち上がり 1−9 片足での立位保持 も同様

1−10 洗身（一つだけ回答）

1. 介助されていない 2. 一部介助 3. 全介助 4. 行っていない

※1−11 つめ切り 2−1 移乗 2−2 移動 2−3 えん下 2−4 食事摂取 2−5 排尿 2−6 排便 2−10 上衣の着脱 2−11 ズボン等の着脱 5−5 買い物 5−6 簡単な調理 も同様

1−12 視力（一つだけ回答）

1. 普通（日常生活に支障がない） 2. 約1m離れた視力確認表の図が見える 3. 目の前に置いた視力確認表の図が見える 4. ほとんど見えない 5. 見えているのか判断不能

1−13 聴力（一つだけ回答）

1. 普通 2. 普通の声がやっと聞き取れる 3. かなり大きな声なら何とか聞き取れる 4. ほとんど聞えない 5. 聞えているのか判断不能

2−7 口腔清潔（一つだけ回答）

1. 介助されていない 2. 一部介助 3. 全介助

※2−8 洗顔 2−9 整髪 5−1 薬の内服 5−2 金銭の管理 も同様

2−12 外出頻度（一つだけ回答）

1. 週1回以上 2. 月1回以上 3. 月1回未満

3−1 意思の伝達（一つだけ回答）

1. 調査対象者が意思を他者に伝達できる 2. ときどき伝達できる 3. ほとんど伝達できない 4. できない

3−2 毎日の日課を理解すること（一つだけ回答）

1. できる 2. できない

※3−2 毎日の日課を理解する 3−3 生年月日や年齢を言う 3−4 短期記憶（面接調査の直前に何をしていたか思い出す） 3−5 自分の名前を言う 3−6 今の季節を理解する 3−7 場所の理解（自分がいる場所を答える） も同様

3−8 徘徊（一つだけ回答）

1. ない 2. ときどきある 3. ある

※3−9 外出すると戻れない 4−1 物を盗られたなどと被害的になる 4−2 作話をする 4−3 泣いたり笑ったりして感情が不安定になる 4−4 昼夜の逆転 4−5 しつこく同じ話をする 4−7 介護に抵抗する4−8「家に帰る」等と言い落ち着きがない 4−9 一人で外に出たがり目が離せない 4−10 いろいろなものを集めたり、無断でもってくる 4−11 物を壊したり、衣類を破いたりする 4−12 ひどい物忘れ4−14 自分勝手に行動する 4−15 話がまとまらず、会話にならない 5−4 集団への不適応 も同様

5−3 日常の意思決定（一つだけ回答）

1. できる（特別な場合でもできる） 2. 特別な場合を除いてできる 3. 日常的に困難 4. できない

6 過去14日間に受けた医療（複数回答可）

【処置内容】 1.点滴の管理 2.中心静脈栄養 3.透析 4.ストーマ（人工肛門）の処置 5.酸素療法 6.レスピレーター（人工呼吸器）7.気管切開の処置 8.疼痛の看護 9.経管栄養

【特別な対応】 10.モニター測定（血圧、心拍、酸素飽和度等）11.じょくそうの処置 12.カテーテル（コンドームカテーテル、留置カテーテル、ウロストーマ等）

7 日常生活自立度（それぞれ一つだけ回答）

障がい高齢者の日常生活自立度（寝たきり度） 自立･J1･J2･A1･A2･B1･B2･C1･C2

認知症高齢者の日常生活自立度 自立･Ⅰ･Ⅱa･Ⅱb･Ⅲa･Ⅲb･Ⅳ･M

2024年度 障害福祉サービスの主な改定項目

※2024年2月6日「第45回障害福祉サービス等報酬改定検討チーム」資料を元に作成

Ⅰ　基本的な考え方

2024年度障害福祉サービス等改定率　＋1.12％

＜改定の基本的な視点＞

1. 障がい者が希望する地域生活を実現する地域づくり

①障がい者が希望する地域生活を実現・継続するための支援の充実

・障がい者の入所施設や病院からの地域移行を進め、障がい者がどの地域においても安心して地域生活を送れるよう、地域生活支援拠点等の整備の推進、グループホームにおける一人暮らし等の希望の実現、支援の実態に応じた適切な評価の実施、障害の重度化や障がい者の高齢化などの地域ニーズへの対応等を行う

・障がい者が希望する生活を実現するために重要な役割を担う相談支援について質の向上や提供体制の整備をはかるとともに、障がい者本人の意思を尊重し、選択の機会を確保するため、意思決定支援を推進する

・特別な支援を必要とする強度行動障害を有する障がい者等への支援体制の充実をはかる

②医療と福祉の連携の推進

・診療報酬、介護報酬と同時改定である機会をとらえ、医療機関と相談支援の連携について、多様なニーズに対応しつつ、さらなる促進をはかる

・医療的ケア児の成人期への移行にも対応した医療的ケアの体制の充実や重度障がい者が入院した際の特別なコミュニケーション支援の充実をはかる

③精神障がい者の地域生活の包括的な支援

・精神保健福祉法改正に伴い、精神障がい者等が地域社会の一員として安心して自分らしい暮らしをすることができるよう、医療、障害福祉・介護、住まい、就労等の社会参加、地域の助け合い、教育・普及啓発が包括的に確保された「精神障害にも対応した地域包括ケアシステム」の構築を一層推進する観点から、入院から退院後の地域生活まで医療と福祉等による切れ目のない支援を行えるよう、医療と障害福祉サービス等との連携を一層進めるための仕組みに対する評価を行う

2. 社会の変化等に伴う障がい者・児のニーズへのきめ細かな対応

①障がい児に対する専門的で質の高い支援体制の構築

・児童発達支援センターを中核に、身近な地域でニーズに応じた必要な発達支援が受けられる体制整備を進めるとともに、地域の障がい児支援体制の充実をはかる

・適切なアセスメントとこどもの特性を踏まえた総合的な支援・専門的な支援や関係機関との連携強化等を進め、個々の特性や状況に応じた質の高い発達支援の提供を推進する

・医療的ケア児や重症心身障がい児、強度行動障害を有する児をはじめ、より専門的な支援が必要な障がい児への支援の充実をはかり、障害特性に関わらず地域で安心して暮らし育つことができる環境整備を進める

・養育支援や預かりニーズへの対応など、保護者・きょうだいへの家族支援を推進し、家族全体のウェルビーイングの向上をはかる

・保育所等への支援を行いながら併行通園や保育所等への移行を推進するなど、インクルージョンの取組を推進し、障害の有無に関わらず全てのこどもが共に育つ環境整備を進める

2024年度 障害福祉サービスの主な改定項目

・障がい児入所支援について、家庭的な養育環境の確保と専門的支援の充実、成人期に向けた移行支援の強化をはかり、施設での障がい者の育ちと暮らしを支える
②障がい者の多様なニーズに応じた就労の促進
・障がい者の一般就労への移行や就労支援施策は着実に進展している中で、さらに障がい者の就労を支援するため、事業の安定的、効率的な実施、生産活動収支や工賃の改善をはかる
・本人の就労ニーズや能力・適性とともに、就労に必要な支援や配慮を整理し、個々の状況に応じた適切な就労につなげる新しい障害福祉サービスである就労選択支援の円滑な実施に向けて対象者等の要件について整備する

3. 持続可能で質の高い障害福祉サービス等の実現のための報酬等の見直し

・サービス提供事業者や自治体の事務・手続き等の負担軽減の観点から、事務簡素化等に取り組む
・障がい者虐待の防止・権利擁護のため、身体拘束適正化の徹底や同性介助の推進をはかる
・障害福祉サービス等の持続可能性の確保の観点から、長期化した経過措置への対応の検討なども含め、メリハリのきいた報酬体系とするとともに、サービスの内容・質に応じた評価や、透明性の向上をはかる

Ⅱ　障害福祉サービスの種類とサービス内容

訪問系サービス

居宅介護	居宅で入浴、排泄、食事の介護等を行う
重度訪問介護	重度の肢体不自由者または知的、精神障がい者に対し、居宅で入浴、排泄、食事等の介護等、外出時における移動中の介護等を行う
同行援護	重度の視覚障がい者に対し、外出時における移動の援護、排泄、食事等の介護等を行う
行動援護	重度の知的、精神障がい者に対し、移動中の介護や外出前後に行う衣服の着脱介助、排泄、食事等の介護等を行う
重度障害者等包括支援	最重度の身体、知的、精神障がい者に対し、訪問系・通所系サービスを組合せて包括的に提供する

日中活動系サービス

短期入所	居宅で介護を行う者の疾病その他の理由により、障害者支援施設等への短期間の入所が必要な者に対し、当該施設で短期間の入浴、排泄、食事の介護等を行う
療養介護	病院等への長期入院による医療的ケア、常時の介護を必要とする者に対し機能訓練、療養上の管理、看護、食事・入浴・排泄・着替えなどの介助、日常生活上の相談や支援等を行う
生活介護	常時介護等の支援が必要な者に対し、主として昼間に入浴、排泄、食事等の介護や日常生活上の支援、生産活動の機会等の提供を行う

施設系・居住系サービス

施設入所支援	夜間に介護が必要な者、入所させながら訓練等を実施することが必要かつ効果的であると認められる者、または通所が困難である自立訓練または就労移行支援等の利用者に対し、夜間における入浴・排泄等の介護や日常生活上の相談支援等を行う
共同生活援助	地域で自立した日常生活を目的とし、主に夜間に共同生活を営むべき住居における相談・援助、入浴・排泄・食事等の介護、就労先または日中活動サービス等との連絡調整や余暇活動等の社会生活上の援助等を行う。対象者、サービス内容に応じて外部サービス利用型、介護サービス包括型、日中サービス支援型がある

2024年度 障害福祉サービスの主な改定項目

訓練系・就労系サービス

自立訓練（機能訓練）	地域生活を営む上で必要なリハビリテーションの提供、生活等に関する相談・助言等の支援、居宅で運動機能や日常生活動作能力の維持・向上を目的とした訓練等を行う
自立訓練（生活訓練）	地域生活を営む上で必要な入浴・排泄・食事等の自立に向けた訓練、生活等に関する相談・助言等、居宅で日常生活動作能力の維持・向上を目的とした訓練等を行う
宿泊型自立訓練	自立訓練（生活訓練）を利用し、一般就労や障害福祉サービスを利用している者に対し、居室等の設備を提供し、家事等の日常生活能力を向上させるための訓練、生活等に関する相談・助言等の支援を行う
就労移行支援	通常の事業所に雇用されることが可能と見込まれる者に対して、生産活動、職場体験等の活動の機会の提供、就労に必要な知識の向上や訓練、求職活動に関する支援、適性に応じた職場の開拓、就職後の相談等の支援を行う
就労継続支援（A型）	通常の事業所に雇用されることが困難であり、雇用契約に基づく就労が可能である者に対し、雇用契約の締結等による就労の機会および生産活動の機会の提供、就労に必要な知識の向上、訓練等の支援を行う
就労継続支援（B型）	通常の事業所に雇用されることが困難であり、雇用契約に基づく就労が困難である者に対し、就労の機会および生産活動の機会の提供、就労に必要な知識の向上、訓練等の支援を行う
就労定着支援	就労移行支援、就労継続支援、生活介護、自立訓練の利用を経て、通常の事業所に新たに雇用された者に対して、就労の継続をはかるために、日常生活、社会生活を営む上での各般の問題に関する相談、指導、助言等を行う
就労選択支援＜新設＞（2025年10月より）	就労移行支援または就労継続支援を利用する意向、または利用している者に対し、就労先・働き方についてより良い選択ができるよう本人の希望、就労能力や適性等に合った選択を支援する

相談系サービス

自立生活援助	障害者支援施設やグループホーム、精神科病院等から地域での一人暮らしに移行、または現に一人暮らし（障がい、疾病等の家族と同居し支援が見込めない場合も含む）で自立生活援助による支援が必要な障がい者に対し、定期的な居宅訪問や随時の通報を受けて行う訪問、相談対応等を行い、日常生活の課題を把握し必要な情報の提供、助言、関係機関との連絡調整等を行う
計画相談支援	障害福祉サービス等利用計画の作成、利用状況等の検証（モニタリング）等を行う
障害児相談支援	障害児通所支援に係る障害児利用支援利用計画の作成、利用状況等の検証（モニタリング）等を行う
地域移行支援	障害者支援施設、療養介護を行う病院、救護施設・更生施設、矯正施設または更生保護施設に入所している障がい者等、または精神科病院に入院している精神障がい者に対し、住居の確保等の相談、地域移行にあたっての障害福祉サービスの体験的な利用支援・宿泊支援を行う
地域定着支援	居宅で単身で生活する障がい者（同居家族等が障がい、疾病等のため緊急時等の支援が見込まれない場合も含む）に対し、常時の連絡体制を確保し、適宜居宅への訪問等、障害の特性に起因して生じた緊急事態における相談等の支援、関係機関との連絡調整や一時的な滞在による支援を行う

2024年度 障害福祉サービスの主な改定項目

障害児通所・訪問サービス

児童発達支援	療育の観点から集団療育、個別療育を行う必要があると認められる未就学の障がい児に対し、日常生活の基本的な動作の指導、知識技能の付与、集団生活への適応訓練等を行う
医療型児童発達支援	肢体不自由があり、理学療法等の機能訓練または医学的管理下での支援が必要と認められた障がい児に対し、日常生活の基本的な動作の指導、知識技能の付与、集団生活への適応訓練等の支援、治療を行う
放課後等デイサービス	学校教育法第１条に規定している学校（幼稚園、大学を除く）に就学し、授業終了後または休業日に支援が必要と認められた障がい児に対し、児童発達支援センター等の施設に通わせ、生活能力向上のために必要な訓練、社会交流の促進等の支援を行う
居宅訪問型児童発達支援	重症心身障がい児等であって、児童発達支援等の障害児通所支援を受けるために外出することが著しく困難な障がい児に対し、居宅を訪問し日常生活の基本的な動作の指導、知識技能の付与等の支援を行う
保育所等訪問支援	保育所、幼稚園、小学校、特別支援学校、認定こども園等に通い、専門的な支援が必要と認められた障がい児に対し、保育所等を訪問し、障がい児以外の児童との集団生活への適応のための専門的な支援等を行う

障害児入所サービス

福祉型障害児入所施設	障害児入所施設に入所する障がい児に対して、保護、日常生活の指導、知識技能の付与を行う
医療型障害児入所施設	障害児入所施設または指定医療機関に入所等をする障がい児に対し、保護、日常生活の指導、知識技能の付与、治療を行う

Ⅲ　主な報酬・基準の見直し

◆障がい者の意思決定支援を推進するための方策【全サービス】

「障害福祉サービス等の提供に当たっての意思決定支援ガイドライン」を踏まえ、相談支援、障害福祉サービス事業等の指定基準に以下の規定を追加する

＜取扱方針＞

事業者は、利用者が自立した日常生活または社会生活を営むことができるよう、利用者の意思決定の支援に配慮するよう努めなければならない

＜サービス等利用計画・個別支援計画の作成等＞

・利用者の自己決定の尊重、意思決定の支援に配慮しつつ、利用者が自立した日常生活を営むことができるように支援する上での適切な支援内容の検討をしなければならない

・利用者の希望する生活や課題等の把握（アセスメント）に当たり、利用者が自ら意思を決定することに困難を抱える場合には、適切に意思決定支援を行うため、当該利用者の意思、選好、判断能力等について丁寧に把握しなければならない

・相談支援専門員やサービス管理責任者が行うサービス担当者会議·個別支援会議について、利用者本人が参加するものとし、当該利用者の生活に対する意向等を改めて確認する

※サービス管理責任者・児童発達支援管理責任者が作成した個別支援計画について相談支援事業者への交付を義務付ける

＜サービス管理責任者の責務＞

・サービス管理責任者は、利用者の自己決定の尊重を原則とした上で、利用者が自ら意思を決定することに困難を抱える場合には、適切に利用者への意思決定支援が行われるよう努め

なければならない
※障害児通所支援、障害児入所施設についても、障がい児、保護者の意思の尊重の観点から、上記に準じた規定を追加する

◆福祉・介護職員等処遇改善加算の一本化（2024年6月1日より）

【居宅介護、重度訪問介護、同行援護、行動援護、重度障害者等包括支援、療養介護、生活介護、短期入所、施設入所支援、共同生活援助、自立訓練（機能訓練・生活訓練）、就労移行支援、就労継続支援A型、就労継続支援B型、就労定着支援、就労選択支援、自立生活援助、児童発達支援、放課後等デイサービス、居宅訪問型児童発達支援、保育所等訪問支援、福祉型障害児入所施設、医療型障害児入所施設】

・福祉・介護職員処遇改善加算、福祉・介護職員等特定処遇改善加算、福祉・介護職員等ベースアップ等支援加算を一本化し、現行の各加算・各区分の要件・加算率を組み合わせた4段階の「福祉・介護職員等処遇改善加算」とする
・就労定着支援の就労定着支援員、自立生活援助の地域生活支援員、就労選択支援の就労選択支援員を、処遇改善加算等の対象に加える

福祉・介護職員等処遇改善加算（Ⅰ）～（Ⅳ）加算率

サービス区分	Ⅰ	Ⅱ	Ⅲ	Ⅳ
居宅介護、同行援護	41.7%	40.2%	34.7%	27.3%
重度訪問介護	34.3%	32.8%	27.3%	21.9%
行動援護	38.2%	36.7%	31.2%	24.8%
重度障害者等包括支援	22.3%	－	16.2%	13.8%
生活介護	8.1%	8.0%	6.7%	5.5%
施設入所支援、短期入所	15.9%	－	13.8%	11.5%
療養介護	13.7%	13.5%	11.6%	9.9%
自立訓練（機能訓練、生活訓練）	13.8%	13.4%	9.8%	8.0%
就労選択支援、就労移行支援、自立生活援助	10.3%	10.1%	8.6%	6.9%
就労継続支援A型	9.6%	9.4%	7.9%	6.3%
就労継続支援B型	9.3%	9.1%	7.6%	6.2%
就労定着支援	10.3%	－	8.6%	6.9%
共同生活援助（介護サービス包括型、日中サービス支援型）	14.7%	14.4%	12.8%	10.5%
共同生活援助（外部サービス利用型）	21.1%	20.8%	19.2%	15.2%
児童発達支援	13.1%	12.8%	11.8%	9.6%
医療型児童発達支援	17.6%	17.3%	16.3%	12.9%
放課後等デイサービス	13.4%	13.1%	12.1%	9.8%
居宅訪問型児童発達支援、保育所等訪問支援	12.9%	－	11.8%	9.6%
福祉型障害児入所施設	21.1%	20.7%	16.8%	14.1%
医療型障害児入所施設	19.1%	18.7%	14.8%	12.7%

2024年度 障害福祉サービスの主な改定項目

◆障がい者虐待の防止・権利擁護【全サービス】
虐待防止措置未実施減算　所定単位数の99%で算定<新設>

> **算定要件**：以下①～③の障がい者虐待防止措置を講じていない場合
> ①虐待防止委員会を定期的に開催し、その結果について従業者に周知徹底を図る　②従業者に対し、虐待の防止のための研修を定期的に実施する　③上記措置を適切に実施するための担当者を置く

◆身体拘束の適正化
【施設・居住系】身体拘束廃止未実施減算　所定単位数の90%で算定
【訪問・通所系】身体拘束廃止未実施減算　所定単位数の99%で算定

> **算定要件**：以下①～④の身体拘束適正化を講じていない場合
> ①やむを得ず身体拘束等を行う場合、その態様、時間、利用者の心身の状況、緊急やむを得ない理由その他必要な事項を記録　②身体拘束適正化検討委員会を定期的に開催し、その結果について従業者に周知徹底をはかる　③身体拘束等の適正化のための指針を整備　④従業者に対し、虐待の防止のための研修を定期的に実施

◆業務継続に向けた感染症や災害への対応力の取組の強化
【療養介護、施設入所支援（施設入所支援のほか、障害者支援施設が行う各サービス含む）、共同生活援助、宿泊型自立訓練、障害児入所施設】
業務継続計画未策定減算　所定単位数の97%で算定<新設>
【居宅介護、重度訪問介護、同行援護、行動援護、重度障害者等包括支援、短期入所、生活介護、自立生活援助、自立訓練、就労移行支援、就労継続支援、就労定着支援、就労選択支援、計画相談支援、地域移行支援、地域定着支援、障害児相談支援、児童発達支援、医療型児童発達支援、放課後等デイサービス、居宅訪問型児童発達支援、保育所等訪問支援（障害者支援施設が行う各サービスを除く）】
業務継続計画未策定減算　所定単位数の99%で算定<新設>

> **算定要件**：感染症や非常災害の発生時に、サービスの提供を継続的に実施するための、および非常時の体制で早期の業務再開をはかるための計画（業務継続計画）を策定していない場合

※2025年3月31日までの間「感染症の予防及びまん延防止のための指針の整備」、「非常災害に関する具体的計画」の策定を行っている場合は減算を適用しない
※居宅介護、重度訪問介護、同行援護、行動援護、重度障害者等包括支援、自立生活援助、就労定着支援、居宅訪問型児童発達支援、保育所等訪問支援、計画相談支援、障害児相談支援、地域移行支援、地域定着支援は「非常災害に関する具体的計画」の策定が求められていないこと等を踏まえ、2025年3月31日までの間、減算を適用しない
※就労選択支援は2027年3月31日までの間、減算を適用しない経過措置を設ける

◆障害者支援施設等における医療機関との連携強化・感染症対応力の向上
【施設入所支援、共同生活援助、（福祉型）障害児入所施設】
・新興感染症の発生時等に感染者の対応を行う協定締結医療機関（※）と連携し、新興感染症発生時等における対応を取り決めることを努力義務化
・協力医療機関が協定締結医療機関の場合は、当該協力医療機関と利用者の急変時等の対応等の取り決めを行う中で、新興感染症の発生時等における対応についても協議を行うことを

義務化※2022年12月に成立した感染症法等の改正により、都道府県は、新興感染症等の対応を行う医療機関と協議を行い、感染症に係る協定を締結することとしている

障害者支援施設等感染対策向上加算＜新設＞　（Ⅰ）1月につき10単位を加算
（Ⅱ）1月につき5単位を加算

> **算定要件**：（Ⅰ）①新興感染症の発生時等に感染者の診療等を実施する協定締結医療機関との連携体制を構築　②協力医療機関等と感染症発生時の対応を取り決めるとともに、軽症者等の施設において対応可能な感染者については、協力医療機関等との連携の上で施設において療養することが可能　③感染症対策にかかる一定の要件を満たす医療機関等や地域の医師会が定期的に主催する感染対策に関する研修に参加し、助言や指導を受ける
> （Ⅱ）医科診療報酬点数表の感染対策向上加算に係る届出を行った医療機関から3年に1回以上実地指導を受けている

◆情報公表未報告の事業所への対応

【療養介護、施設入所支援（施設入所支援のほか、障害者支援施設が行う各サービスを含む）、共同生活援助、宿泊型自立訓練、障害児入所施設】

情報公表未報告減算　所定単位数の90％で算定＜新設＞

【居宅介護、重度訪問介護、同行援護、行動援護、重度障害者等包括支援、短期入所、生活介護、自立生活援助、自立訓練、就労移行支援、就労継続支援、就労定着支援、就労選択支援、計画相談支援、地域移行支援、地域定着支援、障害児相談支援、児童発達支援、医療型児童発達支援、放課後等デイサービス、居宅訪問型児童発達支援、保育所等訪問支援（障害者支援施設が行う各サービスを除く）】

情報公表未報告減算　所定単位数の95％で算定＜新設＞

> **算定要件**：障害福祉サービス等情報公表システム上、未報告となっている場合

※都道府県知事（指定都市・中核市は当該市長）は、指定障害福祉サービス事業者等の指定更新の申請があったときは、情報公表に係る報告がされていることを確認する

◆地域生活支援拠点等の機能の充実

【地域移行支援、自立生活援助、地域定着支援、計画相談支援、障害児相談支援】

地域生活支援拠点等機能強化加算　1月につき500単位を加算＜新設＞

> **算定要件**：計画相談支援および障害児相談支援（機能強化型基本報酬（Ⅰ）または（Ⅱ）を算定する場合）と自立生活援助、地域移行支援、地域定着支援サービスを同一事業所で一体的に提供し、かつ、市町村から地域生活支援拠点等に位置づけられた相談支援事業者等において、情報連携等を担うコーディネーターを常勤で1以上配置。当該相談支援事業所等の計画相談支援、障害児相談支援、地域移行支援、自立生活援助、地域定着支援にそれぞれ加算する

※コーディネーター1人当たり100回／月まで算定できる
※拠点コーディネーターの役割（例）
・市町村との連絡体制、基幹相談支援センターや相談支援事業所との連携体制、市町村（自立支援）協議会との連携体制、複数法人で拠点機能を担う場合の連携体制や伝達体制の整理等の地域における連携体制の構築
・緊急時に備えたニーズ把握や相談、地域移行に関するニーズの把握や動機付け支援等

2024年度 障害福祉サービスの主な改定項目

【生活介護、自立訓練（機能訓練・生活訓練）、就労移行支援、就労継続支援A型、就労継続支援B型】

緊急時受入加算　1日につき100単位を加算＜新設＞

> **算定要件**：①地域生活支援拠点等に位置付けられている　②関係機関との連携調整に従事する者を配置し、障がいの特性に起因して生じた緊急事態等の際に、夜間に支援を行った場合

◆障害者支援施設における地域移行の推進・評価の充実

【施設入所支援】

すべての施設入所者に対して、地域生活への移行に関する意向や施設外の日中活動系サービスの利用の意向について確認し、本人の希望に応じたサービス利用になるようにすることを規定

地域移行等意向確認体制未整備減算　1日につき5単位を減算＜新設＞
（2026年4月1日より）

> **算定要件**：以下①・②の体制を整備していない場合。①地域移行、施設外の日中サービスの意向確認を行う担当者を選任　②意向確認の記録や意向を踏まえた個別支援計画を作成することなど、意向確認のマニュアルを作成

※①・②は2024年度から努力義務化、2026年度から義務化

地域移行支援体制加算　1日につき9単位を加算＜新設＞
（利用定員41人～50人、区分6の場合）

※単位数は利用定員、障害支援区分に応じて設定

> **算定要件**：前年度に障害者支援施設から地域へ移行し、6カ月以上地域での生活が継続している者が1人以上いる場合、かつ入所定員を1人以上減らした場合

◆医療的ケアが必要な者への体制の充実

【生活介護】

入浴支援加算　1日につき80単位を加算＜新設＞

> **算定要件**：医療的ケアが必要な者または重症心身障がい者に対し、入浴に係る支援を提供

喀痰吸引等実施加算　1日につき30単位を加算＜新設＞

> **算定要件**：喀痰吸引等が必要な者に対して、登録特定行為事業者の認定特定行為業務従事者が喀痰吸引等を実施

【施設入所支援】

通院支援加算　1回につき17単位を加算＜新設＞（月2回まで）

> **算定要件**：障害者支援施設等に入所する者に対し、通院に係る支援を実施した場合

◆栄養スクリーニング、栄養改善の充実

【生活介護】

2024年度 障害福祉サービスの主な改定項目

栄養スクリーニング加算　1回につき5単位を加算<新設>

算定要件：利用開始時、および利用中6月ごとに利用者の栄養状態の確認を行い、その情報を相談支援専門員に提供

栄養改善加算　1回につき200単位を加算<新設>（月2回、3月以内）

算定要件:以下①～③を満たし、低栄養または過栄養状態にある利用者（リスク者含む）に対し、栄養状態の改善等を目的として個別的に実施される栄養食事相談等の栄養管理（以下「栄養改善サービス」）を行った場合
①当該事業所の従業者、または外部との連携により管理栄養士を1人以上配置　②利用者の栄養状態を利用開始時に把握し、管理栄養士等が共同して利用者ごとの摂食・嚥下機能、食形態にも配慮した栄養ケア計画を策定　③利用者ごとの栄養ケア計画に従い、必要に応じて当該利用者の居宅に訪問し、管理栄養士等が栄養改善サービスを行い、利用者の栄養状態を定期的に記録　④利用者ごとの栄養ケア計画の進捗状況を定期的に評価

※栄養改善サービスの開始から3月ごとの利用者の栄養状態の評価の結果、栄養状態が改善せず、栄養改善サービスを引き続き行うことが必要と認められる場合は継続して算定できる

◆就労継続支援A型の評価項目の見直し

【就労継続支援A型】

基本報酬の区分を決定する評価項目（スコア方式）を見直す

・平均労働時間が長い事業所の点数を高く設定する
・生産活動収支が賃金総額を上回った場合には加点、下回った場合には減点する
・「生産活動」のスコア項目の点数配分を高くするなど、各評価項目の得点配分を見直す
・一般就労できるよう知識・能力向上の支援を行った場合に、新たな評価項目を設ける
・経営改善計画書未提出の事業所および数年連続で経営改善計画書を提出しており、指定基準を満たしていない事業所について、新たにスコア方式に経営改善計画に基づく取組を行っていない場合の減点項目を設ける

評価指標		判定スコア	
		改定前	改定後
労働時間	1日の平均労働時間により評価	5～80点	5～90点
生産活動	前年度、前々年度の生産活動収支の状況により評価	5～40点	−20～60点
多様な働き方	利用者が多様な働き方を実現できる制度の整備状況により評価	0～35点	0～15点
支援力向上	職員のキャリアアップの機会を組織として提供している等、支援力向上に係る取組実績により評価	0～35点	0～15点
地域連携活動	地元企業と連携した高付加価値の商品開発、施設外就労等により働く場の確保等地域と連携した取組実績により評価	0～10点	0～10点
経営改善計画	経営改善計画の作成状況により評価	<新設>	−50～0点
利用者の知識･能力向上	利用者の知識および能力の向上のための支援の取組状況により評価	<新設>	0～10点

2024年度 障害福祉サービスの主な改定項目

◆就労継続支援Ｂ型の工賃向上と平均工賃の算定方法の見直し

【就労継続支援Ｂ型】

・基本報酬の区分を決定する平均工賃月額について、高い区分の基本報酬を引上げ、低い区分の基本報酬を引下げる

就労継続支援Ｂ型サービス費（Ⅱ）（定員20人以下）（1日につき）

平均工賃月額4.5万円以上の場合　改定前　702単位　⇒　改定後　748単位（＋6.5%）

平均工賃月額1万円未満の場合　改定前　566単位　⇒　改定後　537単位（▲5.1%）

・多様な利用者への対応を行う事業所について、さらなる手厚い人員配置ができるよう、新たに人員配置6対1の報酬体系を創設

・障害特性等により利用日数が少ない者を多く受け入れる場合があることを踏まえ、平均利用者数を用いた平均工賃の新しい算定式を導入する

＜改定前＞

平均工賃月額＝前年度に支払った工賃総額÷前年度における各月の工賃支払対象者の総数
※障害基礎年金1級受給者が半数以上いる場合は、算出した平均工賃月額に2,000円を加えた額を報酬算定時の平均工賃月額とする

＜改定後＞

平均工賃月額＝年間工賃支払総額÷（年間延べ利用者数÷年間開所日数）÷12月

◆就労選択支援の円滑な実施（2025年10月より）

障がい者本人が就労先・働き方についてより良い選択ができるよう、就労アセスメントの手法を活用して、本人の希望、就労能力や適性等に合った選択を支援するサービスを創設する

就労選択支援サービス費　1日につき1210単位＜新設＞

＜対象者＞

・就労移行支援または就労継続支援を利用する意向、または現に利用している者

・2025年10月以降は、就労継続支援Ｂ型の利用申請前に、原則として就労選択支援を利用。また、新たに就労継続支援Ａ型を利用する意向がある者、および就労移行支援における標準利用期間を超えて利用する意向のある者は、支援体制の整備状況を踏まえつつ、2027年4月以降、原則として就労選択支援を利用する

＜基本プロセス＞

①短期間の生産活動等を通じて、就労に関する適性、知識・能力の評価、就労に関する意向等の整理（アセスメント）を実施

②アセスメント結果の作成にあたり、利用者・関係機関の担当者等を招集して多機関連携会議を開催し、利用者の就労に関する意向確認を行うとともに担当者等に意見を求める

③アセスメント結果を踏まえ、必要に応じて公共職業安定所等との連絡調整を実施

④協議会への参加等による地域の就労支援に係る社会資源や雇用事例等に関する情報収集、利用者への進路選択に資する情報提供を実施

＜実施主体＞

・就労移行支援または就労継続支援の事業指定を受けており、過去3年以内に3人以上の利用者が新たに通常の事業所に雇用されている。あるいは、これと同等の障がい者に対する就労支援の経験･実績を有すると都道府県が認める就労移行支援事業所、就労継続支援事業所、障害者就業・生活支援センター事業の受託法人、自治体設置の就労支援センター、人材開発支援助成金（障害者職業能力開発コース）による障害者職業能力開発訓練事業を行う機関等

・就労選択支援事業者は、協議会への定期的な参加、公共職業安定所への訪問等により、地域における就労支援に係る社会資源、雇用に関する事例等に関する情報の収集に努めるとともに、利用者に対して進路選択に資する情報を提供するよう努める

＜人員配置・要件＞

・就労選択支援員　15対1以上

・就労選択支援員は就労選択支援員養成研修の修了を要件とする。経過措置として、就労選択支援員養成研修開始から2年間は基礎的研修または基礎的研修と同等以上の研修の修了者を就労選択支援員とみなす

・就労選択支援員養成研修の受講要件は、基礎的研修修了や就労支援に関して一定の経験を有していること。当面の間（2027年度末までを想定）は、現行の就労アセスメントの実施等について一定の経験を有し、基礎的研修と同等以上の研修の修了者でも受講可能

・就労選択支援は短時間のサービスであることから、個別支援計画の作成は不要とし、サービス管理責任者の配置は求めない

＜特別支援学校での取扱い＞

・より効果的な就労選択に資するアセスメントを実施するため、特別支援学校高等部の3年生以外の各学年で実施できること、また、在学中に複数回実施することを可能とする。加えて、職場実習のタイミングでの就労選択支援も実施可能とする

◆相談支援の質の向上、提供体制の整備

【計画相談支援】

基本報酬を引上げるとともに、「協議会への定期的な参画」「基幹相談支援センターが行う地域の相談支援体制の強化の取組への参画」を要件に追加

機能強化型サービス利用支援費（Ｉ）（常勤専従の相談支援専門員4人以上）の場合
（1月につき）現行　1864単位　⇒　改定後　2014単位

＜相談支援人材の確保・ICTの活用＞

・市町村毎のセルフプラン率等について国が公表し見える化した上で、今後、自治体の障害福祉計画に基づく相談支援専門員の計画的な養成等を促す方策を講じる

・機能強化型事業所で主任相談支援専門員の指導助言を受ける体制が確保されている場合、常勤専従の社会福祉士・精神保健福祉士を「相談支援員」として配置可

・居宅訪問を要件とする初回加算、集中支援加算、居宅介護支援事業所等連携加算、保育・教育等移行支援加算について、テレビ電話装置等オンラインによる面談の場合も算定可能とする。ただし、月1回は対面による訪問を行う

・離島等の地域において（継続）サービス利用支援の一部オンラインでの面接を可能とするとともに、居宅や事業所等の訪問を要件とする加算の上乗せ等を認める

年齢早見表（2024年／令和６年版）

※誕生日を迎える前は、下記の年齢から１歳引いた年齢となります。
※ 2025 年は下記の年齢に１を、2026 年は２を、それぞれ足して下さい。

生年(西暦)	生年(元号)	年　齢	十二支
1913年	大正2年	111歳	丑
1914年	大正3年	110歳	寅
1915年	大正4年	109歳	卯
1916年	大正5年	108歳	辰
1917年	大正6年	107歳	巳
1918年	大正7年	106歳	午
1919年	大正8年	105歳	未
1920年	大正9年	104歳	申
1921年	大正10年	103歳	酉
1922年	大正11年	102歳	戌
1923年	大正12年	101歳	亥
1924年	大正13年	100歳	子
1925年	大正14年	99歳	丑
1926年	大正15年/昭和元年	98歳	寅
1927年	昭和2年	97歳	卯
1928年	昭和3年	96歳	辰
1929年	昭和4年	95歳	巳
1930年	昭和5年	94歳	午
1931年	昭和6年	93歳	未
1932年	昭和7年	92歳	申
1933年	昭和8年	91歳	酉
1934年	昭和9年	90歳	戌
1935年	昭和10年	89歳	亥
1936年	昭和11年	88歳	子
1937年	昭和12年	87歳	丑
1938年	昭和13年	86歳	寅
1939年	昭和14年	85歳	卯
1940年	昭和15年	84歳	辰
1941年	昭和16年	83歳	巳
1942年	昭和17年	82歳	午
1943年	昭和18年	81歳	未
1944年	昭和19年	80歳	申
1945年	昭和20年	79歳	酉
1946年	昭和21年	78歳	戌
1947年	昭和22年	77歳	亥
1948年	昭和23年	76歳	子
1949年	昭和24年	75歳	丑
1950年	昭和25年	74歳	寅
1951年	昭和26年	73歳	卯
1952年	昭和27年	72歳	辰
1953年	昭和28年	71歳	巳
1954年	昭和29年	70歳	午
1955年	昭和30年	69歳	未
1956年	昭和31年	68歳	申
1957年	昭和32年	67歳	酉
1958年	昭和33年	66歳	戌
1959年	昭和34年	65歳	亥
1960年	昭和35年	64歳	子
1961年	昭和36年	63歳	丑
1962年	昭和37年	62歳	寅
1963年	昭和38年	61歳	卯
1964年	昭和39年	60歳	辰
1965年	昭和40年	59歳	巳
1966年	昭和41年	58歳	午
1967年	昭和42年	57歳	未
1968年	昭和43年	56歳	申
1969年	昭和44年	55歳	酉
1970年	昭和45年	54歳	戌
1971年	昭和46年	53歳	亥
1972年	昭和47年	52歳	子
1973年	昭和48年	51歳	丑
1974年	昭和49年	50歳	寅
1975年	昭和50年	49歳	卯
1976年	昭和51年	48歳	辰
1977年	昭和52年	47歳	巳
1978年	昭和53年	46歳	午
1979年	昭和54年	45歳	未
1980年	昭和55年	44歳	申
1981年	昭和56年	43歳	酉
1982年	昭和57年	42歳	戌
1983年	昭和58年	41歳	亥
1984年	昭和59年	40歳	子
1985年	昭和60年	39歳	丑
1986年	昭和61年	38歳	寅
1987年	昭和62年	37歳	卯
1988年	昭和63年	36歳	辰
1989年	昭和64年/平成元年	35歳	巳
1990年	平成2年	34歳	午
1991年	平成3年	33歳	未
1992年	平成4年	32歳	申
1993年	平成5年	31歳	酉
1994年	平成6年	30歳	戌
1995年	平成7年	29歳	亥
1996年	平成8年	28歳	子
1997年	平成9年	27歳	丑
1998年	平成10年	26歳	寅
1999年	平成11年	25歳	卯
2000年	平成12年	24歳	辰
2001年	平成13年	23歳	巳
2002年	平成14年	22歳	午
2003年	平成15年	21歳	未
2004年	平成16年	20歳	申
2005年	平成17年	19歳	酉
2006年	平成18年	18歳	戌
2007年	平成19年	17歳	亥
2008年	平成20年	16歳	子
2009年	平成21年	15歳	丑
2010年	平成22年	14歳	寅
2011年	平成23年	13歳	卯
2012年	平成24年	12歳	辰
2013年	平成25年	11歳	巳
2014年	平成26年	10歳	午
2015年	平成27年	9歳	未
2016年	平成28年	8歳	申
2017年	平成29年	7歳	酉
2018年	平成30年	6歳	戌
2019年	平成31年/令和元年	5歳	亥
2020年	令和2年	4歳	子
2021年	令和3年	3歳	丑
2022年	令和4年	2歳	寅
2023年	令和5年	1歳	卯
2024年	令和6年	0歳	辰

2024年度

2024年

4月

日	月	火	水	木	金	土
	1	2	3	4	5	6
7	8	9	10	11	12	13
14	15	16	17	18	19	20
21	22	23	24	25	26	27
28	29	30				

5月

日	月	火	水	木	金	土
			1	2	3	4
5	6	7	8	9	10	11
12	13	14	15	16	17	18
19	20	21	22	23	24	25
26	27	28	29	30	31	

6月

日	月	火	水	木	金	土
						1
2	3	4	5	6	7	8
9	10	11	12	13	14	15
16	17	18	19	20	21	22
23	24	25	26	27	28	29
30	31					

7月

日	月	火	水	木	金	土
	1	2	3	4	5	6
7	8	9	10	11	12	13
14	15	16	17	18	19	20
21	22	23	24	25	26	27
28	29	30	31			

8月

日	月	火	水	木	金	土
				1	2	3
4	5	6	7	8	9	10
11	12	13	14	15	16	17
18	19	20	21	22	23	24
25	26	27	28	29	30	31

9月

日	月	火	水	木	金	土
1	2	3	4	5	6	7
8	9	10	11	12	13	14
15	16	17	18	19	20	21
22	23	24	25	26	27	28
29	30					

10月

日	月	火	水	木	金	土
		1	2	3	4	5
6	7	8	9	10	11	12
13	14	15	16	17	18	19
20	21	22	23	24	25	26
27	28	29	30	31		

11月

日	月	火	水	木	金	土
					1	2
3	4	5	6	7	8	9
10	11	12	13	14	15	16
17	18	19	20	21	22	23
24	25	26	27	28	29	30

12月

日	月	火	水	木	金	土
1	2	3	4	5	6	7
8	9	10	11	12	13	14
15	16	17	18	19	20	21
22	23	24	25	26	27	28
29	30	31				

2025年

1月

日	月	火	水	木	金	土
			1	2	3	4
5	6	7	8	9	10	11
12	13	14	15	16	17	18
19	20	21	22	23	24	25
26	27	28	29	30	31	

2月

日	月	火	水	木	金	土
						1
2	3	4	5	6	7	8
9	10	11	12	13	14	15
16	17	18	19	20	21	22
23	24	25	26	27	28	

3月

日	月	火	水	木	金	土
						1
2	3	4	5	6	7	8
9	10	11	12	13	14	15
16	17	18	19	20	21	22
23	24	25	26	27	28	29
30	31					

2025年度

2025年

4月

日	月	火	水	木	金	土
		1	2	3	4	5
6	7	8	9	10	11	12
13	14	15	16	17	18	19
20	21	22	23	24	25	26
27	28	29	30			

5月

日	月	火	水	木	金	土
				1	2	3
4	5	6	7	8	9	10
11	12	13	14	15	16	17
18	19	20	21	22	23	24
25	26	27	28	29	30	31

6月

日	月	火	水	木	金	土
1	2	3	4	5	6	7
8	9	10	11	12	13	14
15	16	17	18	19	20	21
22	23	24	25	26	27	28
29	30					

7月

日	月	火	水	木	金	土
		1	2	3	4	5
6	7	8	9	10	11	12
13	14	15	16	17	18	19
20	21	22	23	24	25	26
27	28	29	30	31		

8月

日	月	火	水	木	金	土
					1	2
3	4	5	6	7	8	9
10	11	12	13	14	15	16
17	18	19	20	21	22	23
24	25	26	27	28	29	30
31						

9月

日	月	火	水	木	金	土
	1	2	3	4	5	6
7	8	9	10	11	12	13
14	15	16	17	18	19	20
21	22	23	24	25	26	27
28	29	30				

10月

日	月	火	水	木	金	土
			1	2	3	4
5	6	7	8	9	10	11
12	13	14	15	16	17	18
19	20	21	22	23	24	25
26	27	28	29	30	31	

11月

日	月	火	水	木	金	土
						1
2	3	4	5	6	7	8
9	10	11	12	13	14	15
16	17	18	19	20	21	22
23	24	25	26	27	28	29
30						

12月

日	月	火	水	木	金	土
	1	2	3	4	5	6
7	8	9	10	11	12	13
14	15	16	17	18	19	20
21	22	23	24	25	26	27
28	29	30	31			

2026年

1月

日	月	火	水	木	金	土
				1	2	3
4	5	6	7	8	9	10
11	12	13	14	15	16	17
18	19	20	21	22	23	24
25	26	27	28	29	30	31

2月

日	月	火	水	木	金	土
1	2	3	4	5	6	7
8	9	10	11	12	13	14
15	16	17	18	19	20	21
22	23	24	25	26	27	28

3月

日	月	火	水	木	金	土
1	2	3	4	5	6	7
8	9	10	11	12	13	14
15	16	17	18	19	20	21
22	23	24	25	26	27	28
29	30	31				

祝日法などの改正により祝日や休日が一部変更になることがあります。

2026年度

2026年

4月

日	月	火	水	木	金	土
			1	2	3	4
5	6	7	8	9	10	11
12	13	14	15	16	17	18
19	20	21	22	23	24	25
26	27	28	29	30		

5月

日	月	火	水	木	金	土
					1	2
3	4	5	6	7	8	9
10	11	12	13	14	15	16
17	18	19	20	21	22	23
24	25	26	27	28	29	30
31						

6月

日	月	火	水	木	金	土
	1	2	3	4	5	6
7	8	9	10	11	12	13
14	15	16	17	18	19	20
21	22	23	24	25	26	27
28	29	30	31			

7月

日	月	火	水	木	金	土
			1	2	3	4
5	6	7	8	9	10	11
12	13	14	15	16	17	18
19	20	21	22	23	24	25
26	27	28	29	30	31	

8月

日	月	火	水	木	金	土
						1
2	3	4	5	6	7	8
9	10	11	12	13	14	15
16	17	18	19	20	21	22
23	24	25	26	27	28	29
30	31					

9月

日	月	火	水	木	金	土
		1	2	3	4	5
6	7	8	9	10	11	12
13	14	15	16	17	18	19
20	21	22	23	24	25	26
27	28	29	30			

10月

日	月	火	水	木	金	土
				1	2	3
4	5	6	7	8	9	10
11	12	13	14	15	16	17
18	19	20	21	22	23	24
25	26	27	28	29	30	31

11月

日	月	火	水	木	金	土
1	2	3	4	5	6	7
8	9	10	11	12	13	14
15	16	17	18	19	20	21
22	23	24	25	26	27	28
29	30					

12月

日	月	火	水	木	金	土
		1	2	3	4	5
6	7	8	9	10	11	12
13	14	15	16	17	18	19
20	21	22	23	24	25	26
27	28	29	30	31		

2027年

1月

日	月	火	水	木	金	土
					1	2
3	4	5	6	7	8	9
10	11	12	13	14	15	16
17	18	19	20	21	22	23
24	25	26	27	28	29	30
31						

2月

日	月	火	水	木	金	土
	1	2	3	4	5	6
7	8	9	10	11	12	13
14	15	16	17	18	19	20
21	22	23	24	25	26	27
28						

3月

日	月	火	水	木	金	土
	1	2	3	4	5	6
7	8	9	10	11	12	13
14	15	16	17	18	19	20
21	22	23	24	25	26	27
28	29	30	31			

祝日法などの改正により祝日や休日が一部変更になることがあります。

MEMO

MEMO

MEMO

改定 2024年版 介護報酬ハンドブック

2024年 4 月 10 日　第2版発行

発行所　株式会社シルバー産業新聞社
http://www.care-news.jp
（本社）〒542-0064 大阪市中央区上汐2-6-13 喜多ビル
電話06（6766）7811　FAX06（6766）7812
（東京）〒101-0025 東京都千代田区神田佐久間町3-27-3 ガーデンパークビル
電話03（5888）5791　FAX03（5888）5792

発行人　安田勝紀

印刷所　株式会社新聞印刷　